北京大学日语学科创建
七十周年纪念专刊

日本语言文化研究
（第十二辑）

北京大学日本语言文化系
北京大学日本文化研究所 编

学苑出版社

图书在版编目（CIP）数据

日本语言文化研究.第十二辑/北京大学日本语言文化系，北京大学日本文化研究所编. -- 北京：学苑出版社，2019.9
 ISBN 978-7-5077-5790-3

Ⅰ.①日⋯　Ⅱ.①北⋯　Ⅲ.①日语—语言学—文集　Ⅳ.①H36-53

中国版本图书馆CIP数据核字（2019）第179620号

责任编辑：杨　雷　张敏娜
出版发行：学苑出版社
社　　址：北京市丰台区南方庄2号院1号楼
邮政编码：100079
网　　址：www.book001.com
电子信箱：xueyuanpress@163.com
联系电话：010-67601101（销售部）、010-67603091（总编室）
印　刷　厂：北京建宏印刷有限公司
开本尺寸：880×1230　1/32
印　　张：11.75
字　　数：300千字
版　　次：2019年9月第1版
印　　次：2019年9月第1次印刷
定　　价：38.00元

《日本语言文化研究》编辑委员会

顾　　　问：孙宗光

编委会成员：丁　莉　金　勋　李奇楠
　　　　　　郭胜华　李　强　刘金才
　　　　　　刘琳琳　刘振泉　马小兵
　　　　　　王　京　潘　钧　于荣胜
　　　　　　赵华敏　翁家慧　古市雅子

执 行 主 编：翁家慧

目 录

语言篇

教学　评价　实践……………………………赵华敏（ 2 ）

复合助词「に対して」所在句子的结构层面分析
　　　………………………………………………焦　博（16）

百年日语教科书词汇语义类别研究……………李旖旎（32）

合作学习模式在财经日语专业中的运用及效果研究
　　　………………………………………………李友敏（51）

关于日语自他动词教学法的探索
　　——以本居春庭的自他观为基础…………刘　剑（61）

语法参项的相关性研究
　　——以汉日语类别词语序为例……………盛文忠（73）

日中自他交替動詞の対照研究：単純動詞と複合動詞を
　　含めて………………………………………史　曼（90）

場所のニ格名詞が作り出し構文における出現制限
　　　………………………………………………王国強（105）

《同文通考》中的异体字初探
　　——以其构成和形成类型为中心………… 王利霞（119）

中国語における主観性：自己中心性をめぐって
　　………………………………………… 邬海厅（131）

《水浒传》中詈语的翻译策略研究
　　——以关联理论为视点………………… 叶奕宏（151）

「ポストメソッド」の概念に基づき、実践を検討する
可能性―日本語教育における「教授法」の変遷から―
　　………………………………………… 菅田陽平（167）

文 学 篇

大江健三郎早期作品中的存在主义释疑……… 翁家慧（182）

亚瑟王传奇与夏目漱石的《薤露行》………… 解　璞（198）

笛吹川论争………………………………………… 郭晓丽（211）

抹得去的言语，抹不去的痕迹
　　——大江健三郎《父亲啊，你要去哪儿？》叙事策略
　解读……………………………………… 刘苏曼（224）

野间宏《萨特论》研究………………………… 莫琼莎（237）

『天草版平家物語』の創作方法についての考察
　　……………………………………………… 向　伟（250）

森鸥外文学中的权力观………………………… 赵玉皎（264）

夏目漱石汉诗的艺术特色与独创性
　　——以《菜花黄》为中心……………… 周晨亮（277）

文 化 篇

『鉄腕アトム』と中国−アトムの受容とその影響
　………………………………………… 古市雅子（292）

论久米村人与琉球救国运动
　——以林世功奉诏清廷之举为视角………李凤娟 （303）

《国阿上人绘传》与吉田兼俱的"根叶花实说"
　………………………………………… 李　健（316）

近代净土真宗与杨文会的佛学之辩…………刘丽娇（330）

「県外移設」論争における二項対立の呼び方について
　………………………………………… 薛　倩（342）

试论天理教创立的理念与民族宗教因素…… 小野田亮（354）

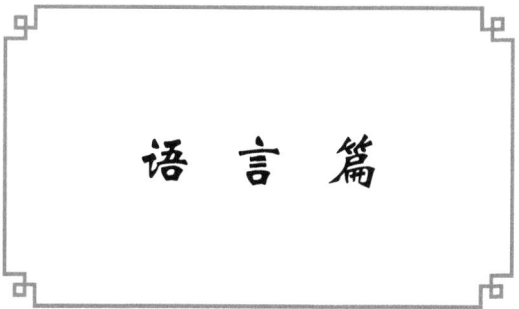

教学 评价 实践

赵华敏（北京大学）

近年来我国的外语教育现状发生了重要变化，特别是2018年是值得纪念的一年。《普通高中·日语课程标准》（2018.1）、《中国英语能力等级量表》（2018.2）、《外国语言文学类教学质量国家标准》（2018.4）相继出版，包括一直在研究制订过程中的《大学英语教学指南》及其他语种指南，这一系列文件和工作都对新时代外语教育提出了更高的要求。特别值得一提的是，这些文件和工作都不约而同地加大了对评价研制的力度。

教学和评价是不可分割的。本文旨在介绍和反思对评价的认识和实践，以更好地发挥评价在教学中的作用，提出今后的课题，引起同人的关注和重视，加强对评价的研究，为充分发挥评价在外语教学中的反拨作用提供参考。

1.对评价的认识

对评价[1]的认识是渐进的。以往，说到关于学习的评价，人们的第一反应是考试，但是随着教学理念的不断更新，它在悄然发生着变化。

何谓评价？学者们从各种角度有自己的定义。"布鲁姆（Bloom）认为教育评价是一种获得和处理用以确定学生水平和教学有效性证据的方法，是简述教育的终极目标与教学目标的一种辅助手段，是一种反馈——矫正系统。"（卢咏莉、申继亮：3）

以下，通过引用几段不同文献的描述，可窥见人们对评价的认识。

《大学日语课程教学要求》（2008：5）："科学的评估体系是实现课程目标的重要保证。评估的目的在于检验教学质量，获取教学反馈信息，调整教学内容和教学方法，促进学生日语学习，提高学习效率。"

日本国际文化中心2012年发布的『外国語学習のめやす2012高等学校の中国語と韓国語教育からの提言』（2012：66-67）中有如下描述：

「伝統的な評価では学習の結果を評価することに重きが置かれました。成績をつける、合格・不合格を決定する、順位をつける、学習者を分けることなどが、評価の主目的となっていましたが、新しい評価では、学習をサポートし、より効果的にするために、学習の終了時ではなく、その過程で評価する、また過程そのものを評価するようになってきました。すなわち教師中心の評価から、学習者中心の評価に重心が変化したと言えます。」

《普通高中·日语课程标准》（2018：28）中，在"教学与评价建议"的（4）"教学与评价的设计要保持目标一致"中指出：

> 教学与评价具有完整性和统一性。教学任务与教学过程的设计要考虑其可评价性和评价方式，在设计评价内容和方式时要考虑与教学目标是否一致、教学目标能否有效达成。评价不是最终目的，而是为了监控学生学习过程、检测学生学习成果、调控教师教学进程，从而实现以评促学、以评促教的目的。

《外国语言文学类教学质量国家标准》（2018.4）在"评

价要求"中提出：

> 评价应以促进学生学习为目的，根据培养方案确定评价内容和标准，选择科学的评价方式、方法，合理使用评价结果，及时提供反馈信息，不断调整和改进教学。评价应注重形成性评价与终结性评价相结合。

综上，我们可以看出进入新世纪以来，教育界对评价的认识有了长足的进步。归纳其要点，呈以下的趋势：
☆ 单一的评价→多角度评价
☆ 注重信度→注重信度、同时注重效度
☆ 教师的评价→教师与学习者的共同评价

总之，是传统评价方式与新的评价方式的结合，是依靠记忆的测试向依靠高度思考能力的测试的转变。

上述的『外国語学習のめやす　2012高等学校の中国語と韓国語教育からの提言』中对传统的评价和新型评价做了对比，对我们了解新的评价方式颇有裨益。引用如下：

伝統的な評価と新しい評価（2012：67）

伝統的な評価	新しい評価
成績によって合否を決めたり順位をつけたりして、学習者を区別するなどが主目的	教師が学習者を効果的に支援し、学習を促進することが主目的
学習終了時に結果を評価することに重きが置かれる	学習の過程で、また学習の過程そのものを評価することに重点を置く
特定のカリキュラムの内容に基づいた評価が一般的	あらかじめ設定した能力指標に基づいて評価を行う
語彙や文法項目などの知識をテストする評価が一般的。コンテキストを無視した評価も多い	知識の評価だけでなく、現実のコンテキストの中で実際のタスクを行い実践能力を評価することが多い

续表

伝統的な評価	新しい評価
ペーパーテストのような画一的な方法を用いる単純な評価が多い	さまざまなタスクを課して、いくつかのステップを踏みながら行うダイナミックな評価が多い
1つの評価方法を使うことが多い	学習者のタイプや学習スタイルに合わせて、いろいろな評価方法を使う
個々の学習項目をそれぞれ評価する	応用力、統合力などの総合的な能力も評価する
言語の能力のみを評価する	文化の能力や高度の思考能力なども評価する
テストの「信頼性」をより重視する	テストの「妥当性」をより重視する
教師が学習者一人一人を評価するものが主流	「自己評価」、「学習者間評価」、「グループ評価」、「外部評価」なども取り入れる
○×式テスト、多項選択式テスト、点数評価を多く用いる	実践能力評価として、ポートフォリオ、デモンストレーション、ジャーナル（学習日記）などを用いる

以上概述了外语界对评价的认识，下一节将对评价方式做一介绍。

2.教学中的评价方式

伴随着对评价的思考和认识，教育界在不断探索着。本节对此做一回顾。

2.1 国外的动向

《澳大利亚全国统一课程标准 acara / Australian Curriculum Assessment and Reporing Authority》（2015）在其对"教学启示、评估和报告"（2015：34）[2]中指出：

"在课堂进行持续的形成性评价，其目的是学习监控和提供反馈，有助于教师的教学和学生的学习。"

"终结性评价的目的是学校对家长进行一年两次的报告，关注学生的进步和成绩。"

值得注意的是对"进行持续的形成性评价"的关注，这是以往我们没有给予更多关注的问题。

大家熟知的《欧洲语言共同参考框架：学习、教学、评估》（A Common European Framework of Reference for Languages：Learning，Teaching，Assessment，2008）是欧洲理事会制定的关于语言学习、教学及评估的整体指导方针与行动纲领，是对几十年以来欧洲语言教学理论与实践的系统总结。新型的语言政策和标准体现了欧洲现代语言教学及学习的新理念，对我们制订外语教学的标准是一个很好的借鉴。其中它在第九章"评估"中把评估定义为对学习者实际语言应用能力的评估（2008：171[3]）。

其中的表7是"评估种类目录表"（2008：178），摘录如下：

1	知识评估	能力评估
2	横向评估	纵向评估
3	对语言掌握程度的评估	对语言能力的分级评估
4	平时测试	定期评估
5	形成性评估	终结性评估
6	直接评估	间接评估

续表

7	应用语言能力评估	知识面评估
8	主观评估	客观评估
9	按语言能力量表评估	按考察项目评估
10	印象测评	引导性测评
11	整体性评估	分析性评估
12	系列评估	分类评估
13	测试者评估	自我评估

关于表格中的内容，文本中特别强调了评估有很多重要的不同类别，表中提到的只是一部分，左右两个栏目的名称本身没有价值评判，没有优劣之分。

教师尤其关注的是"知识评估"，用于检查特定的教学目标是否实现，也就是对所教授内容进行效果测评。

"能力评估"是对语言应用能力的评估[4]。与知识评估不同的是，能力评估主要测试学习者将其应用到实际生活的能力。

以上是国外的研究动向，国内的同仁也没有停止探索。

2.2 国内的动向——以《普通高中·日语课程标准》的"教学与评价"为例

此次高中课标从2014年开始修订到面世共用了4年时间，其中对于评价的设计是颇具挑战的部分。笔者作为修订组的成员之一感触良多。

在考虑评价时首先确定的是"基本思路"，即：主要评价学生在学习中的学习行为、思维发展、目标达成状态等；评价方案设计的基本思路，可供教师设计评价方案时，根据评

价在任务选取与其相匹配的评价内容、评价要素及将要达到的水平。

在当今的外语学习中尤其受到关注的是合作学习，此次课标的修订把如何评价合作学习作为重点之一进行了尝试。首先是"对个人参与合作学习贡献度的评价"，这是针对"完成与结对班的活动计划书"这一任务而设计的。

日语合作学习中个人贡献度评价量规[5]

要素	水平			
	超越目标	达到目标	接近目标	尚需努力
收集中日两国申遗过程相关资料	获取超过规定范围的有效信息并做出归纳和整理。	按照规定范围获取足够信息并做出整理。	未能获取规定范围内的足够信息，只对所获信息做出简单整理。	未能获取规定范围内的足够信息，对所获信息未做整理。
在小组内陈述	将归纳、整理的信息用流畅、正确、易懂的日语汇报给小组成员。	将整理的信息用基本正确的日语清楚地汇报给小组成员。	将简单整理的信息汇报给小组成员，所用日语错误较多，部分影响了信息的传达。	将未加整理的信息汇报给小组成员，日语表达有障碍，影响了信息的传达。
听取并记录汇总其他小组的信息	仔细听取、记录其他小组的信息并加以归纳、整理。	认真听取、记录其他小组的信息并做出简单整理。	听取并部分记录下其他小组的信息。	听取其他小组的信息，未做记录。
对完成小组报告书的建议	参与完善报告书，能主动提出有建设性的意见。	参与完善报告书，能主动提出自己的意见。	参与完善报告书，没有提出自己的意见。	部分参与报告书的完成，没有提出自己的意见。

在评价合作学习时不仅要关注其中的个人表现，还需要评价小组合作学习结果。对此的评价表如下：

日语小组合作学习评价量规[6]

要素	水平			
	超越目标	达到目标	接近目标	尚需努力
汇报内容	创造性地完成任务，内容翔实，信息准确，提出了有针对性的问题并从不同的角度提出了新问题。	按照规定范围完成任务，内容完整，信息准确，提出了有针对性的问题。	基本按照规定完成任务，内容不够完整，信息不够准确，没有提出有针对性的问题。	完成部分任务，内容不完整，信息不准确，没有提出问题。
汇报内容的结构	结构清晰、自然、流畅，布局合理，版面设计新颖。	结构清晰、基本流畅，布局比较合理，版面设计清楚。	结构不够清晰、流畅，布局不够合理，版面设计不够清楚。	没有结构设计，布局不合理。
清晰易懂程度	语篇完整，听者能够完全理解叙述内容。	语篇基本完整，听者能够基本理解叙述内容。	语篇不够完整，影响听者理解叙述内容。	语篇不完整，听者不能理解叙述内容。
汇报人表现	仪表大方，声音清晰，表达生动、流畅，能够吸引听者。	声音清晰，个别地方表达不够流畅，能够让听者感觉到汇报人的努力。	态度不够自信，声音不够清晰，发表多有断续之处，词汇单调。	态度不自信，声音过小，叙述不流畅，遣词造句过于简单。

除此之外，《普通高中·日语课程标准》还设计了"自主学习评价量规"等，可以说在实施和设计评价方面做了有益的尝试。这里特别要指出的是以上量规中的"水平"处，使用了"超越目标""达到目标""接近目标""尚需努力"。

"尚需努力"是指离目标有较大差距，"超越目标"是指在达到目标的基础之上有超水平的发挥，旨在鼓励学生自主学习，不断给自己提出更高要求。

高中课标的实践也为大学外语研究评价时提供了有益的参考。

3.实践与反思

上一节描述了国内外教学中的评价方式，实际上老师们在教学当中已经在尝试使用各种评价方式，促进老师教学的改善和学生的学习。

例1. 小组合作学习评价

在笔者承担的"高年级日语"课上，曾对小组的合作学习使用了评价方式。

小组合作学习评价表

水平 要素	超越目标 105分	达到目标 100分	接近目标 85分	尚需努力 75分
发表 内容 25分	创造性地完成任务，内容翔实、信息准确。	按照规定范围完成任务，内容完整，信息正确。	基本按照规定完成任务，内容欠完整，个别信息不够准确。	只在教科书的范围部分完成任务，内容不完整，信息有误。
PPT的 结构 25分	结构自然、清晰、流畅，布局合理，版面设计新颖。	结构清晰、基本流畅，布局比较合理，版面设计清楚。	部分结构不够清晰、流畅，布局欠合理，版面设计不够清楚。	文字堆砌，没有结构设计，布局不合理。

续表

水平\要素	超越目标 105分	达到目标 100分	接近目标 85分	尚需努力 75分
清晰易懂程度 25分	除个别语法、词汇有小问题外,篇章完整,听者能够完全理解要叙述的内容。	语法、词汇有一定的问题,但篇章完整。听者能够基本理解要叙述的内容。	语法、词汇有较大的问题,篇章不够完整,听者不能完全理解要叙述的内容。	语法、词汇有问题,篇章不完整,听者不能理解要叙述的内容。
发表人的表现 30分	表达生动、流畅,能够吸引听者。	个别地方表达不够流畅,语速有缓慢之处,能够让听者感到发表者的努力。	发表多有断续之处,词汇单调,不能吸引听者。	叙述不流畅,用词过于简单。
第一组				
第二组				
第三组				

令笔者欣喜的是学生的反馈。其中一位同学在评价表的空白处写下了"爱的吐槽":

· 画风清奇
· 配图赞 配文赞 配乐赞
· 结尾那么煽情
· 怎么有种听《动物世界》的感觉
……

当时的课堂氛围给笔者留下了深刻印象,学生情绪高涨,对其他组同学的发言格外关注,同时可以感到大家也希望自己小组得到同伴的赞赏。这样的课堂效果是笔者没有想到的。这也说明评价是可以促进学习者的学习的。

较之学生的反应，笔者有如下反思。

（1）设计和实施不够充分

对于评价的设计可以是多样的，既可以是老师设计，也可以师生共同设计。对此，笔者之前没有过多思考，只是简单地描述了评价内容，包括表格的设计并不十分科学，以致学生只能在空白处"吐槽"。

（2）没能预先把评价标准告知学生

笔者是在小组发表的当天把评价表发给每位同学的，如果在学生准备的过程中予以知会，或许能促使学生用更高的标准要求自己，取得更好的效果。

（3）评价结果的利用及反馈的方式

是只把评价结果告知学生，还是通过评价反思教师的教学和促进学生的学习？这些都值得不断思考。利用和反馈的方式将对其效果产生影响。如果把关乎每位同学的评价告知到本人，虽然会花去教师的时间和精力，但是可以有的放矢，相信对指导每位学生的意义会更加深远。

在这次实践以后，笔者也不断地把评价运用在自己承担的课堂上的对小组和个人的评价当中，收到了较好的效果。

例2. 档案袋评价

档案袋是指根据学习目标有计划地长期保存的资料，用于评价学习目标达成的过程和结果。依据学习目标预先设定的基准存入的每一个学习记录，以及学习记录的整体为评价的对象。

上海海洋大学张丽梅在《档案袋评价在促进日语专业课外学习中的作用》（2015：57，64）中指出："档案袋评价作为过程性评价，不同于期中和期末考试为主的终结性评价，在促进学习投入和培养学习自主性等方面有独特的优势。""通过对课外学习过程进行动态评价，以期探讨提高日语专业高年级学生日语学习积极性，改善学习模式的有效路径。"

张丽梅所得到的结论和反思如下。

（1）档案袋评价对提高学习动机有一定作用；
（2）档案袋评价可以帮助学生明确学习目标和实现路径；
（3）档案袋评价有利于培养学生的学习自主性；
（4）档案袋评价的实施需要统筹安排。

以上两个例子表明，教师已经把评价纳入了日常教学当中，并且逐渐从以往的终结性评价向形成性评价迈进。同时也可以看到，评价不是一蹴而就的，需要不断摸索、实践、研究。评价研究在路上。

4.今后的课题

进入21世纪以来，评价得到了世界范围的关注及研究，取得了一系列成果。但是目前国内的外语教育，特别是日语教育中仍存在以下问题有待进一步关注和研究。

4.1 评价体系的建立

目前虽然评价已开始得到关注和研究、应用，但是对于一个学生从学习外语开始到完成一个阶段的学习以什么方式评价，特别是对其过程如何评价，还不成系列；对教师教学的评价也还没有一套完整的体系。

4.2 评价内容的确定

对于一个学习外语的学生哪些方面需要评价；就大学生而言，专业和非专业学生如何评价，评价什么。这些问题也还需要研究、确定。

4.3 评价方式的设计

评价方式是多样的，依据评价内容，所需要的评价方式还需要不断探索、完善。

总之，对评价的研究可谓路漫漫，需不断探索、完善。

注

[1] Assessment既翻译成"评价"，也翻译成"评估"，本文在叙述中用"评价"，引用时尊重原文。
[2] 本文引自《普通高中·日语课程标准》德语组的编译。版权所有：澳大利亚课程、评估、报告管理局。
[3] 引自外语教学与研究出版社（2008.12），刘骏、傅荣主译。
[4] 一般所说的"能力量表"即是对能力的评估。
[5][6] "日语合作学习中个人贡献度评价量规""日语小组合作学习评价量规"引自《普通高中·日语课程标准》，pp.25–26.

参考文献

澳大利亚课程、评估、报告管理局（2015）《澳大利亚全国统一课程标准 acara》。

公益財団法人国際文化フォーラム（TJF）（2012）『外国語学習のめやす 2012高等学校の中国語と韓国語教育からの提言』。

教育部高等学校大学外语教学指导委员会日语组（2008）《大学日语课程教学要求》，高等教育出版社。

卢咏莉、申继亮（2012）《教师评价》，北京师范大学出版社。

《欧洲语言共同参考框架：学习、教学、评估》（2008），北京：外语教学与研究出版社，2014年第6次印刷。

张丽梅（2015）《档案袋评价在促进日语专业课外学习中的作用》，载

《日语学习与研究》第4期。
赵华敏（2016）《日语教学评价体系的改革与实践》，系2016年日语教师专业发展论坛暨骨干教师研修会上的演讲。
中华人民共和国教育部制定（2018）《普通高中·日语课程标准》。

复合助词「に対して」所在句子的结构层面分析

焦 博（北京大学）

　　本文将以对于复合助词「に対して」的现有研究为基础，进一步阐明其在使用时所构成句子的结构特点。
　　例文：
　　私もそれに対して何んと答えようもなかった
　　それは君が妹に対して幼少の時から何かの折りに必ず抱くなつかしい感情だった。
　　僕に傾けてくださったあなたのあらゆる愛情と親切に対して厚く厚く感謝します
　　上述例子看起来似乎都是「に対して」，但从句子结构角度来看各有不同。本文将具体论述「に対して」同其前后出现的词类之间的关系，「に対して」结构和句子中动词的动作主体之间的关系等等。

1.先行研究

　　关于「に対して」，『日本語教育事典』（2005）中指出：「に対して」表示动作所面对的对象及目标。
　　1）質問に対して答える。
　　2）教師に対して反抗する子供たち。

3）あの事件に対して関心を持っている。

并且指出：①和「に」几乎可以替换使用；②在连接体言的时候，可以有「に対しての」/「に対する」两种形式；③「のに対して」作为复合接续助词，表达对比义的逆接。

4）子供に対する親の愛情は計り知れない。

5）現在、容疑者に対しての取調べが行われています。

6）この条件では法則が成り立つのに対して、条件が変わると成り立たない。

7）彼が来たのに対して、彼女のあしらいは冷たかった。

这样的描写根据「に対して」之后的词类明确了体言和用言分别不同的接续方式。本文也会采取按照后续词类的不同，将「に対する」、「に対しての」和「に対して」一起考察。然而，仔细观察可知，「に対して」和「に」之间的替换在某种条件下不一定能顺利展开，需要具体地说明其成立条件。

8）彼に対して手紙を書く＝彼に手紙を書く

9）北京に行く　北京に対して行く×

紧跟「に対して」之后的词不一定是动词，如4）和5），因此不能单纯地说是动作所面对的对象；现在暂且不考虑将「のに対して」定义为复合接续助词是否妥当，6）虽然满足对比义，但是7）很明显「に対して」之前的「彼が来たの」是「彼女のあしらいは冷たかった」的对象，并非对比。本文暂时不对这种句子进行具体考察。

而在『日本語文型辞典』中，关于「に対して」的定义就进了一步：表示「その物事に向けて・応じて」的意思，在「に対して」之后一般会有表示行为、态度、影响之类的词汇。这样就把其定义的范围扩大了。

但是二者主要是从语义层面进行描写，除了都指出在接续体言的时候会有不同的形态变化，并没有具体指出「に

对して」之前和之后的词汇之间的结构关系等。引自马小兵（2011）中关于铃木（2005）的叙述，可以看出，其将「に対して」前面出现的词语与动作行为主体的关系分为了以下几类：①行为面向的对象；②对抗、抵抗应付行为的对象；③态度情感的对象；④作用、反应的对象。上述分类很清晰地描绘了「に対して」之前的词和句子的动作行为主体之间的关系，但是同样偏重于语义，并且②④所表示的意义明显可以被①所包含。

针对解释说明偏向于语义，缺少对语法、搭配层面的分析的现状，马小兵（2011）中，分析了「に対して」与前续名词所形成的短语在句子中担当的成分和起到的语法作用，并且分析了其和句子中其他成分之间的关系。并且，按照「に対して」和助词「を」「に」之间的替换关系，将「に対して」句分为了如下类型：

N1がN2に対して（○を）V

N1がN2に対して（○に）（N3を）V

N1がN2に対して（×を×に）V・N3・A

这样，就将「に対して」句中的各个成分很清楚地表示了出来，并且可以具体地讨论N1和N2与「に対して」之后的词汇的关系，在此基础上可以具体明确N1、N2、N3中可代表的名词种类，并且对「に対して」的语法作用进行了总结：①表示谓语动词支配的对象；②表示谓语动词关联、涉及的对象；③构成增加谓语词性词语语义的修饰性成分。并且指出在语义上，「に対して」的成分在文中添加了指向性，前续词没有场所名词，而后续词没有移动名词。但是上述研究没有将「に対しての」与「に対する」放在考察范围内。并且句型"N1がN2に対して（×を×に）V・N3・A"在某些情况下并不符合事实。

除了上述先行研究所叙述特点之外，通过进一步观察，

可知「に対して」句有如下特征：①主语对于「に対して」后续动词起支配作用；句子中的主语支配句子谓语动词，如10）和11）。②「に対して」部分即使不出现，一些句子在语法上依然成立，如12）和13）。然而有些句子如果没有「に対して」部分，则会显得不完整，如14）。但是14）句中之所以不能缺少「に対して」成分，是由于「に限らず」的要求。如果将「に対して」句符号化为"N1がN2に対してV"。那么可以预见「に対して」成分从语法角度上讲，不是绝对必须出现的。但是如果不出现会很大程度上影响语义的完整性。并且，这里只讨论了后续词为动词的情况，对于后续词是名词和形容词的情况，还需要进一步分析。③「に対して」后续动词可以有自动词和他动词之分，「に対して」后续部分不仅是词，也有可能是宾语（目的语）和动词组成的动词短语，如15）、16）和17）。④有「に対して」的句子可以写成以下形式："AはBに対してC"。即将「に対して」总结成了一个通用的句式。但是鉴于分析时需要深入去看C，即「に対して」后续词具体的表现形式，暂时不采纳这种句式进行分析，但是可以将其看成一种统一的「に対して」句的格式。

10）彼女は彼に対して好意を抱き始めている。

11）加恵は最前、於継に対して心を寄せたことを早くも後悔していた。

12）中将に対して得点をあげたように、心中思っていた。

13）私の発言に対して、彼は強く批判した。

14）目上の人に限らず、初対面の人に対しても、敬語を使います。

△目上の人に限らず、敬語を使います。

15）私は大臣に対しては、絶対に服従するものであります。

16）つい最近始めたばかりだと言えば、相手もちょっ

と商品に対して信用できない　だろうと思ったからです。

17）まだまだ彼の幼さは死そのものに対して割切れない疑問を残していた。

本文希望在此基础上，进一步对「に対して」进行系统的分析，将考察范围限定在「に対して」前续词是名词的情况，承认「に対して」后续词表示的是对前续词的动作、态度以及影响，而「に対して」标志着后续词的指向性。通过考察，希望可以使「に対して」后续的动词、名词以及形容词的类别更加明确。

2.「に対して」句的初步归类

根据先行研究，现对「に対して」句进行一个简单的归纳。「に対して」句有如下形式：
（1）主语+名词+「に対して」+他动词
主语+名词+「に対して」+自动词
主语+名词+「に対して」+宾语（目的语）动词短语
主语+名词+「に対して・に対する・に対しての」+名词
主语+名词+「に対して」+形容词
结合先行研究中提到的对「に対して」的分类，
（2）N1がN2に対して（○を）V
N1がN2に対して（○に）（N3を）V
N1がN2に対して（×を×に）V・N3・A
上文指出，"N1がN2に対して（×を×に）A"在一些情况下并不符合实际情况，因此这里将上述分类做如下改动：
（3）N1がN2に対して（○を）V
N1がN2に対して（○に）（N3を）V・A
N1がN2に対して（×を×に）V・N3

下面将（1）和（3）结合起来，分步来看：

2.1　N1がN2に対して（○を）V

18）自分の発言した言葉に対して（○を）あとですごく後悔することがあります。

19）回答に対して（○を）批判するだけなら、回答しないほうがいいと思うのは私だけでしょうか？

20）そして、卑しむに堪へたるかれらの機能に対して（○を）、心からの敵意を以て警戒しようではないか。（警戒C・Mに‐青空文庫）

21）住民は会社側に対して（○を）強く抗議した。（中級日本語文法要点整理ポイント20）

以上例句中，「に対して」都可以用「を」来替换。主语有自主意识，支配谓语动词。「に対して」的后续动词都是他动词。他动词的对象指向「に対して」的前续词，是动词V（他动词）的支配对象。

当「を」之后是自动词时，

22）電車は恍惚とした五月の大気のなかを走った（五月‐青空文庫）

23）線路を越え、反対側の階段を降りた。（夏と少年の短編‐青空文庫）

上述「を」分别表示经过地点和出来的场所，不可用「に対して」替换。

当「を」之后为他动词时，

24）益之助は枕頭の刀架に掛けてある長い刀を執って、縁側に出て雨戸を開けた。（宝蔵の短刀‐青空文庫）

25）小川米吉は、そこへ便所を建てた。（名勝地帯‐青空文庫）

26）私は父を尊敬している。（日本語文法演習・助詞）

从例句中可知，当表示动作的直接承受者「長い刀を執って」「尊敬している」、位置状态变化「雨戸を開けた」、动作结果「便所を建てた」时，不能和「に対して」替换。26）句中，如果将「尊敬している」换成「尊敬の念を抱いている」则需用「に対して」。

可见，不能发生替换时，作为后续词的动词一般要求宾语（目的语）存在。没有目的语的话会导致句子意思表达不完整。

27）△益之助は執って、開けた。
28）△小川米吉は建てた。
29）△私は尊敬している。

对于这些动词来讲，之前的部分属于必要格成分。这部分不能用「に対して」和前续词替换。观察例句，和「を」产生替换可能时，后续词一般会表达思想或者情感。这些词即使没有「に対して」和前续词，也可以很好地表达动作主体现在所处的状态。对于思想或是情感类动词来讲，「に対して」部分并不是必须要存在的，而是作为句子的一个成分，提示出动词的目的语。

马小兵（2011）还指出，N1がN2に対して（○を）V类句子还可以有这种形式："N1がN2に対してN3をV＝N1がN2をV（N3）"，并以30）、31）等句为例。

30）そこで僕はわかったのですが、顔に痣とか傷とかある人の心理に対して、僕は随分今まで勘違いをしていた。人の心理を勘違いした。

31）私は落合さんに対してなにか誤解をしていたようなところが、まだあったように思います。落合さんを誤解した。

通过观察可知，"N1がN2に対してN3をV"中的V为形式

动词「する」。这样，与动词直接发生关系的是紧接在动词之前的名词，而不是「に対して」的前续词。这里需要补充的是，森田（1983）对动词中「を」的插入做了如下总结：

和语动词情况下，当表示意志的行为时，「を」可以插入，例如「噂する」「よそ見する」「いたずらする」等，「する」之前为动作概念的名词。无意识的现象（「汗する」「値する」等）和副词（「うんざりする」「はっきりする」等）与「する」之间，「を」不能插入。汉语动词同理。在表示有意识的动作概念名词和「する」之间可以插入「を」，如「演説する」「約束する」「忠告する」等。将这一规则和32）中的句型结合，则得出，当可以和「を」交换时，动词是表示意志行为的，并且表现动作主体的思想或是情感。

2.2　N1がN2に対して（○に）（N3を）V

这里，将V按照可否接宾语（对象语）分为以下两种句式："N1がN2に対して（○に）V1"，"N1がN2に対して（○に）（N3を）V2"。为了明确，这里将不能接宾语（目的语）的动词（自动词）V标记为V1，将可以接宾语（目的语）的动词（他动词）标记为V2。

当V1的情况下：

32）全身を戦かせている妻に対して（○に）、雲平はごく自然に振舞った。（新潮）

33）しかも彼を悪人と呼び醜怪と呼ぶ者に対して（○に）彼は怒る。（転向 – 青空文庫）

动词表示动作主体的态度，「に対して」前续词为主语态度的对象。类似的词还有「関心を持つ」等，都表示动作主体对前续词的态度。

在V2的情况下：

34）しかし、このグルー大使の警告に対して（○に）、アメリカの政府、海軍の首脳は、あまり真剣な興味を示さなかった。（新潮）

35）中将に対して（○に）得点をあげたように、心中思っていた。（新潮）

36）審判に対して（○に）文句を言ってはならない

句子中的谓语动词支配的是其之前的名词，并且动词基本上是表示言语、心理活动的。很少出现表现具体动作的词汇。

37）人に向けて吼える　人に対して吼える　×

「に対して」前续词表示此动作的方向。「に対して」之后的动词短语可以看作一个整体，其性质和自动词一样，本质上不能接续宾语（目的语）。前文提到，在26）句中，如果将「尊敬している」换成「尊敬の念を抱いている」则「に対して」可以使用。「尊敬している」直接和宾语（目的语）产生关系，作用于「を」格宾语，不能与「に対して」替换。但是「尊敬の念を抱いている」可以看作一个整体，本身不能继续带「を」格宾语（目的语），但是作为一个整体之后，就可以将「に対して」前续词作为一个对象。类似的例子还有：

38）外国人に対して（○に）差別態度をとる
　　外国人に対して差別する　×

39）会費を払わない会員に対して（○に）除名措置をとる
　　会費を払わない会員に対して除名する　×

在V2的句式中，「に対して」和前续词相当于一个补充成分，即使不出现，从语法角度上来讲，句子有主谓宾成分，也可以成立。

马小兵（2011）对二者不能替换的情况进行了说明。并指出，当可以和「に」交换的时候，谓语动词基本上是表示言

语动作和抽象动作的名词。在这里将前者的言语名词进一步明确为信息传达的动词。例如「説明」「言う」「告げる」「演説する」等。这类动词可以接「と」・「を」的部分是所传达的内容，而「に対して」表示传达的对象，这里可以和「に」进行替换。进一步说，如果动词是信息传达类动词的话，「に対して」前续词表示信息所要传递给的对象。

2.3　N1がN2に対して（○に）A

40）先生は生徒に対して（○に）優しかった。

41）彼は外《そと》の女子供に甘く、内に対しては（○には）甚《はなは》だきびしかった。

形容词可以表示主体的属性和表示二者关系。后者例如：

42）あの先生は学生に厳しい。

43）彼は女性に甘い。

44）彼は私に冷たい・優しい。

45）木材は火に弱い。

以上42）至45）都可以和「に対して」相替换。

这种表示二者关系的句子可以表示为

46）AはBにADJ

这里的形容词不能是感觉或是感情形容词。

47）彼は足に痛い　×

48）私はこの物語に悲しい　×

因此，在和「に対して」替换时，也不能出现纯粹描写感情感觉的形容词。当主语有情感和主体性时，虽然是表示两者关系，但是形容词还是表示主语侧面的一种属性，多为描写性格的形容词。当主体为非情感名词时，形容词表示相对于前续词的特性。并且需要注意，这二者关系并不是可逆的。「木材は火に弱い」不等于「火は木材に弱い」。同理，

「彼は女性に甘い」不等于「女性は彼に甘い」，二者关系是单向的。

2.4　N1がN2に対して（×を×に）V・N3

首先看"N1がN2に対して（×を×に）V"句式。当「を」不成立时，V可能有如下情况：①V为自动词；②V为自动词或他动词，但是在一个带主语或宾语（目的语）的动词短语中。但是考虑到这里（×を×に）的条件，V如果是自动词的话，很可能有（○に），因此在这里，V为动词短语。

49）一方、アフガニスタンでは、現在も、多国籍軍がテロ集団に対して厳しい戦いを続けている。

50）どちらを選択しても世界に対して責任が生じる。

51）このことがあって以来、おしゃべりに対して、少し寛大になっているのは、われながら不思議だ。

52）今までは葵の上に対して競争心のようなものなどは決してなかった。（新潮）

53）私は商人のくせに、ひとに対して非常に好き、きらいがあって、すきな人のよい身のうえ話は自分のことのようにうれしいのです。（虛構の春 – 青空文庫）

由于「に」自身有表示动作对象的意思，因此在判断上会比「を」更加复杂，这里只给出几种可能的情况。

第一，马小兵（2011）指出，「に対して」的后续动词不具有表示方向性的功能，而「に対して」可以给动词明确一个方向。在这里动词实际上是动词短语。分主谓和动宾结构。为了利于分析，本文将这样的短语看作一个整体。结合上述关于「尊敬の念を抱く」（例句26、38、39），可以看出，同样是动词短语，后者可以回答这样的问题：

54）—何をする？

—尊敬の念を抱く
　　　—誰が？
　　　—私たちが
　　　—誰に？
　　　—父に
但是同样的问题却不能在不表示方向性的动词短语间展开。如49）中的动词短语：
55）—何をする？
　　　—戦いを続ける
　　　—誰が？
　　　—私たちが
　　　—誰に？
　　　—テロリストに（？）

换句话说，类似于49），「戦いを続ける」这样的短语如果看作一个整体的话，其是一个比「尊敬の念を抱く」之类词更加封闭的系统，本身不要求对象语而能独立成立。如果引入配价概念，可以认为，不能和「に」替换的动词短语几乎是零价或是一价。例如将50）中的「責任が生じる」看作一个整体的话，那么其就是零价的。51）同理。在这里「少し寛大になっている」当作一个整体来处理，而不看作形容词谓语。其可以简写为「○○になる」，这里将其处理为自动词短语。其中「になる」之前不能接名词，否则之前不能接「に対して」与前续词。

56）水が氷になる　水が氷に対して氷になる　×

而只能接表示主语性质的形容词，如「優しい」「寛大」等。「に対して」前续词表示性质主体（主语）展现这些性质的对象。主语对于「○○になる」起支配作用。主语须为有主体意识的名词，不可为无感情主语。

57）先生は生徒に対して優しくなった。

58）水が魚に対した暖かくなった。

除非在特殊场合，35）中的"水"是凭借自身意识变暖，否则不成立。

第二，而上述例子中的52）则是由于歧义问题。如果将「に対して」改换成「に」，则整句话的意思将会改变。

59）今までは葵の上に競争心のようなものなどは決してなかった。（新潮）

此句的意思不等于52），为了区分，必须要用「に対して」。还有，马小兵（2011）指出，为了不发生混淆，避免重复，使得关系明确，也需要在本应是「に」的地方换成「に対して」，例如53）即属于这种情况。这里需要指出的是，52）和53）都是表示主体对于对象某种态度存在与否的。这种句式本来是可以和「に」替换使用的，例如

60）漫画GANTZで、その最終話に対して（○に）不満がある人がいるみたい。

这里的存在动词「ある」或是表示不存在的「ない」不同于

61）ほんとうになにかそこに（×に対して）ある（城のある町にて–青空文庫）

并非表示空间位置上的存在。而是表示主语对于「に対して」的前续词的态度或是非意志主体对于某事物所拥有的属性、效果。其中主语对「ある」或者「ない」起支配地位。

62）この薬は発熱に対しては（○には）効果がない。

第三，当具体动作的动词非表示信息传达的动词出现时，很难和「に」交换。

63）女は釵を抜いて水の中に投げた。（織成–青空文庫）

2.5 N1がN2に対して（×を×に）N3

64）あの子はトム・ソーヤーに対する鬱憤を晴らすために、自分を利用したにすぎなかったのだ。

65）結婚した二人に対して、一番のプレゼントはたのしいスピーチではないのか。

66）老人人口の増加は、社会経済に対してかなりの重圧となる。

67）お前に対する私の愛情がさめるというようなことはない。

在这里，将「に対して」和接续名词的两种形式放在一起考察。但是，并不是后面接续名词就符合"N1がN2に対して（×を×に）N3"。

虽然64）也是接名词，但是也可以把「鬱憤を晴らす」看作一个整体，原句中可以将「に対する」改写为「に対して」而不改变原来的意思。因此，从65）到67）为讨论的重点。其中66）和67）为一类，这类句子主语不限有主体意识的名词，可以是抽象名词也可以是具体名词，句子是一种诠释。

"N1はN2に対してN3である。"换言之，在定义N1时，「に対して」和其前续词是一个参照系，相当于对于N2来说，从N2的角度看，N1是N3。N1和N3两者等价，没有支配和被支配的关系。

67）中，「お前」表示后续词的对象。「に対する」赋予名词指向性。这种例子很多，例如「○○に対する調査」「○○に対する感情」等等。可以用「○○に対する○○」来表示。虽然当后续词为动名词时（如「○○に対する調査」），「に対する」的前续词和后续词有可能是被支配和支配的关系，但是由于此时后续词仍然是名词，因此并不能直接和「を」替换。

3. 总　结

本文在之前研究的基础上进一步细化了「に対して」句中前续词和后续词之间的关系。总结来看，如下：
（1）N1がN2に対して（○を）V
（2）N1がN2に対して（○に）（N3を）V・A
（3）N1がN2に対して（×を×に）V・N3

（1）的情况，V是他动词，不可为自动词，他动词情况下表示态度和思想，不能是直接支配前续词的他动词。

（2）的情况，V可以是自动词，表示态度，「に対して」前续词表示其态度所对的对象。可以是他动词，但是以N3为宾语（目的语）作为一个动词短语整体出现。经常出现的动词是表示信息传达的动词，如「言う」「約束する」等。

A需要是表示人物性格或是物体性质的形容词。N1与N2在这种句式中通过形容词表示二者的关系。这种关系不是可逆的，是单向的。

（3）的情况，V是动词短语，可以是主谓短语或是动宾短语，如果看作一个整体话，配价为零和一，「に対して」前续词表示其动作的方向。

N3可以表示对N1的诠释。「に対して」前续词相当于参照系。「○○に対する・に対しての○○」句式中，后续名词可以是动名词，前续词是后续词的指向对象。

无论是（1）（2）还是（3），「に対して」部分从语法上来说并不是绝对必要的。其中在（3）中表现得最为明显。

本文尚缺乏和其他复合助词的对比等。今后可以在这个方面进行更深入的调查。

参考文献

著作

クループ・ジャマシイ編（1998）『日本語文型辞典』、東京：くろしお出版。

马小兵（2011）《日语复合格助词与语法研究》，深圳：深圳报业集团出版社。

日本語教育学会編（2005）『日本語教育事典』、東京：大修館書店。

森田良行（1983）『日本語の表現』、東京：創林社。

友松悦子、和栗雅子（2007）『中級日本語文法要点整理ポイント20』、東京：スリーエーネットワーク。

赵华敏、林洪编著（2003）《日语常用表达形式用法辞典》，北京：北京大学出版社。

中西久実子、庵功雄（2010）『日本語文法演習・助詞』、東京：スリーエーネットワーク。

期刊文章

杨海茹（2014）《「AはBに対してC」句式研究》，载《日语学习与研究》第1期。

百年日语教科书词汇语义类别研究*

李旖旎（北京邮电大学）

本研究以清末至今这百余年中出现的有代表性的日语教科书为对象，按照历史时期将其分为"清末""民国"和"1949年后"三部分，对其中收录的日语词汇进行分析探讨。15本（套）教科书的具体信息如下：

表1　　　　　　　研究对象具体信息

序号	书名		出版时间
1	东语入门	清末	1895
2	东语正规		1900
3	日语入门		1901
4	日语读本		1909
5	日本语读本	民国	1920—1924
6	第二种 初等日本语读本		1932—1933
7	初级小学校日本语教科书		1935—1936
8	国定教科书初中　日语		1941
9	外国语学校小学课本　日语	1949年后至80年代初	1964—1965
10	北京市中学试用课本　日语		1976—1978
11	辽宁省高中试用课本　日语		1982

---

* 本文系国家社科基金重大项目"中国百年教科书整理与研究"（10&ZD095）的阶段性成果。

续表

序号	书名	出版时间	
12	九年义务教育三年制初级中学教科书 日语	80年代中后期至今	1992
13	全日制普通高级中学教科书 日语		1996—1998
14	义务教育课程标准实验教科书 日语		2002—2005
15	普通高中课程标准实验教科书 日语		2007—2009

现阶段搜集到的先行研究中对于词汇部分的专题研究很少,而且集中在1949年后这一历史阶段。对于清朝和民国时期日语教科书词汇部分没有专题研究,偶有提及也只是简单介绍或一笔带过。如鲜明(2011)在《〈东语正规〉在中国日语教育史上的意义》一文中提到清朝前期日本通史研究的代表作品,翁广平(1760—1842)编写的《吾妻镜补》;李小兰(2006)也曾在《清季中国人编日语教科书之探析》中提及《(新编)日本语言集全》(1906年,干杰编)。这两套著作的词汇语义类别现总结如下:

表2　先行研究中关于清末日语教科书词汇部分的分类

著作名	作者	出版年	章节	收录词汇分类
《吾妻镜补》	翁广平	1814年	卷27 卷28	①天文时令 ②地理 ③身体 ④人物 ⑤禽兽虫鱼 ⑥花木 ⑦食物 ⑧衣服 ⑨房屋 ⑩船中器用 ⑪数目 ⑫人事 ⑬俗语 ⑭通用 ⑮州名岛名 ⑯长崎町名

续表

著作名	作者	出版年	章节	收录词汇分类
《(新编)日本语言集全》	王杰	1906年	单词部第一编	①天文 ②地理 ③时令 ④人伦 ⑤身体（附病名）⑥宫室 ⑦人物 ⑧职业 ⑨家具 ⑩化妆道具 ⑪食事道具 ⑫文具 ⑬农工商具 ⑭服饰 ⑮食事 ⑯果物 ⑰野菜 ⑱草木 ⑲飞禽 ⑳走兽 ㉑鱼具 ㉒昆虫 ㉓金石类 ㉔舟车 ㉕彩色 ㉖药材 ㉗贸易品 ㉘军语

从表2可以看出，《吾妻镜补》和《(新编)日本语言集全》在词汇部分的编排上都是将所收录的词汇从语义系统上进行分类，《吾妻镜补》将书中词汇分为16类，而《(新编)日本语言集全》分为了28类，更为细致。

从语义系统上对词汇进行分类是辞书和早期的教科书等常用的一种编排方法。如『角川類語新辞典』(1981)中的二次分类将词汇分为以下10类：自然、性状、变动、行动、心情、人物、性向、社会、学芸、部品。又如日本国立国语研究所于1964年出版的『分類語彙表（初版）』中采用的词汇分类方法已成为学界研究日语词汇时必须参考的权威标准。

2013年3月"ひつじ書房"出版的日本学者山内博之等编著的『実践日本語教育スタンダード』一书确立了"围绕话题完成交际任务"的实践教育理念，将语言活动按照"交际话题"分为"生活""人文""社会"和"自然"4个领域，将词汇定位为语言活动的必备素材之一，收录了来自『日本語能力試験出題しゅつだい基準（改訂版）』和『現代日本語書き言葉均衡コーパス（2009年度領域内公開版）』的8110个词，按照上述方法分类，具体分类的领域和部门整理如表3。

表3 『実践日本語教育スタンダード』の"话题"词语分类项目

領域	分野
生活	1.文化　2.人生・生活　3.人間関係　4.学校・勉強
人文	5.芸術・趣味　6.宗教・祭り　7.歴史
社会	8.メディア　9.通信・コンピュータ　10.経済・消費　11.産業　12.社会　13.政治
自然	14.ヒト・生き物　15.自然　16.サイエンス

1.各时期代表性日语教科书词汇语义研究

1.1 清末代表性日语教科书

《东语入门》（1895）是中国人编著的清末最早的日语教科书之一。分为"卷上"和"卷下"两卷，作者陈天麒，出版者不详。全书共五十三页，除序言、凡例和目录部分占了四页半的篇幅，发音部分占了四页的篇幅以外，词汇部分占据了剩余的篇幅。由此可见这是一本以收录词汇为主的兼备了辞典功能的日语教科书，据笔者统计，此教材共收录词语1509个。这些词语按照门类划分为三十门，上下卷各十五门。具体门类名称和收录词汇数量见表4。

表4　　　　　《东语入门》收录词语门类及数量

卷上	门类	天文門	時令門	地理門	郡国門	君臣門	刑法門	人倫門	人物門	形体門	文事門	武備門	珍寶門	宮室門	服飾門	飲食門
	数量	44	99	72	45	69	35	49	57	68	45	34	35	63	44	48

续表

卷下	门类	舟車門	器用門	医道門	采色門	数目門	秤尺門	菓蔬門	草木門	花卉門	飛禽門	走獸門	鱗介門	昆虫門	進口貨門	出口貨門
	数量	53	134	48	26	35	27	80	48	52	39	53	31	36	26	32

《东语正规》于1900年在上海作新社出版，作者是两位清政府公派日本的留学生唐宝锷和戢翼翚。此书共分三卷，卷一是语法部分，卷二为散语部分，卷三为语诀和中日对译的短文，如"史事三则""人事六则"等。卷二的"散语"就是词汇部分，收录了46个门类的2064个词语，具体门类和词汇数量整理为表5。和《东语入门》相比，《东语正规》在词汇门类上增多了16类，比《东语入门》的分类更为细致，而且还增加了《东语入门》中没有的门类，如"政事文牘類""喪葬類"和"宗教類"等。另外，除了"类书"式的语义系统分类法外，《东语正规》还把日语的词汇从词种的角度分为"训语""汉语""音语"和"新语"四类。具体门类名称和收录词汇数量见表5。

表5　　　　　《东语正规》收录词语门类及数量

门类	数量	门类	数量	门类	数量
天文类	33	時令类	72	数目类	41
颜色类	14	輿地[1]类	44	宫室类	50
国名类	39	各国都城商埠类	36	方向类	24
人倫类	43	称呼类	28	官爵类	65
人民类	51	身体类	88	形容动类	13

续表

身動類	45	動作類	71	動作副類	71
動作成語類	25	言語類	59	性情質	69
品行類	33	人事類	44	応酬類	26
政事文牘類	54	文事類	43	武備類	57
商買類	64	行店類	35	疾病類	44
喪葬類	17	宗教類	28	金寶類	21
衣服類	47	布帛類	14	飲食類	90
日用火類	29	日用水類	24	飲食炊爨類	30
舟類	29	車類	27	居家用類	61
雜器類	29	樹木類	21	物形容類	64
事理形容類	152				

《日语入门》的作者是长谷川雄太郎，这是一本由日本人编写，"在广东同文馆中国本土日语教育实践的基础上诞生的日语教材。该书1900年出版"[2]。笔者手头的PDF版本为1901年善邻书院的重刻本。此书收录单词1400多个，分为21个门类。具体门类名称如下：

①数目 ②月日 ③時刻 ④七曜日 ⑤四季 ⑥方角 ⑦天文 ⑧地理 ⑨人倫 ⑩身体 ⑪宮室 ⑫草木 ⑬魚貝類 ⑭鳥 ⑮獣 ⑯蟲 ⑰職業 ⑱舟車類 ⑲金石類 ⑳薬 ㉑貿易品

《日语读本》的作者是日本人内堀维文，共四册，由上海商务印书馆于1909年印行，共收录单词2614个。和以上三本日语教材不同，《日语读本》每册后都附有单词的索引部分，并且按照五十音图排序为"アノ部"至"ヲノ部"。每个单词下面还附有出处，如"老人（文九）""私（文五）"和"分ル（十二）"等。按照五十音图序将单词列为索引是和前三本教材按照类书法将单词分类列出完全不同的词语编排方

式，这一新的方式对之后的日语教科书产生了很大的影响。乃至今天，日语精读教科书最后的单词索引部分都是必不可少的。《日语读本》中虽然没有按照词语的语义系统地对单词进行分类，但选取的单词在门类上还是和以上三本教材有着相同之处。笔者将《日语读本》中出现的词语的门类总结如下：

①天文 ②地理 ③数目 ④時刻 ⑤四季 ⑥方角 ⑦身体 ⑧人伦 ⑨色彩 ⑩植物 ⑪動物 ⑫国名 ⑬金石 ⑭衣服布帛 ⑮職業 ⑯舟車 ⑰薬 ⑱貿易品 ⑲居家器用 ⑳飲食 ㉑医療 ㉒軍事 ㉓文房具

从上文的分析中可以看出，清末日语教科书词汇部分"大都按中国类书分类方法排印"，这一特点非常显著；选词也具有强烈的时代特征。在当时的时代背景下应运而生的这些教科书，或是为了中日通商的目的，或是为了中国学生留学日本的目的，或是为了向日本学习先进的军事、医学、哲学、法律等各方面的科学技术的目的而编著出版。从书中我们可以对当时的时代风貌及人民的日常生活窥见一斑，不断增加的外来语词汇也反映了当时东西方的交流。

1.2 民国代表性日语教科书

奉天外国语学校编纂的《日本语读本》现存卷2、5、6、7、8五册，1920年到1924年由大阪屋号书店出版，共收录单词1299个。每册书最后的附录部分收录了每课出现的单词。卷二的附录部分收录了30课共149个单词，按照语义类别可分类如下：

①数目 ②月日 ③時刻 ④植物 ⑤動物 ⑥方角 ⑦天文 ⑧地理 ⑨人倫 ⑩身体 ⑪宮室 ⑫色彩 ⑬服飾 ⑭舟車 ⑮人名 ⑯飲食

《第二种初等日本语读本》共四卷，1932至1933年由南满洲教育会教科书编辑部出版刊行，每卷后都有新词一览表。1933年出版的《第二种初等日本语读本教授参考书》（卷二）

第47至71页按照五十音图的顺序列出了《第二种初等日本语读本》（1～4）中的所有单词，根据《教授参考书》的调查，《第二种初等日本语读本》中共收录单词2042个。按照语义类别可以分为以下门类：

①数目 ②月日 ③時刻 ④植物 ⑤動物 ⑥方角 ⑦天文 ⑧地理 ⑨人倫 ⑩身体 ⑪遊戯 ⑫色彩 ⑬国名 ⑭地名 ⑮人名 ⑯飲食 ⑰祝日 ⑱舟車 ⑲四季 ⑳軍事 ㉑医療 ㉒宗教 ㉓鉱物 ㉔出版 ㉕居家器用

《初级小学校日本语教科书》1935年至1936年由满洲国文教部编著出版，分上下两册，有多个版本。此套教科书由于没有附单词索引部分，因此笔者无法统计收录单词的总数量，其语义系统类别总结如下：

①数目 ②月日 ③時刻 ④植物 ⑤動物 ⑥方角 ⑦天文 ⑧地理 ⑨人倫 ⑩身体 ⑪四季 ⑫色彩 ⑬国名 ⑭地名 ⑮人名 ⑯飲食 ⑰舟車 ⑱器用

《国定教科书初中日语（1～6）》由国民政府教育部于1941年刊行，此套教科书没有单词索引部分，因此笔者无法统计收录单词的总数量。此套教材中出现的词语可以沿袭清末日语教科书的"类书"法分类，具体门类总结如下：

①数目 ②月日 ③時刻 ④植物 ⑤動物 ⑥方角 ⑦天文 ⑧地理 ⑨人倫 ⑩身体 ⑪宮室 ⑫曜日 ⑬国名 ⑭地名 ⑮人名 ⑯飲食 ⑰医療 ⑱舟車 ⑲居家器用 ⑳文房具 ㉑音声

综合以上分析可以看出，较之清末，民国时期日语教科书中军事、医疗和贸易类的词语大幅度减少，中日历史名人和日本伪满殖民地地名词语数量增加。这些中日历史名人的出现和编排是出于殖民地奴化教育的目的，日本伪满殖民地地名词语的反复出现也体现了当时日本政府的愚化教育和侵略野心。这一时期的教科书中外来语词语的数量很少，但另一方面，汉字四字熟语和拟声拟态词的数量呈上升趋势。

1.3 新中国代表性日语教科书

据日本国际交流基金会"海外日本语教育机构调查"显示，1949年后，基于中央的重视外语教育政策，从1950年到1965年，在专门的外国语学校和综合性的大学开设了日语专业。另外，从50年代中期起，北京大学东方语言系以陈信德教授为中心开始编纂日语语法书和教科书。1972年中日邦交正常化带来了中国的第一次日语潮，从1973年起，很多大学开始编纂日语教科书和辞典。1982年11月底，教育部审查并批准了《中学日语教学纲要（征求意见稿）》，人民教育出版社于12月底出版了中华人民共和国教育部制定的《中学日语教学纲要》[3]。1983年，第一套统编的日语教科书——《初级中学课本日语（试用本）》由人教社编辑出版。《纲要》的诞生标志着日语学科被纳入教育部的课程体系，第一套统编教科书的出现标志着日语教科书的系统化和规范化。本节以《纲要》的颁布为界，再细分为"1949年后至'大纲'颁布前"和"'大纲'颁布后至今"两小节进行探讨。

1.3.1 1949年后至"大纲"颁布前

《外国语学校小学课本日语》共五册，由北京大学东方语言学系主编，是内部发行的试教本，供各外国语学校试用。第一册（1964年8月）适用于小学三年级上学期，第二册（1964年2月）适用于小学三年级下学期，第三册（1964年10月）适用于小学四年级上学期，第四册（1964年12月）适用于小学四年级下学期，第五册（1965年8月）适用于小学五年级上学期。第一、三、四册最后附有每课的"語彙表"，收录单词总数为1136个；第二、五册附录部分没有"語彙表"，因此笔者无法统计收录单词总数。其词语门类总结如下：

①数目 ②月日 ③時刻 ④植物 ⑤動物 ⑥方角 ⑦天文 ⑧地理 ⑨人倫 ⑩身体 ⑪色彩 ⑫職業 ⑬国名 ⑭地名 ⑮人名 ⑯飲

食 ⑰交通機関 ⑱教育 ⑲医療 ⑳服飾 ㉑日常器用 ㉒祝日 ㉓政党 ㉔挨拶 ㉕遊戯

《北京市中学试用课本 日语》由北京市教育局教材编写组编写，北京人民出版社1976-1978年出版。一共十册，每册后面有按照五十音图排序的词汇总表，共收录单词1771个。整套书中词汇按语义类别可以分为以下门类：

①数目 ②月日 ③時刻 ④植物 ⑤動物 ⑥方角 ⑦天文 ⑧地理 ⑨人倫 ⑩身体 ⑪色彩 ⑫職業 ⑬国名 ⑭地名 ⑮人名 ⑯飲食 ⑰交通機関 ⑱教育 ⑲医療 ⑳服飾 ㉑日常器用 ㉒祝日 ㉓政党 ㉔挨拶 ㉕文房具 ㉖鉱物 ㉗政治 ㉘法律 ㉙電気製品 ㉚会社 ㉛機械 ㉜スポーツ ㉝楽器 ㉞書名

《辽宁省高中试用课本 日语》的编者是辽宁师范学院中小学日语编写组，1982年由辽宁人民出版社出版。这套教材共四册，每册最后都附有"总单词表"，共收录单词1664个。这套教材的词语门类总结如下：

①数目 ②月日 ③時刻 ④植物 ⑤動物 ⑥方角 ⑦天文 ⑧地理 ⑨人倫 ⑩身体 ⑪色彩 ⑫宗教 ⑬軍事 ⑭地名 ⑮人名 ⑯飲食 ⑰交通機関 ⑱楽器 ⑲職業 ⑳医療 ㉑服飾 ㉒絵画 ㉓祝日 ㉔電気製品

1949年至80年代初有代表性的日语教科书，较之民国时期，这一时期词汇的门类增加了不少，如"政党、遊戯、教育、政治、法律、電気製品、スポーツ、楽器、書名、絵画"等。可以说词汇的门类更广，专业性更强。另外，还出现了例如"プロレタリア、人民公社、反米デモ"等大量极具时代特征的词语，反映了教材编纂时的国际环境和社会环境。最后，从60年代末到70年代中期"文化大革命"时期日语教材编纂活动的停止，和70年代末中日恢复邦交后大量教材的出现，也可以看出历史原因对日语教育的影响。

1.3.2 "大纲"颁布后至今

《九年义务教育三年制初级中学教科书 日语》由人民教育出版社外语室日语组编著，人民教育出版社出版。这套教材共三册，分别于1992年、1993年和1994年出版，每册最后都附有"词汇表"，共收录单词1074个。这套教材的词语门类总结如下：

①数目 ②月日 ③時刻 ④植物 ⑤動物 ⑥方角 ⑦天文 ⑧地理 ⑨人倫 ⑩身体 ⑪色彩 ⑫道具 ⑬文房具 ⑭地名 ⑮人名 ⑯飲食 ⑰交通機関 ⑱楽器 ⑲職業 ⑳医療 ㉑服飾 ㉒絵画 ㉓祝日 ㉔電気製品 ㉕公共施設 ㉖スポーツ ㉗貨幣

《全日制普通高级中学教科书 日语》由人民教育出版社外语室日语组编著，人民教育出版社出版。这套教材共三册，第一册出版于1996年，第二、三册出版于1998年。每册最后都附有"词汇表"，共收录单词1339个。这套教材的词语门类总结如下：

①数目 ②月日 ③時刻 ④植物 ⑤動物 ⑥方角 ⑦天文 ⑧地理 ⑨人倫 ⑩身体 ⑪色彩 ⑫鉱物 ⑬文房具 ⑭地名 ⑮人名 ⑯飲食 ⑰交通機関 ⑱楽器 ⑲職業 ⑳医療 ㉑服飾 ㉒金融 ㉓祝日 ㉔電気製品 ㉕公共施設 ㉖スポーツ ㉗芸術 ㉘国際イベント ㉙国際機関 ㉚世界的な賞 ㉛歴史事件 ㉜政治制度 ㉝宗教 ㉞手紙の基本用語 ㉟軍事 ㊱文学ジャンル ㊲災害 ㊳校名

《义务教育课程标准实验教科书 日语》由人民教育出版社课程教材研究所日语课程教材研究开发中心编著，人民教育出版社出版。这套教材共六册，分为"七年级（上、下册）（2002年6月）""八年级（上、下册）（2003年6月）"和"九年级（上、下册）（2004年9月）"，每册最后都附有"語彙表"，共收录单词1133个。将这套教材的词语门类总结如下：

①数目 ②月日 ③時刻 ④植物 ⑤動物 ⑥方角 ⑦天文 ⑧地

理⑨人倫⑩身体⑪色彩⑫鉱物⑬文房具⑭地名⑮人名⑯飲食⑰交通機関⑱楽器⑲職業⑳医療㉑服飾㉒文学ジャンル㉓祝日㉔電気製品㉕公共施設㉖スポーツ㉗芸術㉘葉書の基本用語㉙食器㉚サークル活動㉛民族㉜玩具㉝言語㉞IT

《普通高中课程标准实验教科书 日语》由人民教育出版社课程教材研究所日语课程教材研究开发中心编著，人民教育出版社出版。这套教材共十册，第一册到第五册为必修，第六、七册以及《应用写作入门》《作品欣赏入门》《小品演剧入门》为选修。第一到三册以及《应用写作入门》出版于2007年7月，《作品欣赏入门》出版于2007年8月，《小品演剧入门》出版于2007年10月，第四、五册出版于2008年1月，第六册出版于2009年1月，第七册出版于2009年2月。这套教材每册书最后都附有"語彙表"，共收录单词4189个。将这套教材的词语门类总结如下：

①数目②月日③時刻④植物⑤動物⑥方角⑦天文⑧地理⑨人倫⑩身体⑪色彩⑫鉱物⑬文房具⑭地名⑮人名⑯飲食⑰交通機関⑱楽器⑲職業⑳医療㉑服飾㉒科目㉓法律㉔電気製品㉕公共施設㉖スポーツ㉗芸術㉘手紙の基本用語㉙食器㉚形状㉛民族㉜図表記号㉝言語学術語㉞IT㉟エネルギー㊱経済㊲政治㊳災害㊴歴史事件㊵教育㊶宗教㊷故事成語㊸介護㊹校名

较之1949年至80年代初，80年代中期至今的日语教科书在大纲的指导下被统编出版。本节探讨了这一时期的四套教科书，从对其词语语义系统门类的总结中我们可以看出，这一时期的词汇在编排时更为科学和规范，涵盖门类全面且增加了很多新的门类，如"餐具、书籍、语言、金钱、艺术、科学、灾害、图表符号、能源、老人护理"和"IT"。另外，这一时期的教科书中没有出现1949年至80年代初的教科书中频繁出现的政治政党、阶级斗争和反侵略战争等方面的词语，可以说在词

汇的选取上更为中立和客观，而"楊利偉、神舟五号しんしゅうごごう、北京オリンピック"等词语的编排也彰显出新中国的正能量。

2.百年日语教科书词汇语义类别变迁分析

第二章中探讨的15部清末至今代表性日语教科书的词汇语义门类数目整理如表6。

表6　　本文探讨的15部教科书中词汇的语义门类数目

序号	书名	出版时间		词汇语义门类数目	各时期门类总数[4]
1	东语入门	清末	1895	30	70
2	东语正规		1900	46	
3	日语入门		1901	21	
4	日语读本		1909	23	
5	日本语读本	民国	1920—1924	16	37
6	第二种初等日本语读本		1932—1933	25	
7	初级小学校日本语教科书		1935—1936	18	
8	国定教科书初中日语		1941	21	
9	外国语学校小学课本日语	1949年后至80年代初	1964—1965	25	38
10	北京市中学试用课本日语		1976—1978	35	
11	辽宁省高中试用课本日语		1982	24	

百年日语教科书词汇语义类别研究　　　　　45

续表

序号	书名	出版时间		词汇语义门类数目	各时期门类总数[4]
12	九年义务教育三年制初级中学教科书 日语	80年代中后期至今	1992	27	58
13	全日制普通高级中学教科书 日语		1996—1998	38	
14	义务教育课程标准实验教科书 日语		2002—2005	34	
15	普通高中课程标准实验教科书 日语		2007—2009	44	

根据年代顺序可将以上15部教科书中词汇部分的语义门类数目的变迁表示如图1。横轴的1~15为表10中的教科书序号，纵轴的0~50表示门类数。每部教科书的具体门类数如图中点旁所示。

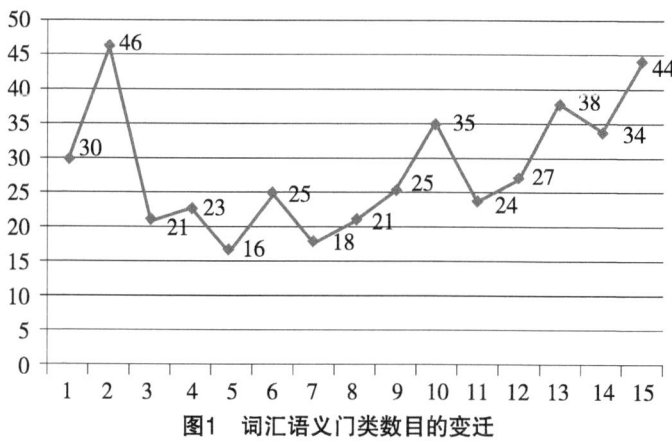

图1　词汇语义门类数目的变迁

图中的折线从整体上看呈现前高中低并逐步上升的趋势。前高部分的《东语入门》和《东语正规》两部清末时期日语教科书均为中国人编写，而序号为3、4的呈现明显下降趋势的两部教科书则为日本人编写。5～8是四部民国时期的代表性教科书，序号为6的《第二种 初等日本语读本》在这一时期门类数目最多，另外3部虽呈现增长趋势但在总数上还是不敌清末时期。9～11为1949年后至80年代初期的代表性教科书，词汇语义门类数较之民国时期有了显著增长。9、10两部教科书的编者为"北京大学东方语言学系"和"北京市教育局教材编写组"，11的编者则是"辽宁师范学院中小学日语编写组"。从11这部教科书的门类数较之9、10两部的轻微回落这一现象我们可以看出当时编写的地域差异。12～15为80年代中后期至今的代表性教科书。其中12、14为初中教科书，13、15为高中教科书；其门类数目分别呈现上升趋势。从对折线图的分析我们可以看出，清末至今百余年间的代表性日语教科书中的词汇部分其门类也是由少至多，由粗略到细致。但在清末时期中国人编写的教科书比日本人编写的教科书中的词汇门类更多更为细致，而在百年间词汇门类最少的时期则是民国，进入新中国时期呈现稳步上升的趋势。

四个时期都出现的词汇门类，分别是："天文、地理、数目、色彩、方角、宗教、月日、植物、動物、職業、舟車（交通機関）、飲食、医療、軍事、文房具、人倫、身体、時刻"。三个时期都出现的词汇门类如下："法律"（清末、1949年后至今）；"国名"和"居家器用"（清末、民国、1949年后至80年代初）；另外，民国到1949年后至今三个时期都出现的是"地名、人名、教育、鉱物、服飾、祝日"。两个时期都出现的词汇门类如下：清末和民国时期都有的门类是"言語、曜日、宮室、貿易、薬、四季"，民国和1949年后至80年代初都有的门类是"機械、会社、遊戲"，1949年后至

今的两个时期都有的门类是"政治、絵画、電気製品、スポーツ、楽器"。

各个时期独有的词汇门类如下：清末时期的有"時令、郡国、君臣、人物、文事、武備、珍寶、服飾、秤尺、菓蔬、進口貨、出口貨、輿地、各国都城、商埠、称呼、官爵、人民、性情質、品行、人事、応酬、政事文牘、商買、行店、疾病、喪葬、布帛、日用火、日用水、雑器、草木、花卉、魚貝、鳥、獣、蟲、形容動、身動、動作、動作副、動作成語、物形容、事理形容"。民国时期的有"金融、出版、音声"。1949年后至80年代初的有"政党、挨拶、書名"。80年代中后期至今的有"公共施設、貨幣、政治制度、手紙の基本用語、葉書の基本用語、サークル活動、IT、どうぐ、芸術、国際イベント、国際機関、世界的な賞、歴史事件、文学ジャンル、災害、校名、食器、民族、玩具、経済、科目、形状、図表記号、言語学術語、エネルギー、故事成語、介護"。

从以上汇总整理可以看出，清末时期的日语教科书多是出于通商、留学或向日本学习的目的而编写，在词汇的选取和编排上"大都按中国类书分类方法排印"。这一词汇的选排方法对之后的教科书也产生了深厚的影响。中国的编者较之日本的编者来说受"类书分类法"的影响更为深厚，因此在词汇编排方面呈现门类多而细致的特点。比如将"動物"进一步细化为"魚貝、鳥、獣、蟲"，将"植物"进一步细化为"草木、花卉"等。另外，清末教科书中出现的"形容動、身動、動作、動作副、動作成語、物形容、事理形容"门类是其他时期所没有的，这些描述词性的门类的出现体现了中国最早的日语教科书的编者们在编撰上的探索。到了民国时期，大部分的日语教科书的编者都是为日本的殖民侵略服务，书中大幅度减少军事、医疗和贸易类词语，取而代之的是大量增加的中日历史名人和日本伪满殖民地地名词语。这样的词汇编排是

出于日本对殖民地的愚化目的，反映了当时日本的奴化教育政策和侵略野心。这一时期的词汇门类也是四个时期中最少的。1949年后至今的日语教科书中的词汇增加了更多门类，词语的选编更为科学和规范。其中1949年至80年代初的教科书中大量出现的中国共产党领袖和社会主义时代先锋人物的姓名词语，阶级斗争和反侵略斗争等方面的词语都为我们展现了那个时代的情况。而80年代中后期至今在教育部制定的"大纲"指导下统编出版的日语教科书中的词语，从语义系统来看门类进一步扩大，"语言、艺术、科学、能源、国际活动、国际组织、世界级奖项、书信用语、图表记号、文学题材、历史事件、故事成语、福利保障"和"电脑通信"等门类的词语的增多都反映了时代的发展和教育的进步。而这些不断增多的门类也为"实践教育理念"提供着越来越多的语言素材，丰富着日语学习和使用日语进行语言交际活动的"话题"。

3. 结　语

语言是有生命的，而作为语言中的一个重要组成部分——词汇，也具有鲜活的生命力。百余年间，曾经昙花一现的、某一特殊的时代背景下频繁出现的、流传至今还广泛使用的、不断萌发新芽而日益茁壮的……无论哪一种都承载着历史给它的印记。纵观百余年间日语教科书词汇部分发展变化的轨迹，我们可以看到清末时期中国编者在编写时受到本国文化——类书分类法的影响，民国时期日本出于殖民统治目的而刻意删除语言交际活动中很多必备门类而刻意保留愚化目的词语的丑恶，中华人民共和国初期编者的摸索以及在"大纲"指导下统编教科书的日益科学与完善。在编写今后的日语教科书中的词汇部分时，我们要将中国传统文化中的闪光之处和学界最新的

教育理念相结合，在"大纲"的指导下顺应时代的需要，选择最科学的门类进行设置，以期在教学实践中达到最好的效果。

注

[1]（輿車のように万物を乗せる意で）大地。地球全体。全世界。（『日本国語大辞典』）。
[2] 引自鲜明（2011）《清末中国人使用的日语教材——一项语言学史考察》，第76页。
[3] 引自人民教育出版社课程教材研究所2010年10月编著的《新中国中小学教材建设史（1949—2000）研究丛书 日语卷》第50页。
[4] 由于各时期中各本（套）代表性教科书的词汇门类有重复出现的情况，所以总门类数并不等于各（本）套教科书中词汇的门类数目之和。

参考文献

大野晋，浜西正人 著（1981）『角川類語新辞典』、東京：角川書店。
杜琴（2012）《〈中日交流标准日本语〉教材词汇的计量研究——与〈日语能力等级测试出题基准（改定版）〉四级、三级词汇表的对照》，载《东方企业文化·文化教育产业》第4期。
杜琴（2013）《〈中日交流标准日本语〉词汇的实态调查》，载《湖北函授大学学报》第8期。
国立国語研究所 編（1964）『分類語彙表』、東京：秀英出版。
金田一春彦（1981）『日本語の特質』、東京：新NHK市民大学叢書10。
李小兰、史占泓（2004）《清末日语教材的特点及其影响》，载《日本学论坛》第2期。
李小兰（2001）《清末日语教材之研究》，浙江：浙江大学。
李小兰（2006）《清季中国人编日语教科书之探析》，载《杭州师范学

院学报（社会科学版）》第7期 。

马可英（2010）《民国时期中国人编日语教材之研究——以"日语基础丛书"为例》，浙江：浙江工商大学。

马小兵（2011）《日语复合格助词与语法研究》，深圳报业出版集团。

人民教育出版社课程教材研究所（编著）（2010）《新中国中小学教材建设史（1949—2000）研究丛书 日语卷》，北京：人民教育出版社。

山内博之 編（2013）『実践日本語教育スタンダード』、東京：ひつじ書房。

唐磊，林洪（主编）（2002）《全日制义务教育日语课程标准（实验稿）解读》，北京：北京师范大学出版社。

唐磊，林洪（主编）（2004）《普通高中日语课程标准（实验）解读》，南京：江苏教育出版社。

王静（2012）《高校日语专业教材研究——基于〈新编日语〉词汇》，载《山西农业大学学报（社会科学版）》第4期。

王彦花（2011）《我国日本语教育中复合动词的研究——以我国中学日语教材及各种教学大纲为中心》，载《日语学习与研究》第5期。

鲜明（2011）《〈东语正规〉在中国日语教育史上的意义》，载《日语学习与研究》第6期。

鲜明（2011）《清末中国人使用的日语教材———一项语言学史考察》，北京：中央编译出版社。

中华人民共和国教育部制订（2001）《全日制义务教育日语课程标准（实验稿）》，北京：北京师范大学出版社。

中华人民共和国教育部制订（2003）《普通高中日语课程标准（实验）》，北京：人民教育出版社。

合作学习模式在财经日语专业中的运用及效果研究*

李友敏（中央财经大学）

1. 合作学习模式与教学改革

"合作学习"又称小组合作学习，它在改善课堂学习气氛、提高学生学业成绩、促进学生形成良好的非认知心理品质等方面效果显著。包括美国、日本在内的许多教育先进国家都普遍采用了这种富有创意和实效的教学理论和策略体系。但关于合作学习的含义众说纷纭，目前尚未形成统一的认识。美国明尼苏达大学合作学习中心的约翰逊兄弟认为"合作学习就是在教学上运用小组，使学生共同活动，以最大程度地促进他们自己以及他人的学习"。日本学者池田玲子与馆冈洋子在『ピア・ラーニング入門—創造的な学びのデザインのために』中则是将"平等""对话""创造""过程""互惠性"等五大要素作为判断合作学习的标准。国内学者王坦在《合作学习——原理与策略》中指出，"真正的合作学习其实是以教学目标为导向，以异质小组为基本组织形式，以教学各动态因素的互动合作作为动力资源，以团体成绩为奖励依据的一种教学活动和策略体系。"

---

* 本文获中央财经大学 2016 年度教育教学改革基金资助。

综合目前国内外有关合作学习的研究文献来看，合作学习是一个复合性、多层面的概念。整体而言，合作学习关注教学过程中的师师互动、师生互动、生生互动，并以生生互动合作作为教学活动的主要取向，学生之间的互动合作为其共同特征。合作学习的过程是一个认知过程，更是一个合作与成长的过程。相关研究已经证明，有效的合作学习不仅能共享学习资源，而且能促使集体智慧高度结晶；既能使学生更加深入地理解学习内容，又是学生找到有效学习方法的途径；既能激发学生的学习动机，又能使其产生必须要与同伴相互合作的心理需求；既可以让学生从同伴那里得到更多的知识，又能让他们学会尊重别人意见，接受他人批评，从而培养他们的合作精神、团队意识和责任感；同时还能为教师提供更多的观察和评价学生学习的机会，弥补一个教师难以面向有差异的众多学生的不足，从而使每个学生都得到相应程度的发展。

2012年，教育部出台了《教育部关于全面提高高等教育质量的若干意见》，在"创新人才培养模式"中指出，我国的教育要"创新教育教学方法，倡导启发式、探究式、讨论式、参与式教学。……改革考试方法，注重学习过程考察和学生能力评价。" 由此可以看出，我国教育政策中规定的人才培养目标、教学方法改革方向以及教学评价体系改革目标在很大程度上与合作学习是一致的。

2. 合作学习模式文献综述

关于合作学习的实践和研究在欧美国家历史悠久，成果丰硕。在亚洲地区，日本和韩国等国也先于我国对合作学习的基础理论以及其在本国实施过程中出现的问题进行了较为详尽的研究。根据刘福泉（2007）、林洪（2014）等对我国合作学

习研究情况的调查结果，我国的合作教学研究始于20世纪80年代，之后经过90年代的平稳发展，在21世纪的前十年得到了飞速的发展。每年的研究成果数量由80年代的几篇发展到了现在的3000篇以上。然而，我国有关合作学习的实践和研究多集中在英语、数学、语文、体育等学科，且多以中小学生为主要研究对象。高等教育阶段各学科中的合作学习的相关研究亟待开展。高等院校日语专业课程中合作学习教学模式导入的可行性研究就是其中一个方面。

日本学者池田玲子、馆冈洋子、冈崎眸等积极倡导在日语教学中采用合作学习模式，并进行了长期的教学实践活动，发表了一系列的研究成果（池田玲子、馆冈洋子，2007；冈崎眸、冈崎敏雄，2001等）。国内一些日语教育工作者，特别是具有日本留学背景的日语教师，也在积极开展在日语教学中导入合作教学的实践与研究。但是，正如林洪在《中国社会与教育发展背景下合作学习的走向》一文中所指出的，我国对日语合作学习的介绍与研究数量较少。并且，这类研究中介绍性的论文较多，实践研究也多集中在旨在提高日语单项技能的课程中。

3. 财经日语专业实施合作学习模式的可行性

我校财经日语专业的教学可分为基础（大一、大二）和高年级（大三、大四）两大阶段。基础阶段主要以日语语言知识的学习和基础单项语言能力（听、说、读、写等）的培养为目标，同时开设经济学、会计学、金融学、管理学等课程，使学生掌握财经基本理论知识。进入到高年级阶段后，虽然多数学生已经通过相应级别的日语能力考试，初步掌握了一定的日语技能和财经相关理论知识，但距离《课程大纲》所规定的日

语综合运用能力还相差甚远,还不能很好地将日语能力和财经知识进行有机的结合,因而尚无法满足社会对复合型、应用型人才的需求。同时,由于基础阶段的日语语言知识学习和技能练习的任务较重,学生在发现问题、收集资料、整理分析、总结概括、口头或书面表达等综合能力的培养方面也存在欠缺。从教学评价的角度来看,虽然我校目前实行期末考试成绩与平时成绩相结合的评价方式,但是从实际的评价情况来看,期末考试等由于受到其考试形式的限制,多以知识的考察为主,对能力的考察照顾不够。而平时成绩也侧重于学生的出勤、作业完成情况等,很难对学生的课堂参与程度、团队协作能力、发现问题、搜集资料、总结概括等综合素质进行较为科学的评价。现有的评价方式与国家所提倡的形成性评价、综合性评价还有一定的距离。

在财经日语专业教学中采用合作学习模式,不仅能够提高学生学习积极性,活跃课堂气氛,加深学生对所学内容的理解,增强其团队协作意识、提高自学能力,同时小组内部的自我评价也能够在一定程度上弥补结果性评价的不足。笔者认为,在我校财经日语专业高年级教学中采用合作学习模式,能够将日语与财经更好地结合起来,充实课程教学内容,实现对学生的全方位培养,使其毕业后能够熟练运用日语从事财经、外事等部门的工作,培养出应用型、复合型的日语专门人才。

4. 财经日语专业合作学习模式的实践与效果研究

4.1 合作学习模式的实施思路

根据我校日语专业教学的实际情况,考虑到高年级学生

已经具备了用日语进行资料查找和口头发言的条件，加之在基础阶段已经涉及了一部分财经类的知识，因此，笔者选定在高年级《综合日语》课程中实施合作学习模式的教学。

此次教学实践共分为三个阶段，第一阶段用1～2周时间，循序渐进地引入合作学习的概念，在教学过程中先不涉及财经的内容，而是首先针对日语学习中的课题进行分组、查资料并发言，让学生逐渐熟悉和适应合作学习的模式。第二阶段利用5～6周时间，全面实施财经与日语相结合的教学活动。之后，教师对之前的合作学习过程进行总结和反思，通过调查问卷、采访等方式了解学生的反应。第三阶段利用6～7周时间，在第二阶段经验总结的基础上，指导学生进行论文的撰写，并组织学生在课堂上进行论文宣读，由其他小组进行提问，最终各小组提交本学期期末论文。

教学实践结束后，对实践过程中产生的问卷、课堂记录等进行详细的整理和分类，然后对其进行分析和研究。最后，综合各项内容，对我校财经日语专业采用合作学习模式的效果进行整理，总结实践过程中存在的问题，并思考改善措施。

4.2 合作学习模式的具体实践过程

为激发学生的积极主动性，培养学生之间的合作意识与协作精神，同时，培养学生综合运用日语解决课题的能力，使日语与财经更好地结合，笔者在高年级"综合日语"教学中尝试采用了合作学习的教学模式。

首先，为了让学生熟悉和适应合作学习的模式，利用1～2个星期的时间，选取教材中与日本社会和日本文化相关的课题，以分组的形式，要求学生自主进行分工，课下收集相关资料，课上用日语进行PPT展示。各小组的课题内容没有重复，以保证异质小组间实现资源的共享。主要涉及的课题有：

"日本的文字""京都三大祭""日本文学作品赏析""日本的大学"等。

在完成第一阶段的日语相关内容的分组学习后，第二阶段进入财经与日语相结合的学习模式。本阶段选用的教材是日文原版图书《入门日本経済（第4版）》。选择该书作为教材的原因在于，作为经济类的入门书籍，该书内容相对容易理解，学生既能掌握一定的财经知识，同时在学习过程中也可以锻炼和提高日语水平。在实施合作学习模式的过程中，笔者选用了该教材的第5章至第8章的内容，具体包括"企業：進化する行動と構造""労働：すべての人が働きやすい社会に向けて""社会保障：日本型福祉国家の形成""財政・財政政策：政府の経済活動"等，内容涉及与日本经济相关的各个基础领域。在教学过程中，笔者事先将学生分为4组，每组4~5人。每个小组设置一位组长，负责统括全局、安排任务并与其他小组进行协调和沟通。具体做法为：每周进行一章的学习，每个小组负责本章内不同节的内容，以保证发言学习时材料的异质性。各小组除了对自己负责部分进行研读、整理外，还要查找相关论文进行延伸阅读和讲解。4组发言结束后，由学生对各小组的准备情况及发言内容进行匿名评价。下面以第5章"企業：進化する行動と構造"为例进行具体说明。

A小组负责第一节"企業の種類と2つの見方"，B小组负责第二节"日本企業のシステム（1）：従来の構造と機能"，C小组负责第三节"日本企業のシステム（2）：近年の動向"，D小组负责第四节"望ましいコーポレート・ガバナンス"。提前一周将教材印发给学生，小组内部自行商量分工，提前准备课上发言的PPT。每个小组只能拿到自己负责部分的教材，如A组拿到的资料是"企業の種類と2つの見方"，A组的5位同学需要对这一节的内容进行深入研读，

提炼出提纲和要点,在此基础上查找与企业分类相关的学术论文,最终形成PPT在课堂上进行发表,B组、C组和D组以此类推。这样做的目的在于:让每个小组专注于本小组负责部分,进行充分、深入的研读,通过课堂发言简要、清楚地向其他小组传达教材要点内容及文献综述,而另外三个小组由于没有预备知识,则需要认真听取该小组发言以获取相关信息,由此培养学生提炼、传达重点信息以及短时间内获取、消化信息的能力,从而实现各小组之间的信息共享。在每次课各小组发言完毕后,由学生针对其他小组的课前准备、组内分工、具体发言等情况进行匿名评价。

四章内容结束后,由老师发放问卷,并在此基础上对学生进行采访,以确认合作学习的效果以及合作学习过程中存在的问题,对学生提出的建议进行记录和分析,为下一阶段的论文撰写提供参考。

第三阶段利用6周左右的时间,指导学生在第二阶段研读教材、文献共享的基础上确定研究课题,进一步查找相关文献并进行论文的撰写。每个小组选定一个自己感兴趣的课题,并在组内讨论研究思路及研究方法,查找与课题相关的文献进行研读,利用2周时间提交研究计划,教师基于学生提交的研究计划进行具体指导,并在接下来一个月的时间内指导每个小组完成一篇学术论文。

4.3 财经日语专业采用合作学习模式的必要性和优势

传统的"综合日语"课程多以教师讲解日语知识点为主,学生主要通过听讲和练习来掌握相关内容。尤其到了高年级阶段,教学目标、课程特点、学生的学习动机等方面都发生了很大的变化,初级阶段常见的"老师讲,学生听""学生处于绝对被动地位"的授课模式已经无法适应高年级阶段的教学

要求。高年级阶段课程应该充分发挥学生的学习主动性，积极引导其运用所学日语知识以及所具备的各方面能力，学习解决"课题"、完成"任务"的方法，实现个人全方位的提升。在合作学习模式下，课程的主体由教师转变为学生，学生的参与度要远远高于传统授课模式，课堂气氛也更加活跃。由于我校的日语专业为财经方向，即要兼顾日语和财经两个方面，因此，通过采取合作学习的模式，可以在保证学生参与度和课堂气氛的前提下，将财经知识与日语学习相结合，使学生既能掌握一门流利的外语，同时也能涉猎财经相关内容，这样才能最终实现课程与毕业论文、考研、就业的准确对接。

分析合作学习的实践教学过程可知：（1）学生课余时间得到了充分利用，课前的准备和课后的讨论都为有效的课堂教学提供了保障，也实现了教师对学生课外学习的间接管理；（2）课堂参与度和活跃度较以前有很大提高，学生积极性更高，教学和学习活动的形式更加多样化；（3）充分实现了财经与日语的结合，符合本专业教学大纲的要求，让学生在有限的时间内实现与将来就业、考研的对接；（4）学生在获得相应财经和日语知识的同时，文献阅读和整理能力、口头和书面表达能力、课题解决能力等综合能力得到提高；（5）评价方式发生了改变，不再是由教师对学生进行评价，而是让学生参与到评价过程当中，更加重视过程性评价。

5.合作学习模式的效果及今后的课题

通过观察学生在课堂上的表现，对调查问卷进行分析，并结合期末论文撰写情况，不难发现学生对合作学习模式是持认可态度的。首先，学生能够积极自觉地开展课前准备工作，查找的资料翔实可靠，课堂讨论积极热烈，在日语口头表

达能力和财经相关知识方面均有所收获。其次，绝大多数学生认为采用合作学习模式会使课堂更加生动有趣，让自己喜欢上了上课。最后，大家认为通过阅读大量学术文献，并与小组成员共同完成期末论文提高了自己的文献阅读能力和学术论文撰写能力，也为今后毕业论文的撰写打下了基础。当然，在具体实践过程中也存在一些需要改进的地方，如部分学生查找的论文质量不高，且没有指出其中存在的问题和改进措施；小组之间的相互评价规则还不够细化等。笔者将在今后的教学过程中不断调整，从而在财经日语专业中实现学生之间、师生之间的合作学习。

附录：

关于财经日语专业合作学习模式实践与效果的调查

1.你了解什么叫合作学习模式吗？

2.你认为合作学习模式与传统教学模式相比有哪些优势？你如何看待财经与日语相结合的授课方式？

3.采用合作学习模式前后，课堂气氛有何不同？

4.你觉得采用合作学习模式后，你在哪方面的能力得到了提高？（可多选）

　　□信息收集能力　　□文献总结能力　　□日语表达能力（书面、口头）

　　□集体协作能力　　□PPT制作能力　　□学术论文的阅读和撰写能力

　　□其他（　　　）

5.你觉得合作学习模式对你撰写毕业论文有何帮助？

6.通过本学期的学习，你有哪些收获？

参考文献

池田玲子・舘岡洋子（2007）『ピア・ラーニング入門—創造的な学びのデザインのために』、東京：ひつじ書房。

岡崎眸・岡崎敏雄（2001）『日本語教育における学習の分析とデザイン』、東京：凡人社。

林洪（2014）《中国社会与教育发展背景下合作学习的走向》，载《日语协作学习理论与教学实践》，高等教育出版社。

Johnson, D.W., Johnson, R.T. & Holuber, E.J. 1993. Circles of learning: Cooperation in the classroom. Edina, MN, Interaction Book.

刘福泉（2007）《我国合作学习研究现状及发展趋势分析》，载《天津市教科院学报》第6期。

王坦（2001）《合作学习——原理与策略》，北京：学苑出版社。

杨峻（2013）《日语教育领域中合作学习研究综述》，载《前沿》第18期。

张玉彬（2017）《合作学习的理论与实践》，北京：光明日报出版社。

中华人民共和国教育部（2012）《教育部关于全面提高高等教育质量的若干意见》，教高[2012]4号。

关于日语自他动词教学法的探索

——以本居春庭的自他观为基础

刘 剑 (东北财经大学)

在对以汉语为母语的中国学生进行日语教学的过程中，会不可避免地遇到自他动词的问题。学生普遍反映自他动词的使用规律难以掌握，而无法掌握的根源在于无法理解。

首先，自他动词的概念来源于英语中的transitive/intransitive verb，学生因为在升入大学之前的阶段接受了长期的英语教育，会用transitive/intransitive verb的概念去套用理解日语里的自他动词。但无论是英语里的transitive/intransitive verb，抑或是母语汉语里的及物/不及物动词的概念，都与日语的自他动词不尽相同。其一，transitive/intransitive verb和及物/不及物动词的主要差异都在于带不带宾语，而日语的自他动词的主要差异却不在于带不带宾语；其二，transitive/intransitive verb和及物/不及物动词不需要词形相关，而日语自他动词毋宁说是词形相关的两个或一组词。它们有同一个词干，只在词尾部分不同；其三，就像词形无关一样，transitive/intransitive verb和及物/不及物动词的语义也未必相关，也就是说，及物动词是一组词，不及物动词是另一组词，它们之间没有更多的相关性。而日语自他动词不但在词形上共有词干，而且语义上也密切相关。在教学的过程中，教师需要冲破transitive/intransitive verb和及物/不及物动词的影响，甚至可以说是扰乱，而整理出日语自他动词词形、语义上的相关性，再分阶段教授给学生，这就形成了教学中的一个难点。本文以回到原点——即回到transitive/

intransitive verb的概念，被引入日语语法学之前的本居春庭阶段，拨开近现代化干扰的迷雾，来试着解决这一教学难题。

1.自他难题

1.1 自他的形态难题

自他动词是一对在形态上对应的词，但我们无法把它们简单归类。比如，[-eru]和[-u]的对应，可以是自动词—他动词，如「抜ける－抜く」「割れる－割る」，也可以是他动词—自动词，如「立てる－立つ」「進める－進む」。可以确定的是，[-aru]是自动词的词尾形态，但与其对应的他动词，词尾可能是[-eru]，如「上がる－上げる」，也可能是 [-u]，如「繋がる－繋ぐ」；另一方面[-su]是他动词的词尾形态，但与其对应的自动词，词尾可能是[-ru]，如「残る－残す」；可能是[-eru]，如「逃げる－逃がす」；也可能是[-u]，如「乾く－乾かす」。综上所述，我们很难找到有效的形态对应规律，也很难判定是自动词向他动词派生还是他动词向自动词派生。

1.2 自他的语义难题

既然形态上的对应各异，那么语义上的对应是不是也各不相同呢？或者说，在形态上共有词干的自他对应动词，在语义上有什么关系？因为英语有非宾格动词和及物动词同形的现象，而且这一现象在非宾格理论处得到了很好的解释，所以非宾格理论也被用来解释日语自他动词的语义。但非宾格理论认

为只有内在动力驱使的事件[1]才可以构成非宾格动词。但这是无法解决日语自动词的问题的,特别是无法解决[-aru]形的动词,因为这种形态的自动词所表达的事件,几乎都是外在动力驱使[2]的。影山(1996)把这种表达外在动力驱使事件的构造叫作反宾格构造,用以区别经典理论的非宾格构造。但影山(1996)的这种把可以解释的归入经典理论,把无法解释的另立分类的方式,依然无法解决自他动词的语义对应问题。

1.3 自他的使用难题

最困扰汉语母语者的问题,还是自他动词的使用问题。比如一直费力地拧瓶盖,终于成功的一刻,不能用他动词「開けた!」来表达汉语母语者心目中的"拧开了"这样的含有及物动词"拧"的动补结构,而要使用「開いた!」这样的单纯自动词。再比如不小心把碗摔在地上破了,明明不是故意的,却不能用「落ちた」,而要用「落とした」。另外还有这样的例子,明明一个事件里有施事,且必须有施事,却不能使用他动词把施事投射为一个论元,而只能选择自动词,如「駅前に細いビルが建っている」,如果没有施事去做盖房子的动作,房子根本不会自己盖好,但却不能使用含有"盖"这样他动词的动补结构,而只能选择跟它对应的自动词来表达。

这一系列的使用难题反映了日语自他动词的问题涉及事件因果关系、意志性等,而这些因素都是经典理论中判断一个词是否为及物动词的必要因素(Thompson,1980)。也就是说,按照经典理论越是符合及物动词的事件,在日语里越有可能用自动词来表达。这是靠影山(1996)所做的简单分类远远不能解决的问题。

1.4 自他难题的缘起

从明治时期语法大量引进西方体系起，日语语法学界就在使用transitive/intransitive verb的概念来对应所谓的自他动词。也是从明治时期起，transitive/intransitive verb被翻译成了自他动词，从此对自他动词的理解也走上了transitive/intransitive verb的道路，其最根本的判断标准是带不带宾语，表现在形式上就是伴不伴随「を」格。与之相匹配的语义理论也来自西方的经典理论，也就是及物性理论，考虑因果关系（causal chain）、参与者构造（participant structure）以及意志性、结果性等因素。

但是这些理论无法解释日语的语言事实，于是日语语法学界就开始各种融合理论和事实的尝试，有一些是有益的，有一些则是削足适履的。比如把一部分带「を」格的句子，如「鳥が空を飛んでいる」「金魚が池を泳いでいる」等人为地划为例外，通过这种边缘化一部分事实的方法，来确保「を」格对宾语的标记作用。从而确保「を」格可以把自他分开。但却无法否认「飛ぶ」「泳ぐ」这样的自动词也能带「を」格这一语言事实，也就是说，从句法形式上，其实我们无法把自他动词分开，如果我们认定「飛ぶ」「泳ぐ」是自动词的话，不是通过形式，而是通过意义判断的。换句话说，日语自他动词的差别，根本不在能不能带「を」格上。

如果我们回到原点，抛开明治以来西方理论的引入和融合，来看看江户时期的未受冲击的、自发萌生的自他观，或者会对这个问题的解决有帮助。

2.本居春庭的自他观

　　本居春庭在『詞通路』这部语法著作中，有一章专门论述了「動詞の自他のこと」，在这之前日本的国学界并非没有自他的概念，但都比较暧昧含混语焉不详，可以说，本居春庭第一次明确而系统地提出了动词有自他之分这一概念。后世的intransitive/transitiveverb之所以翻译成"自动词/他动词"，也是承接本居春庭的叫法。但是通过对本居春庭『詞通路』的研读，我们发现，本居时代的"自""他"之分，其本意的"自"和"他"并不是带不带宾语。在本居春庭的分类里，被现代日语语法按照带不带宾语为标准归为他动词类的「待つ、持つ、飲む、読む」等，都属于自动词。『詞通路』中，「のむ、よむ」被放置于"麻行四段活"（也就是现代日语所谓的「ま行四段活用」），并在后文中明确指出「のむ、よむ」属于「みつから然する」型，也就是自动词。

　　如果本居春庭的自动词/他动词的区别不在于带不带宾语，那么在于什么呢？其实我们可以从"自"和"他"的字面义着手来理解。其实，除了被transitive/intransitive verb的概念"污染"了的日语语法领域之外，比如认知科学领域，"自"就是指自身，对说话人来说就是"我"；而"他"就是指他人、别人，对说话人来说就是"我"以外的人。对于未被"污染"的本居来说，因为「のむ、よむ」不涉及"我"以外的人，所以不是他动词。

　　那么"原点"上的本居的自他，应用到动词上来讲，究竟该怎样理解呢？简单来说，transitive/intransitive verb的概念，是以"事件"为视点的，动作的发出者是施事，动作的承受者是受事。这种视点是客观的，图示如下：

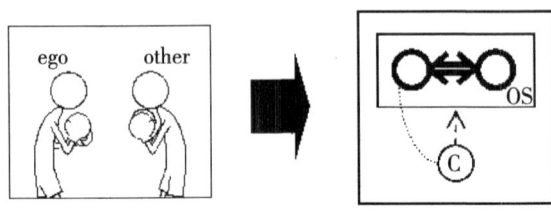

图1 客观视点下的自我与他人

在这个视点下，作为事件参与者的自我与作为说话人的自我是分离的，如上图所示，说话人仿佛置身事外，而标注为OS的方框内的事件中，以虚线跟C连接的圆圈（代表左图中的ego），只是事件的一个参与者，对于说话人来说，这个参与者并不特别，跟由另一个圆圈表示的他人，在"事件参与者"这个身份上是平等的，由双向箭头表示的力（force）的传递在事件的两个参与者之间进行，也就是在事件内部进行。这种视点关注的是事件本身，而不集中在"自我"上。

而本居春庭的自动词/他动词的概念，是以"自我"为视点的，是主观视点，它不关注事件，而只关注事件当中的一个参与者——这个参与者在绝大多数情况下是"我"。以我为核心，不涉及他人时，就是"自"，涉及他人时才是"他"。图示如下：

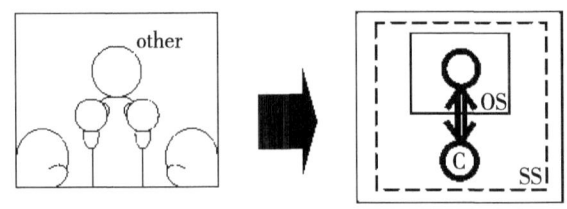

图2 主观视点下的自我与他人

在涉及他人的情况下，我是动作的发出者，就用主动态，我是动作的承受者，就用被动态，所以会有诸如「さしつさされつ」这样的句式。如果翻译成汉语的话，转换视角翻译成"自己也给别人倒酒，别人也给自己倒酒"这样的不同主语的句子会比较自然，而直接翻译成"倒酒和被倒酒"这种同一视角的汉语句就会有些不自然——可见在视角保持统一这一点上，日语是比汉语严格的。

而现代日语语法的自动词/他动词的概念，是混淆了上述两者，因而产生了非常复杂的问题。跟西方语法学界针对transitive/intransitive verb所进行的先行研究比起来，日语里自他动词的先行研究显得庞大不可方物。这并非是说西方的transitive/intransitive verb不值得研究，日语里的自他动词太值得研究，而是因为日语里自他动词的理论和事实之间龃龉太大，因而一定会出现非常多的具体问题，所以尝试解决这一问题的先行研究才会如此之多。

以"事件"为视点，注重的是事件里"参与者"的数量和关系（participant structure），事件有两个参与者，且参与者之间有力（force）的传递就是transitive。事件只有一个参与者，力的传递也不会产生，就是intransitive；说话人相对于事件来说，是一个旁观者，或者说置身事外的观察者，所以，在他的描述中，participant structure的每个参与者都是对等的，"我"不是一个特殊的参与者，也没有哪一个参与者是基准点。与之相反，以"我"为视点，则一切从"我"（说话人）的视角出发，"我"参与在事件之中，是基准点，跟事件的其他参与者不对等。为了方便理解，我们可以举个"主动态—被动态转换"的例子来说明上述差异。以事件为视点的主动态—被动态转换，是如下的：

主动态：John killed Mary.
被动态：Mary was killed by John.

这种转换是事件的施事/受事在主语/宾语的位置上互换。说话人的视点在整个事件上，他有一种置身事外的旁观者视角，用Langacker的比喻来说，就好像说话者远远地坐在舞台之下，看着舞台上事件的发生；而以"自我"为视点的主动态—被动态转换，是如下的：

主动态：太郎は花子を殺した。

被动态：太郎は殺された。

这种转换，视点固定在"太郎"身上（"太郎"身上有说话人自我的投射）。以太郎为基准点来调整事件的表达方式。换句话说，关注的是太郎怎么样了，是杀人了还是被杀了。而不是某个杀人事件中谁是杀人者谁是被杀者。说话人的视点一直固定在"太郎"身上，"太郎"可以发生很多事，参与很多事，所以主被动的转换都是围绕"太郎"来展开的。明治以后，人为地把主被动转换安排成像英语那样：

主动态：太郎は花子を殺した。

被动态：花子は太郎に殺された。

但这种对应只在语法书上存在，在回到语料库或现实的语料中去的时候，我们看到的有上下文的主被动转换，都不是固定事件、转换参与者的，而是固定一个特定的参与者，以该参与者为视点（绝大多数情况下视点投射为主语）转换主被动形式的。

下面让我们回到本居春庭的自他观。本居春庭的自他并不是现代语法体系自他二分，而是共分为六段。以下的表1来自国会図書館近代ライブラリー・『詞通路』的转写：

表1　　　　　　　　『詞通路』中的动词自他六分

		四カ しりぞく	四カ かわく	四カ おとろく		おのつから然る みつから然る
四カ まねく	四カ ふせぐ	下カ しりそくる	四サ かわかす	四サ	下ア うる	物を然する
						他に然する
下サ まねかする	下サ ふせかする	下サ しりそかする			下サ えさする	他に然さする
	下ラ ふせかるる	下ラ しりそかるる		下ラ おとろかるる	下ラ えらるる	おのつから然せらるる
下ラ まねかるる	下ラ ふせかるる	下ラ しりそけらるる		下ラ おとろかさるる	下ラ えらるる	他に然せらるる

　　本居春庭的六分法，正是基于"自我"这样的视点。第一段「おのつから然る、みつから然る」为"自"，就是自身的事。第二段「物を然する」和第三段「他に然する」为自身的动作涉他，也就是自身发出的动作引起了他人（或者别物）的变化。第四段至第六段，是自身被他人的动作所累及。整个六段的划分，都是"自我"怎么样了，视点始终关注在自我上。自我既是说话人，同时也是事件的切身参与者。以"自我"为基准点去描述事件，事件就成了自我和他人的互动，或者说是动作的やりとり（给予和获取）。

这六段的划分,也不区分是词汇层面上的自他对应,还是语法层面上的"动词+助动词",这为其后的语法学家所诟病,认为本居的意识较为原始落后,不会进行不同语法单位的划分,而混为一谈。但放到今天来看,这种不做划分的自他意识,更清晰地体现了日语的视点统一性。

3.本居自他观对于教学的启示

在语法研究的领域,我们追求真理。但是教学领域,我们不得不舍弃一部分最前沿的、尚待验证的研究成果,而追求一种行之有效的"学校语法"。所以在教学领域我们可以比在研究领域更"武断"一点。

现代日语语法体系中对动词进行自他分类时采用的是西方式的事件视点,由于作为说话人的"我"和作为事件参与者的"我"的分离,所以允许作为事件参与者的"我"并不搞特殊化,跟"他人"一样,都只是事件的一个普通参与者。所以这种视点只关注事件中是不是有两个参与者,以及参与者之间是不是有力的传递,也就是带不带宾语。

如果进行一个"武断"一点的教学尝试的话,我们可以抛开上述那种被西方理论严重影响甚至扭曲了的自他观,而回到本居春庭时代的"原点"上来。在讲授自他动词时,首先,要抛开英语的影响,抛开以事件为中心的视角,抛开事件各参与者平等的视角,抛开事件中力的传导[在动词的及物不及物问题上,较为集中地体现为因果链(causal chain)的视角],而引介一个日语独有的视角。这个视角也许对于学生而言一开始有些陌生,但因为人类的认知是包括有这样一种视角的,只是不同的语言会侧重把不同的视角投射在句式中,所以理解这样的视角和这样的视角在日语中的体现,并不很困

难。

其次要强调日语动词使用的"场面"性，也就是不脱离具体时间具体地点具体场合的，以"我"为固定视点的自他观。不从旁观者的角度看事件中力的客观传递，而是以"自我"为基准点，看力是"从他人那里来"还是"到他人那里去"的やりとり，或者やりもらい。而自他的选择，依"我"在事件中的参与者角色而定。这种视点不只涉及自他选择，还可以扩大到主被动、使役等形式的选择。这对理解、使用日语自他动词至关重要。

4. 小　结

本文先从形态、语义和使用等方面陈述了教学中遇到的有关自他动词的难题，并针对这个难题给出一个解决方案——回归到本居春庭的原点上来理解日语动词的自他性。进而解释了本居春庭的自他观是一种跟现行不同的自他观。现行的自他观，是基于英语理论下的、以事件为视点的自他观；而本居春庭的自他观，是日语本土的，以事件的一个特定参与者（绝大多数情况下为"我"）为视点的自他观。希冀通过这个自他观的引入，解决教学中遇到的跟动词的自他有关的一系列难题。

注

[1] IFE Internal Forced Event，Levin & Rappaport，1995：81.
[2] EFE External Forced Event，Levin & Rappaport，1995：81.

参考文献

奥津敬一郎（1967）「自動化・他動化および両極化転形―自・他動詞の対応―」、『国語学』p.70。

本居春庭（1828）「詞の通路」［須賀一好・早津恵美子編『動詞の自他』（1995ひつじ書房）に所収 pp.7-12］。

角田太作（2007）「他動性の研究の概略」、角田三枝、佐々木冠、塩谷亨編『他動性の通言語的研究』pp.3-11、東京：くろしお出版。

劉剣（2012a）「Causal Chainの観点からみた非典型的な他動詞文」、『筑波日本語研究』17号。

劉剣（2012b）「複雑事象を表す日本語の他動詞」『香港第九回国際日本語教育・日本研究シンポジウム論文集』、東京：アルク出版。

影山太郎（1996）『動詞意味論―言語と認知の接点』、東京：くろしお出版。

早津恵美子（1989）「有対他動詞と無対他動詞の違いについて－意味的な特徴を中心に－」、『言語研究』p.95。

佐久間鼎（1936，1951，1966，1983）『現代日本語の表現と語法』、東京：厚生閣。

Hopper, Paul J.; Sandra A, Thompson.1980. *Transitivity in Grammar and Discourse*. Language 56.

Levin, Beth; Malka Rappaport, Hovav.1995. *Unaccusativity*: At the *Syntax-Lexical Semantics Interface*, Cambridge, MA, MIT Press.

Vendler, Zeno.1967. *Linguistic in Philosophy*. Cornell, Cornell University Press.

语法参项的相关性研究*
——以汉日语类别词语序为例

盛文忠（上海外国语大学）

每一种现象都有与之关联、对应的若干现象，当经验（数据）积累多了，两个现象之间的关联发生的概率足够显著，那么它们就是统计意义上的相关。语法参项之间的相关性研究是语言类型学研究的主要内容之一。所谓具有相关性的参项指的是某种参项与另一种参项之间具有一定的条件关系。如果某一参项直接与另一参项之间具有关联，主要是蕴涵关系，那么这两个参项之间就具有相关性。

本文以汉日语类别词[1]语序为例，探讨类别词语序与其他语序参项的相关性，并对汉日语类别词语序存在的差异进行类型学解释。

1.汉日语数类名结构

汉语数类名结构有"数—类—名"（QN）和"名—数—类"（NQ）两种语序类型，日语类别词语序有"数—类—名"（QN）、"名—数—类"（NQ）和"名—C（格助词）—数—类"（NCQ）三种语序类型。

---

* 本研究为上海市 I 类高峰学科（外国语言文学）建设项目成果，项目名称为"日汉语语法类型学特征研究"和"语言类型学视野下的日汉语语法参项相关性研究"。

我们以"中日对译语料库"[2]中的中文小说《红高粱》和日文小说《雪国》为对象对其中的数类名结构进行了统计，具体情况如下：

表1　《红高粱》中汉语数类名结构的出现次数和比例

数类名结构的语序类型	出现次数	比例
QN	1408	98.32%
NQ	24	1.68%
共计	1432	100%

由表1可以看出，汉语中"QN"（数—类—名）语序占了98%以上，相反"NQ"（名—数—类）语序则不足2%，前者占绝对多数。

表2　《雪国》中日语数类名结构的出现次数和比例

数类名结构的语序类型	出现次数	比例
QN	85	51.2%
NCQ	62	37.35%
NQ	19	11.45%
共计	166	100%

由表2可以看出，日语中"QN"（数—类—名）语序占51.2%，超过了整体的一半，"NCQ"语序和"NQ"语序加起来约占剩下的一半。即QN（数—类—名）语序和NQ（名—数—类）和NCQ（名—C—数—类）语序数类基本相等。

由上可知，汉语中QN（数—类—名）语序占绝对优势，NQ（名—数—类）语序仅在极少数场合使用。相反，日语中

"QN"（数—类—名）语序与"NCQ""NQ"语序（名—数—类）的使用频率大致相当。为何汉日语数类名结构语序的使用频率会存在如此大的差异？其背后究竟存在何种原因？本文将从类型学角度加以探讨。

2.类别词语序与主要参项的相关性

语序类型的主要参项有小句主要成分语序（SOV/SVO/VSO/VOS/OSV/OVS）、前后置词（Pr/Po）、领属成分与中心名词语序（GN/NG）（以下简称"领属成分语序"）、形容词与中心名词语序（AN/NA）（以下简称"形容词语序"）、关系从句与中心名词语序（RelN/NRel）（以下简称"关系从句语序"）、指示词与中心名词语序（DemN/NDem）（以下简称"指示词语序"）、数词与中心名词语序（NumN/NNum）（以下简称"数词语序"）、类别词与中心名词语序（QN/NQ）（以下简称"类别词语序"）等。本文将类别词语序与其他主要参项分别进行对应考察，试图从类型学上找出一些共性和倾向，并将其与汉日语类别词基本语序进行比较，进而对汉日语类别词语序进行类型学定位。

2.1 类别词语序与小句主要成分语序的对应关系

本文在山本秀树（2003）的基础上，从2932种语言中抽取122种有类别词且小句语序为SVO/SOV的语言[3]，对其类别词语序与小句主要成分语序的对应关系进行了统计，结果如下表。

表3　　　　QN/NQ与SVO/SOV的对应关系

	QN	NQ	总计
SVO	56（78.9%） [70.9%]〈45.9%〉	15（21.1%） [34.9%]〈12.3%〉	71（100%） [58.2%]
SOV	23（45.1%） [29.1%]〈18.9%〉	28（54.9%） [65.1%]〈22.9%〉	51（100%） [41.8%]
总计	79（64.8%） [100%]	43（35.2%） [100%]	122（100%） [100%]

由表3可以看出，SVO语言大都使用QN语序，而SOV语言中，使用QN和NQ语序的语言（以下分别简称"QN语言"和"NQ语言"）数量大致相当；QN语言大部分是SVO语序，相反，NQ语言则大部分为SOV语序。QN与SVO的对应程度较高。汉语属于SVO优势语言，同时拥有QN语序和NQ语序，但QN语序为优势语序，与大多数SVO语言和QN语言一致。日语属于SOV语言，也同时拥有QN语序和NQ语序，前者更为常规，因此日语与大多数SOV语言和QN语言不太一致。

2.2　类别词语序与前后置词的对应关系

本文抽取128种有类别词的前置词（Pr）语言和后置词（Po）语言，对其类别词语序与前后置词的对应关系进行了统计，结果如下表。

表4　　　　QN/NQ与Pr/Po的对应关系

	QN	NQ	总计
Pr	64（84.2%） [71.1%]〈50.0%〉	12（15.8%） [31.6%]〈9.4%〉	76（100%） [59.4%]

续表

	QN	NQ	总计
Po	26（50%） [28.9%]〈20.3%〉	26（50%） [68.4%]〈20.3%〉	52（100%） [40.6%]
总计	90（70.3%） [100%]	38（29.7%） [100%]	128（100%） [100%]

由表4可以看出，Pr语言大都使用QN语序，相反，Po语言则大都使用NQ语序。QN语言大都是Pr语言，相反，NQ语言大都是Po语言。QN与Pr的对应程度非常高。汉语既有前置词，又有后置词，但Pr占优势，又同时使用QN和NQ语序，但QN为优势语序，这与大多数Pr语言和QN语言一致。日语是Po语言，同时拥有QN语序和NQ语序，前者更为常规，与大多数QN语言不一致。

2.3 类别词语序与领属成分语序的对应关系

本文抽取132种有类别词的语言，对其类别词语序与领属成分语序的对应关系进行了统计，结果如下表。

表5　　　　　　　QN/NQ与GN/NG的对应关系

	QN	NQ	总计
GN	31（50%） [33.0%]〈23.5%〉	31（50%） [81.6%]〈23.5%〉	62（100%） [47.0%]
NG	63（90%） [67.0%]〈47.7%〉	7（10%） [18.4%]〈5.3%〉	70（100%） [53.0%]
总计	94（71.2%） [100%]	38（28.8%） [100%]	132（100%） [100%]

由表5可以看出，GN语言使用NQ和QN语序的数量相当，而NG语言则绝大多数使用QN语序。QN语言大都使用NG语序，相反NQ语言大都使用GN语序。QN与NG、NQ与GN的对应程度极高。汉语是QN优势语言，使用GN语序，这与大多数QN语言不一致。日语同时拥有QN语序和NQ语序，前者更为常规，日语使用GN语序，与大多数QN语言也不一致。

2.4 类别词语序与形容词语序的对应关系

本文抽取121种有类别词的语言，对其类别词语序与形容词语序的对应关系进行了统计，结果如下表。

表6　　　　　　　　QN/NQ与AN/NA的对应关系

	QN	NQ	总计
AN	56（93.3%） [65.9%]〈46.3%〉	4（6.7%） [11.1%]〈3.3%〉	60（100%） [49.6%]
NA	29（47.5%） [34.1%]〈24.0%〉	32（52.5%） [88.9%]〈26.4%〉	61（100%） [50.4%]
总计	85（70.2%） [100%]	36（29.8%） [100%]	121（100%） [100%]

由表6可以看出，AN语言绝大多数使用QN语序，而NA语言使用QN和NQ语序的数量大致相当。QN语言大都使用AN语序，相反NQ语言则绝大多数使用NA语序。QN与AN、NQ与NA的对应程度非常高。汉语是QN优势语言，使用AN语序，与大多数QN语言和AN语言一致。日语同时拥有QN语序和NQ语序，前者更为常规，日语使用AN语序，与大多数QN语言和AN语言一致。

2.5 类别词语序与关系从句语序的对应关系

本文抽取71种有类别词的语言,对其类别词语序与关系从句语序的对应关系进行了统计,结果如下表。

表7　　　　　　　QN/NQ与RelN/NRel的对应关系

	QN	NQ	总计
RelN	7（50%） [14%]〈9.9%〉	7（50%） [33.3%]〈9.9%〉	14（100%） [19.7%]
NRel	43（75.4%） [86%]〈60.5%〉	14（24.6%） [66.7%]〈19.7%〉	57（100%） [80.3%]
总计	50（70.2%） [100%]	21（29.8%） [100%]	71（100%） [100%]

由表7可以看出,RelN语言使用QN和NQ语序的数量大致相当,而NRel语言大都使用QN语序。不论是QN语言还是NQ语言,均大都使用NRel语序,QN语言使用NRel语序的比例更高,QN与NRel的对应程度很高。汉语是QN优势语言,使用RelN语序,与大多数QN语言不一致。日语同时拥有QN语序和NQ语序,前者更为常规,日语使用RelN语序,与大多数QN语言不一致。

2.6 类别词语序与指示词语序的对应关系

本文抽取108种有类别词的语言,对其类别词语序与指示词语序的对应关系进行了统计,结果如下表。

表8　　　　QN/NQ与DemN/NDem的对应关系

	QN	NQ	总计
DemN	59（85.5%） [68.6%]〈54.6%〉	10（14.5%） [45.5%]〈9.3%〉	69（100%） [63.9%]
NDem	27（69.2%） [31.4%]〈25.0%〉	12（30.8%） [54.5%]〈11.1%〉	39（100%） [36.1%]
总计	86（76.9%） [100%]	22（23.1%） [100%]	108（100%） [100%]

由表8可以看出，不论是DemN语言还是NDem语言，均大都使用QN语序，DemN语言使用QN语序的比例更高。QN语言大都使用DemN语序，而NQ语言使用DemN和NDem语序的数量大致相当。QN与DemN的对应程度很高。汉语是QN优势语言，使用DemN语序，与大多数DemN语言和QN语言一致。日语同时拥有QN语序和NQ语序，前者更为常规，日语使用DemN语序，与大多数DemN语言和QN语言一致。

2.7　类别词语序与数词语序的对应关系

本文抽取135种有类别词的语言，对其类别词语序与数词语序的对应关系进行了统计，结果如下表。

表9　　　　QN/NQ与NumN/NNum的对应关系

	QN	NQ	总计
NumN	89（100%） [94.7%]〈65.9%〉	0（0%） [0%]〈0%〉	89（100%） [65.9%]
NNum	5（10.9%） [5.3%]〈3.7%〉	41（89.1%） [100%]〈30.4%〉	46（100%） [34.1%]
总计	94（69.7%） [100%]	41（30.3%） [100%]	135（100%） [100%]

由表9可以看出，QN语言绝大多数使用NumN语序，而NQ语言则全部使用NNum语序。NumN语言全部使用QN语序，而NNum语言则绝大多数使用NQ语序。即绝大多数语言的数词和类别词位于同一侧。由此可以看出，QN与NumN、NQ与NNum的对应程度极高。汉语是QN优势语言，使用NumN语序，数词和类别词位于同一侧，与大多数NumN语言和QN语言一致。日语同时拥有QN语序和NQ语序，前者更为常规；日语同时使用NumN和NNum语序，前者更为常规，数词和类别词位于同一侧，与大多数NumN语言和QN语言一致。

由上可以得出以下共性：在QN语言中，数词几乎总是位于中心名词之前，而在NQ语言中，数词总是位于中心名词之后。

在NumN语言中，类别词总是位于中心名词之前，而在NNum语言中，类别词几乎总是位于中心名词之后。

2.8 类别词语序与主要语序参项的对应程度

通过上述考察和统计分析，我们可以将QN/NQ与其他主要语序参项的对应程度归纳如下表。

表10　　QN/NQ与其他主要语序参项的对应程度[4]

		QN	NQ
SVO/SOV	SVO	高	低
	SOV		
Pr/Po	Pr	高	低
	Po		
GN/NG	GN		
	NG	高	低

续表

		QN	NQ
AN/NA	AN	高	低
	NA		
RelN/NRel	RelN		
	NRel	高	
DemN/NDem	DemN	高	
	NDem		
NumN/NNum	NumN	高	低
	NNum	低	高

由表10可以看出，QN与SVO、Pr、NG、AN、NRel、DemN、NumN之间的对应程度均很高，与其他参项之间则无明显的对应关系。相反，NQ仅与NNum对应程度高，与SVO、Pr、NG、AN、NumN等参项之间的对应程度均很低，与其他参项之间无明显的对应关系。

据此，我们将汉日语与同类语言进行对比分析，考察其与绝大多数同类语言的对应关系和一致性，结果如下表。

表11　　汉日语与绝大多数同类语言的一致性[5]

	汉语	日语
QN/NQ与SVO/SOV的对应关系	○	×
QN/NQ与Pr/Po的对应关系	○	×
QN/NQ与GN/NG的对应关系	×	×
QN/NQ与AN/NA的对应关系	○	○
QN/NQ与RelN/NRel的对应关系	×	×
QN/NQ与DemN/NDem的对应关系	○	○
QN/NQ与NumN/NNum的对应关系	○	○

由表11可以看出，汉语在类别词语序（QN/NQ）与SVO/SOV、Pr/Po、AN/NA、DemN/NDem、NumN/NNum等参项的对应关系上均与绝大多数同类语言保持一致，而在类别词语序（QN/NQ）与GN/NG、RelN/NRel等参项的对应关系上与绝大多数同类语言不一致。日语仅在类别词语序（QN/NQ）与AN/NA、DemN/NDem、NumN/NNum等参项的对应关系上与绝大多数同类语言保持一致，而在类别词语序（QN/NQ）与SVO/SOV、Pr/Po、GN/NG、RelN/NRel等参项的对应关系上与绝大多数同类语言不一致。

3. 汉日语数类名结构语序的理论解释

在解释数类名结构语序时，主要使用"概念距离动因原则""可别度[6]原则"和"语序和谐原则"等三项主要原则。

Haiman（1983）提出了"概念距离动因原则"，具体内容如下：

概念距离动因原则：语言成分之间的距离反映了所表达的概念的成分之间的距离。

通俗地说，它指的是语言成分之间的表层形式连接紧密，其意义联系往往也越紧密，因而形式关系是意义关系的临摹。

数词是用来表示事物的数，类别词通常是用来衡量事物单位的单位词。类别词通常要和数词结合在一起表示事物的数量。

根据Haiman的"概念距离动因原则"，要求数词和类别词紧密相连，如果名词把数词与类别词隔开，那么这样的语序是不符合规律的语序，即这样的语序不符合概念距离动因原则。

陆丙甫（2005）提出了"可别度原则"，具体有以下三个表述：

表述一：如果其他一切条件相同，可别度高的成分前置于低的成分。

表述二：如果其他一切条件相同，可别度越高的成分越倾向于前置。

表述三：如果其他一切条件相同，那么对所属名词短语可别度贡献高的定语总是前置于贡献度低的定语。

此外，很多学者还提出了"语序和谐原则"。所谓语序"和谐"，就是核心位置相同的语序。如后置代词宾语跟后置名词宾语是和谐的，因为都是核心动词前置的结构。又如[前置词+宾语]跟[动词+宾语]和谐，因为都是核心前置的结构。语序和谐的概念后来得到了广泛的研究和运用，Greenberg（1963）首次注意到核心词跟宾语的语序在一个语言内部具有跨词类的一致性，再如Lehmann（1978）的"统辖语和被统辖语和谐"理论、Hawkins（1983）的"跨范畴和谐"（Cross Category Harmony）原则等等。类型学中后来关于"核心前置"的语言和"核心后置"的语言之划分，就是根据核心的位置来划分语言的。在形式语法中，也把核心前置或后置看作一个重要的参数。"类—数—名"语序是核心成分分居于数词两端的语序，表现为核心成分位置不一致，违背了"语序和谐原则"。

"概念距离动因原则""可别度原则"和"语序和谐原则"这三项原则共同作用，影响着语言的语序。

基于上述三项原则，我们来分别探讨一下汉日语数类名结构语序。

汉语和日语的数类名结构均有"数—类—名"和"名—数—类"两种语序。只是日语中的数类名结构中有时还含有格助词。

"数—类—名"语序中数词和类别词相连，类别词和名词相邻，符合"概念距离动因原则"。数词前置于类别词，

符合"可别度原则"。"数—类—名"语序中,类别词和名词都放在数词的后面,都是核心成分后置,符合"语序和谐原则"。"数—类—名"语序同时满足了影响语序的三大原则,这三大原则互相作用而加强语序的稳定,这就是"数—类—名"语序如此广泛地存在于汉语和日语中的原因。

"名—数—类"语序中,数词前置于类别词,符合"可别度原则";数词和类别词相连,符合"概念距离动因原则"。但类别词和名词被数词隔开,又违背了"概念距离动因原则"。此外,"名—数—类"语序中,数词在类别词前,是核心在后,而名词在数量短语之前,是核心在前,不符合"语序和谐原则"。"名—数—类"语序在两个方面符合影响语序的原则,但在另外两个方面不符合影响语序的原则,因此这种语序尽管有一定数量,但比"数—类—名"语序要少。

汉语中"数—类—名"语序是基本语序,但也存在"名—数—类"语序。储泽祥(2001)认为,在"列举数量""加强语气"和"凸显数量"等三种情况下采用"名—数—类"语序。"名—数—类"语序主要是说话者为使数类名短语所负载的信息成为注意的焦点、采用变序手段而产生的结果,且主要是受句法外因素(语用)影响的结果。

使用上述三项原则可以很好地解释汉语数类名结构语序的情况,即由于"数—类—名"语序同时符合上述三项原则,因此其使用频率相当高,占绝对优势;而"名—数—类"语序在两个方面符合部分原则,但在另外两个方面不符合部分原则,因此其使用频率相对较低。但日语与汉语相同,同样存在"数—类—名"语序和"名—数—类"语序,但两者的使用频率却大致相当,这一现象无法用上述三项原则来进行合理解释。究竟是由于何种原因才导致日语数类名结构与汉语有如此大的差异呢?下面我们从类型学角度对此进行分析和解释。

4.类型学解释

汉语中QN（数—类—名）语序占绝对优势，NQ（名—数—类）语序仅在极少数场合使用。相反，日语中"QN"（数—类—名）语序与"NCQ""NQ"语序（名—数—类）的使用频率大致相当。上述这些汉日语差异均可以从类型学角度得到合理的解释。

将表3~8汇总后，可以将汉日语类别词语序参项QN/NQ与SVO/SOV、Pr/Po、GN、AN、RelN、DemN等语序参项的对应关系总结成下表。

表12　汉日语类别词语序参项QN/NQ与其他主要语序参项的对应关系

QN		汉语		日语	
		NQ	QN	NQ	QN
SVO/SOV	SVO	○			
	SOV			○	
Pr/Po	Pr	○			
	Po			○	
GN		△	△	△	△
AN		○		○	
RelN		△	△	△	△
DemN		○		○	

由上表可以看出，汉语中QN语序与SVO、Pr、AN、DemN的对应度极高，与GN、RelN存在一定程度的对应，而NQ语序仅与GN、RelN存在一定程度的对应。汉语中，与QN语序对应的参项远远多于与NQ语序对应的参项，因此与NQ语序相比，

QN语序具有绝对优势。而日语中，QN语序与AN、DemN的对应度极高，NQ语序与SOV、Po的对应度极高。此外，QN语序与GN、RelN存在一定程度的对应，同样，NQ语序与GN、RelN也存在一定程度的对应。即：日语中与QN语序和NQ语序分别对应的参项数基本相等，因此日语中QN语序与NQ语序的使用频率大致相当。

此外，由表9可以看出，所有NumN语言均采用QN语序，相反，大部分NNum语言采用NQ语序。即数词和类别词位于中心名词一侧的语言占绝对多数。

由上可知，汉语中，数类名结构占绝对优势，仅在极少数场合使用名数类结构；相反，日语中，数类名结构和名数类结构的使用频率大致相当。汉日语数类名结构语序在形式上基本相似，但在使用频率上却存在巨大差异，这些都是基于两者不同的语序类型产生的结果。

5. 结　语

通过上述分析和考察，可以得出以下倾向或结论。

汉语在类别词语序（QN/NQ）与SVO/SOV、Pr/Po、AN/NA、DemN/NDem、NumN/NNum等参项的对应关系上均与绝大多数同类语言保持一致，而在类别词语序（QN/NQ）与GN/NG、RelN/NRel等参项的对应关系上与绝大多数同类语言不一致。日语仅在类别词语序（QN/NQ）与AN/NA、DemN/NDem、NumN/NNum等参项的对应关系上与绝大多数同类语言保持一致，而在类别词语序（QN/NQ）与SVO/SOV、Pr/Po、GN/NG、RelN/NRel等参项的对应关系上与绝大多数同类语言不一致。

此外，通过"概念距离动因原则""可别度原则"和

"语序和谐原则"可以很好地解释汉语数类名结构语序，但却无法合理解释日语数类名结构语序。然而从类型学角度出发，通过对类别词语序参项QN/NQ与其他语序参项的对应关系的统计分析和考察，可以很容易地解释日语数类名结构语序与汉语数类名结构语序之间存在的巨大差异。

注

[1] "类别词"（classifier）是类型学术语，也称为"分类词"，汉语一般称为"量词"，日语一般称为"助数词"。
[2] 北京日本学研究中心（2002）。
[3] 本文的统计主要基于山本秀树（2003）的2932种语言，下同。由于汉语是SVO优势语言，日语是SOV语言，因此本文仅考察SVO和SOV语言。
[4] "/"表示无明显的对应关系。
[5] "○"表示与绝大多数同类语言一致，"×"表示与绝大多数同类语言不一致。
[6] 陆丙甫（2005）将Lambrecht（1994）的术语"identifiability"译成"可别度"，这个术语跟"定指性"（definiteness）或"指称性"（referentiality）很接近，可以说是广义的指称性（definiteness）。若将可别度看作一个范畴，则指称性便是其典型事例即原型（prototype），而新旧信息、生命度（animacy）、数量（number）、有界性（boundedness）等则是该范畴的边缘事例即非典型成员。上述概念可以用"可别度"这一概念来统括。指称性越强其可别度也越高，旧信息的可别度高于新信息，生命度越高其可别度也越高，多数的可别度高于少数，有界的物体或事物其可别度高于无界的物体或事物。

参考文献

Greenberg, Joseph H. ed. 1966. *Universals of Language*.2nd ed.（1st ed.,

1963）Cambridge，MA：MIT Press.

Hawkins, John A. 1983. *Word order universals*.New York：Academic Press.

Haiman, John. 1983. *Iconic and economic motivation*.Language，59：781-819.

Lambrecht, Knud. 1994. *Information Structure and Sentence form*.Cambridge：Cambridge University Press.

Lehmann, Winfred P. ed. 1978. *Syntactic Typology*.Austin：University of Texas Press.

陈力卫（1989）《数量表现における中日両国語の対照研究》，载《东方研究论文集》：251-271，北京：北京大学出版社。

储泽祥（2001）《"名＋数量"语序与注意焦点》，载《中国语文》（5）：411-417。

加藤重広（1997）「日本語の連体数量詞と遊離数量詞の分析」、『富山大学人文学部紀要』（26）：31-64。

陆丙甫（2005）《语序优势的认知解释——论可别度对语序的普遍影响》，载《当代语言学》（1）：1-15；（2）：132-138。

山本秀樹（2003）『世界諸言語の地理的・系統的語順分布とその変遷』、日本广岛：溪水社。

盛文忠（2014）《汉日语语序对比研究——基于语言类型学的考察》，北京：外语教学与研究出版社。

盛文忠（2015）《汉日语数量名结构语序的类型学考察》，载《语言学研究》第十七辑：22-35，北京：高等教育出版社。

宋丽萍（2006）《数量名结构语序及其分布的类型学考察》，载《语言学论丛》第34辑：229-242，北京：商务印书馆。

威廉·克罗夫特（William Croft，1990/2003），龚群虎等译（2009）《语言类型学与语言共性》（*Typology and Universals*），上海：复旦大学出版社。

日中自他交替動詞の対照研究：単純動詞と複合動詞を含めて*

史　曼（陝西師範大学）

1.はじめに

　世界の多くの言語において、自他交替という現象が見られている。自他交替とは「彼は窓ガラスを壊した―窓ガラスが壊れた」のように、同じ動詞または動詞の語幹が自動詞にも他動詞にも用いられる、2つの文は統語的・意味的どちらにおいても対応する現象である。
　自他交替現象は通言語的な現象として、動詞の分類、理解などと深くかかわり、特に、類型論の視点、あるいは対照の角度から、自他交替の普遍性と多様性を探求する研究が活発に行われている（Haspelmath, 1993）。しかし、中国語を他言語と対照する研究、特に日中対照研究はまだ重視されておらず、望月（2003, 2004）、申（2009）などわずかの研究しかない。望月（2003, 2004）、申（2009）は中国語の自他交替を中心とした研究であり、中国語の単純動詞及び複合動詞について述べ、それらを日本語の単純動詞と対照分析しているが、（1）のような日本語の複合動詞の自他交替に全く

---

* 本稿は国家社科基金（18CYY056）により助成を受けたものである。

触れていない。また、(2)のような中国語の複合動詞の意味的特徴も明らかにしていない。
(1) a.花火を打ち上げた－花火が打ち上がった
　　b.セーターを編み上げた－セーターが編み上がった
(2) a.他打開了門（ドアを開けた）－門打開了（ドアが開いた）。
　　b.他推開了門（ドアを押し開けた）－門推開了（ドアが押されて開いた）
　　c.他砸坏了玻璃（ガラスを叩き壊した）－玻璃砸坏了（ガラスが叩かれて壊れた）

　英語などの言語では、自他交替現象は普通単純動詞に見られる現象なので、複合動詞の自他交替を視野に入れていない。また、自他交替に関する日中対照研究も複合動詞、特に日本語の複合動詞を重視していない。このため、本稿は複合動詞も含め、言語類型論の立場で、形態、意味、統語の面から、全面的に日本語と中国語の自他交替を対照したい。

　本稿の構成は次の通りである。まず、第2節では、言語類型論の角度から日本語及び中国語の自他交替する動詞の形態的特徴について比較する。引き続き第3節では、日本語と中国語の自他交替現象にはそれぞれどんな動詞があるかについて対照して考察する。第4節では、自他交替動詞の意味的特徴を分析し、日中両語の自他交替のメカニズムを探ってみる。第5節は纏めである。

2.日中自他交替動詞における形態的特徴の比較

　Haspelmath（1993）では、表（1）のように、世界の言語

の自他交替の派生型と、自他動詞間の形式的な関係を5つに分けている。まずは派生の方向の有無によって大きく二つに分けられている。その中で、「派生の方向あり」は自動詞化/反使役化型（すなわち、他動詞から自動詞への派生型）、他動詞化/使役化型（すなわち、自動詞から他動詞への派生型）の二つある。また、「派生の方向なし」は両極型（自動詞と他動詞は同じ語根から派生したもの）、自他同形型（自動詞と他動詞は形態的に同じ）、補充型（自他動詞は形態的に無関係、例えば英語の「kill」と「die」）の三つある。

表1　　　　　自他交替の派生型及び形式的関係

派生の方向の有無	派生型	自他動詞対間の形式的な関係
派生の方向あり	A（Anticausative）	他動詞が無標→自動詞が有標：自動化・反使役化型
	C（Causative）	自動詞が無標→他動詞が有標：他動化・使役化型
派生の方向なし	E（Equipollent）	自他動詞ともに有標：両極型
	L（Labile）	自他動詞ともに同じ形式：自他同形型
	S（Suppletive）	自他動詞ともに無標・異形：補充型

（日本国立国語研究所　http：//watp.ninjal.ac.jp/）

では、中国語と日本語はそれぞれどの派生型であろうか。中国語は（3）の「打开」「推开」「砸坏」のようにLの「自他同形型」であり（朱琳，2009）、英語の[break] [open]のように、同じ動詞は自動詞と他動詞両方を表すことができる。一方、日本語は（4）のようにA、C、Eの三つの

パターンがある(奥津，1967)。この中で、影山(1996)によると、自動詞化、すなわち他動詞から自動詞への派生型が最も多いのである。

(3) 中国語の自他交替の派生型：自他同形型
  a. 他<u>打開</u>了門－門<u>打開</u>了
  b. 他<u>推開</u>了門－門<u>推開</u>了
  c. 他<u>砸坏</u>了玻璃－玻璃<u>砸坏</u>了
(4) 日本語の自他交替の派生型：
  a.＜自動詞化＞糸を切る―糸が切れる　ドアを開ける―ドアが開く
  b.＜他動詞化＞　燃える―燃やす　乾く―乾かす
  c.＜両極化＞　　帰る―帰す　残る―残す

3.日中自他交替動詞における構造的特徴の比較

　動詞の一つの分類法では、動詞を単純動詞と複合動詞［V＋V］に分けている。『複合動詞資料集』に延べ7000くらいの日本語の複合動詞が収録されており、また、曽立英(2009)などの先行研究によると、現代中国語では、単純動詞(単音節動詞)が少なく、複合動詞(双音節動詞)が多い。このように、日本語にも中国語にも複合動詞が豊富に存在している。しかし、先行研究のデータ及び筆者の調査から、日本語では、自他交替単純動詞が複合動詞よりはるかに多いのに対して、中国語では自他交替複合動詞のほうがはるかに多いということが分かった。

　まず、日本語の方を見る。西尾(1988)は『分類語彙表』4800個の動詞から、419対の対応する自動詞・他動詞を

抜き出し、六分の一強に当たる動詞が対応する相手をもつという結果を出した。早津（1987）が収集した約740個の動詞のうち、自他対応をなす動詞対の数は約220対であり、有対自他動詞対の数は動詞の総数の59.5％を占めていると指摘している。

　これに対して、筆者は『複合動詞資料集』を調べたところ、複合動詞延べ7000語のうち、自他交替動詞はわずか100語くらいであり、複合動詞総数の1％しか占めていない。そして、日本語複合動詞において、自他交替できるのは（5）のような語彙的複合動詞だけである。
（5）打ち上げる－打ち上がる，折り重ねる－折り重なる，
　　　切り替える－切り替わる，
　　　繰り上げる－繰り上がる，付け加える－付け加わる，
　　　積み上げる－積み上がる，
　　　積み重ねる－積み重なる，貼りつける－貼りつく，引きちぎる－引きちぎれる，
　　　織り上げる－織り上がる，編み上げる－編み上がる，
　　　炊き上げる－炊き上がる，など
　一方、中国語の自他交替動詞はどうであろう。曽立英（2009）、望月（2003）、倪蓉（2009）などによると、中国語では、自他交替単純動詞は十数個だけあるのに対して、自他交替複合動詞は非常に多い。沈阳，Rint Sybesma（2012）では、中国語のすべての动结式複合動詞は自他交替できると述べている。
（6）开、关、倒、转、摔、变、化、坏
（7）改变、动摇、消除、分散、发展、温暖、充实など，
（8）a.他推开了门（ドアを押し開けた）－门推开了（ドアが押されて開いた）
　　　b.他砸坏了玻璃（窓ガラスを叩き壊した）－玻璃砸坏

了。(窓ガラスが叩かれて壊れた)
c.他踩碎了鸡蛋(卵を踏み潰した)－鸡蛋踩碎了(卵が踏まれて潰れた)
d.她织完了毛衣(セーターを編み上げた)－毛衣织完了〈セーターが編み上がった)

（6）は自他交替単純動詞の例であり、（7）（8）は自他交替複合動詞の例である。ここでは日本語に倣い、中国語の複合動詞を（7）語彙的複合動詞と（8）統語的複合動詞の2種類に分けてみた[1]。また、（8）のように、V1は起因事象、V2は結果事象を表す複合動詞は結果複合動詞と呼ばれている（潘力，1993）。

4.意味的特徴

4.1　先行研究：単純動詞に基づく分析

　語彙意味論の1つのモデルとして、「動詞の意味がその統語的ふるまいを決定する」という考えがある。自他交替現象を呈する動詞に共通した語彙的意味の特徴がある。本稿では、影山（1996）、早津（1995）、Levin & Rappaport Hovav（1995）などに倣い、自他交替を他動詞からの自動詞化として捉え[2]、他動詞がどのような要因によって自動詞化できるのかを見る。
　一般に，自他交替における他動詞と自動詞の対応関係は（9）のような語彙概念構造で表される。
（9）　a. 他動詞：
　　　 [[x ACT ON y] CAUSE [y BECOME 〈STATE〉]]
　　　 起因事象　　　　　　　結果事象

b. 自動詞：[y BECOME〈STATE〉] 結果事象

（9）の他動詞は起因事象（使役作用）と結果事象（変化結果）の両方を持つ使役事象を表す．これに対して自動詞は結果事象（変化結果）のみを含む。自他交替する他動詞の意味的特徴について、広く受け入れられるのはLevin & Rappaport Hovav（1995）の論点である。Levin & Rappaport Hovavは（10）のように、起因事象がどのようなものであるかが無指定（-specified）の場合、自他交替が成立するという。

（10）{John/The wind/The explosion/The hammer} broke the vase.—The vase broke.

　この例では、「break」の原因は人間、自然力、出来事、物など広汎な外的要因を選択でき、すなわち、起因事象が無指定であり、自他交替が成立する。それに対し、（11）（12）における「destroy」（破壊する）、「sterilize」（消毒する）等の動詞では、使役主が特定の行為を行うことが語彙的に指定されている。すなわち、起因事象が指定される場合、自他交替が成立しないと論じている。

（11）a. The rabbits destroyed the garden.
　　　b. *The garden destroyed.
（12）a. The nurse sterilized the instruments.
　　　b. *The instruments sterilized.（Levin & Rappaport Hovav（1995：95））

　Levin & Rappaport Hovav（1995）のこの論点は多くの言語に通用でき、影山（1996）、小野（2005）などはLevin & Rappaport Hovav（1995）と違う視点から論じているが、論旨はほぼ同じである。しかし、先行研究の議論は、単純動詞に基づく論述であり、日本語と中国語の複合動詞を見れば、「起因事象の無指定」は自他交替の一般的な制約にならな

い。次節では起因事象が指定される複合動詞を中心に、自他交替動詞の意味的特徴を考察する。

4.2　単純動詞と複合動詞に基づく分析

4.2.1　日本語の自他交替動詞の意味的特徴

　日本語及び中国語では、起因事象の指定を含む他動詞が反使役化することは、「編み上げる－編み上がる」、「推开」、「踩碎」などのよう、V1によって使役の手段が表されている複合動詞では明らかである。では、日本語及び中国語自他交替する複合動詞の意味的特徴は何であろうか。

　まず「編み上げる－編み上がる」を例に、日本語の自他交替複合動詞の語彙的意味の特徴を考察してみよう。「編み上げる」の自他交替を考える際、ヒントになるのはV1「編む」である。(13)に示されているように、「編み上げる」は自他交替できるが、「編む」は自他交替できない。では、「編む」と「編み上げる」のどこが違うのであろうか。

(13) a. セーターを編む——＊セーターが編める
　　　b. セーターを編み上げる——セーターが編み上がる

　「編む」は作成動詞であり、作成動詞は「起因事象(指定)＋結果事象」を表している(影山1996)。「編み上げる」は「「編む」ことを完了する」という意味であるが、V2「上げる」は語彙的意味が希薄化し、「編む」のアスペクトを表すようになった。「編み上げる」という複合動詞の表す事象内容は「編む」と同じである[3]。このため、「編み上げる」の表す事象も「起因事象(指定)＋結果事象」になる。要するに、「編む」も「編み上げる」も「起因事象

（指定）＋結果事象」という複合事象を表している。それでは、「編む」と「編み上げる」は全く同じであるかというと、そうではないのである。例（14）を見よう。
（14）a. {毛糸／セーター}を編む
　　　b. {*毛糸／セーター}を編み上げる
　「姫野（1999）に指摘されているように、「毛糸でセーターを編む」という事象を（14a）のように、《材料‐毛糸》（起因事象）と《生産物―セーター》（結果事象）の両方を取ることができる。しかし、これらの作成動詞は（14b）に示すように、「上げる」と組み合わさって複合動詞になると、《生産物》（結果事象）しか内項に取ることができない。これはどういうことであろうか。
　本論では、これを「意味的焦点の違い」としてとらえる。「編む」のような作成動詞は使役事象（「起因事象（毛糸で編む）＋結果事象（セーターが出来上がる）」）を表しており、「毛糸」（材料）を内項にする場合、「起因事象」に焦点を当てており、「生産物」を内項に取る場合、「結果事象」に焦点を置いていると思われる。つまり、作成動詞は「起因事象」にも「結果事象」にも焦点を当てることができる。しかし、（14b）に示されているように、これらの作成動詞は「上げる」と組み合わさって複合動詞になると、同じ文脈で「生産物」を内項に取ることしかできない。つまり、「結果事象」だけに焦点を置くことができる。これによって、「作成動詞＋上げる」は「結果事象」が焦点化されるといえるであろう。すなわち、「編み上げる」のような複合動詞では、「編む」によって起因事象（使役手段）が指定されているが、V2によって結果事象が焦点化され、自他交替が可能になる。
　他の使役手段が指定されている複合動詞、例えば「巻き

つける―巻きつく」、「煮詰める―煮詰まる」、「売り切れる―売り切る」なども結果事象が焦点になっており、自他交替できる[4]。このように、起因事象（使役手段）が指定される日本語の自他交替複合動詞について、「結果事象の焦点化」によって分析した。「結果事象の焦点化」は単純動詞及び他の複合動詞の分析にも適用できる[5]。

4.2.2 中国語の自他交替動詞の意味的特徴

次に中国語の複合動詞を考察する。ここでは起因事象が指定されている結果複合動詞のみ分析する[6]。中国語の結果複合動詞は起因事象が指定されているが、ほとんど自他交替できる。中国語の結果複合動詞はいくつかの分け方があるが、本稿は申亜敏（2009）などに基づいて、次のように分けている。

（15）中国語結果複合動詞の分類

①V2が外項の結果状態を表す

A.滑倒（Huádǎo滑って倒れる）、跌倒（Diēdǎo転んで倒れる）

B.看懂（Kàndǒng読んで分かる）、喝醉（Hēzuì飲んで酔っ払う）

②V2が内項の結果状態を表す

A.推開（Tuīkāi押し開ける）、摔破（Shuāipò投げて破る）

B.哭腫（Kūzhǒng泣いて目を腫らす）、哭湿（Kūshī泣いて濡らす）

③V1がV2の補文

A.传遍（Chuánbiàn あまねく伝わる）、起早（Qǐzǎo早く起きる）

B.织完（Zhīwán編み上げる）、烤好（Kǎohǎo焼き上げる）（申・望月（2007）に基づいて作成）

倪蓉（2009）、沈阳，RintSybesma（2012）先行研究及

び筆者の調査によると、これらの結果複合動詞のうち、②「V2が内項の結果状態を表す」もの及び③の「V1がV2の補文」であるものはすべて自他交替現象と見られる。要約すると、中国語の結果複合動詞の自他交替の条件は日本語より緩く、内項の結果状態を表す結果複合動詞であれば、すべて自他交替できるといえるのだろう。

　日本語と中国語の複合動詞の自他交替から分かるように、使役事象が指定かどうかより、結果事象の在り方がもっと重要である。日本語において、結果事象が焦点になる場合、自他交替が可能になる。一方、中国語は結果を含めば、自他交替が成立する。

　以上、日中自他交替動詞の意味特徴について考察した。続いて、3節で日本語の自他交替単純動詞が多く、複合動詞が少ないのに対して、中国語では全く逆の現象が見られるということについて考えよう。日本語において、単純動詞の多くは「開ける」「落とす」のように語彙の意味では、結果がその焦点になる使役動詞である。これに対して、複合動詞の多くは手段関係複合動詞、「起因（手段）＋結果」を表すが、結果が焦点になっていない。このため、日本語では、自他交替単純動詞は多いが、複合動詞が少ないのである。中国語では、本来単純動詞（単音節動詞）は少なく、しかも、単純動詞のほとんどは「跳、跑」のような結果を含まない活動動詞である。一方、中国語のほとんどの動詞は複合動詞である。そして、その多くは内項の結果状態を表す結果複合動詞である。このため、中国語において、自他交替単純動詞が少なく、複合動詞が多いのである。

5.まとめ

　本稿では日本語と中国語の自他交替動詞の形態上、構造上、意味上の特徴について分析した。自他交替という現象は通言語的現象であり、形態的には世界言語の自他交替の派生型は五つの種類がある。日本語は自動詞と他動詞が形態的な標識があり、三つの派生型があることに対して、中国語は同じ動詞で自動詞としても、他動詞としても使われている。また、日本語及び中国語は世界中多くの言語と違い、複合動詞（V1＋V2）が豊富に存在している。二つの言語の複合動詞に自他交替現象が見られる。ただ、日本語では、多くの単純動詞が自他交替できることに対して、ほとんどの複合動詞は自他交替しないが、中国語は日本語と逆である。この自他交替の分布上の区別は意味的要因によるものである。日本語の動詞（単純動詞と複合動詞）は「起因事象（指定・未指定）＋結果事象」という使役事象を表す場合、結果事象が焦点になっている場合、自他交替が可能になる。日本語の単純動詞の多くは「開ける」のような結果に重点を置かれている動詞であるため、自他交替する動詞が多い。複合動詞の多くは「押し開ける」のような複合動詞であり、結果が焦点ではないため、自他交替が成立しない。これに対して、中国語の動詞は結果を含めば、自他交替が可能なので、ほとんどの結果複合動詞は自他交替できる。一方で、中国語の単純動詞のほとんどは結果を含まない方式動詞であるので、自他交替できない。

注

[1] 影山（1993）によると、語彙的複合動詞は語彙部門で二つの動詞が結合したものであり、一語としてのまとまりが強く、意味の慣習化と語彙的な選択制限を備えている。一方、統語的複合動詞は統語部門で結合したものであり、V1とV2の関係が緩い。語彙的複合動詞は普通辞書に載っているが、統語的複合動詞は生産性が高く、辞書に載っていない。

[2] Haspelmath（1993）では5つの派生のパターンのうち、自動詞化が一番多いと指摘している。このため、影山（1996），早津（1995）、Levin & Rappaport Hovav（1995）では自他交替動詞の意味的特徴を研究する際、すべて自他交替を他動詞からの自動詞化として捉えている。

[3] 大堀（2002）によると、V2がアスペクトを表すとき、V1が事象の主要な内容を表す。

[4] 詳しくは史曼（2015）をご参照のこと。

[5] 紙幅の関係で、ここでは詳しく論じないが、史（2015）を参照されたい。

[6] 4.1節で述べたように、先行研究の単純動詞に基づく分析は、使役手段が未指定の場合自他交替できるという結論を出している。本論では、先行研究の問題点を検討するため、使役手段が指定されるものに絞ることにした。

参考文献

奥津敬一郎（1967）「自動化、他動化及び両極化変形」、須賀一好，早津恵美子編（2001）『動詞の自他』東京：くろしお出版：57-81。

曾立英（2009）《現代汉语作格现象研究》，北京：中央民族大学出版社。

倪蓉（2009）《现代汉语作格交替现象研究》，长春：吉林大学出版社。
申亜敏・望月圭子・Terence SEAH（2007）『中国語の結果を表す複合動詞の分類と英語・日本語との対照コーパス』、多言語社会に貢献する言語教育学研究者養成プログラム報告集。
申亜敏（2009）『中国語結果複合動詞の意味と構造：日本語の複合動詞・英語の結果構文との対照及び類型的視点から』、東京外国語大学博士論文。
沈力（1993）《关于汉语结果复合动词中参项结构的问题》，载《语文研究》第3期：12-21。
沈阳，Rint Sybesma（2012）《作格动词的性质和作格结构的构造》，载《世界汉语教学》26卷第3期：306-321。
史曼（2015）《基于事件结构理论的日语复合动词自他交替现象的研究》，北京：科学出版社。
汤廷池（2002）《汉语复合动词的使动与起动交替》，载 Language and Linguistics，3.3：615-644。
望月圭子（2003.）「日本語と中国語における使役起動交替」、『松田徳一郎教授追悼論文集』236-260。
望月圭子（2004）『漢語與日語的使動與起動交替』台湾国立清華大学言語学研究所博士論文
西尾寅弥（1988）『現代語彙の研究』、東京：明治書院。
小野尚之（2005）『生成語彙意味論』、東京：くろしお出版。
影山太郎（1996）『動詞意味論―言語と認知の接点―』、東京：くろしお出版。
影山太郎（1999）『形態論と意味』、東京：くろしお出版。
早津恵美子（1989）「有対他動詞と無対他動詞の違いについて」、『言語研究』95：231-256。
早津恵美子（1995）「有対他動詞と無対他動詞の違いについて―意味特性を中心に」、須賀一好・早津恵美子編『動詞の自他』、東京：ひつじ書房：179-197。

姫野昌子（1999）『複合動詞の構造と意味用法』、東京：ひつじ書房。

朱琳（2009）《起动/致使动词的类型学研究》，载《汉语学报》第4期（总第28期）：75-86。

Haspelmath, Martin, 1993.More on the typology of inchoative/causative verb alternations.Comrie, Bernard & Polinsky, Maria (eds.) *Causatives and transitivity.Amsterdam*: Benjamins, 87-120.

Levin, Beth and Malka Rappaport Hovav, 1995.*Unaccusativity*: *At the syntax-lexical semantics interface.Cambridge*, MA: MIT Press.

場所のニ格名詞が作り出し構文における出現制限

王国強(北京科技大学)

1.はじめに

　作成動詞などによる作り出し構文では、ヲ格の結果対象が必須的な構文要素であるが、以下の言語現象のように、ニ格の場所要素が作り出し構文の中に勝手に出現しているとは限らない。
　(1)彼は会社を北京に作った。
　(2)屋根の下にツバメが巣を作った。
　(3)彼は家をそこに作った。
　(4)？彼はご飯を鍋に作った。
　(5)？彼は庭に自転車を作った。
　(6)？彼は机にパソコンを作った。
　結果対象とは、産物のことである。産物であるが、いずれも場所の方から位置付けられる。用例(1)の「会社」、用例(2)の「巣」や用例(3)の「家」などの場合のみならず、用例(4)の「ご飯」、用例(5)の「自転車」や用例(6)のパソコンなどの場合も、それぞれが作り出された時には、初めての出現の場所というものを、論理的に持っている。

しかし、「出現場所」という事実があっても、構文の中には出現できるとは言えない。上記のように、結果対象に関する場所情報は用例（1）、（2）と（3）においては「ニ格」に示されうるが、用例（4）、（5）と（6）においては、場所名詞の共起が不自然になっている。

つまり、「Nを作る」というような構文では、「ニ格の場所」の出現に何かの制限を与えている。

2.先行研究

2.1 「ヲ格の結果対象」と「ニ格の場所情報」との共起

言語研究会（1983）、国立国語研究所（1997）、早津（2016）などの指摘からみれば、「ヲ格名詞」が結果対象である場合、それと共起している「ニ格名詞」がその結果対象の〈出現の場所や存在場所〉に当たるものである。この認識もかなり共通的なものになっている。以下では、主に奥田（1983）の指摘を巡って先行研究の意見を検討してみる。

ニ格の形をとる名詞は、作り出しの結びつきを言い表す単語の組み合わせを広げる場合にも、特殊な機能を持ってくる。結果＝対象が一定の対象の上に（或いは空間）の上に現れる場合、この種の単語の組み合わせは、そのことを表現するために、に格（或いは）へ格の形をとる第二の名詞で広げられて、結果＝対象が出現する空間＝対象を示す。そして、ニ格の形をとる第二の名詞と作り出し動詞との間に、空間的なニュアンスの強い対象的なむすびつきが出来上がる。

奥田（1983：170）

奥田（1983）の指摘から次のことがわかると考えられる。
（1）「ニ格名詞」による構文展開が一種の「特殊な機能」である。
（2）「ニ格名詞」が空間であるが、「対象扱い」を受けている。

ただし、「ニ格名詞」の「特殊な機能」とはどんなものか、そういう特殊な機能を作り出す構文条件と環境はどんなものであるか。また、「ニ格名詞」の対象的性格をもっているが、それは何対象であるか。つまり、どのような場所名詞が構文の中に出現可能になるかが実は明かにされていない。

2.2 近藤（2012）の「出現位置」とは

作り出し構文における場所のニ格名詞に関して、近藤（2012）では、それが「出現の位置」と名付けて、「存在の位置」とは相補関係にある。「存在の位置」は「出来事性のない静的な事態」に使用されているのに対して、出現の位置に関しては、「何ものかが出現するというプロセスを持ち、出現結果、その場所にとどまる場合もある」と主張されている。

（7）a 駅前ニ巨大の駅ビルができた。
　　　b 犬が犬小屋の前ニ穴を掘った。

近藤（2012：25）

前者では、巨大の駅ビルが出現して、その結果、存在する位置「駅前」がニで表され、後者では、行為による産物「穴」が出現した位置「犬小屋の前」がニで表されている。

そのポイントとして、「出現結果、その場所にとどま

る」というところである。つまり、出現物が出現場所に居続け、存在場所の役を果たしている。言い換えれば、ニ格の場所名詞の特性として、出現場所という特性と存在場所の特性を持っている。

2.3　「ヲ→ニ」格体制

　作り出し構文では、〈N$_{結果対象}$ヲV$_t$する〉という構造が取られているが、次のような交替現象もよく見られている。
　「ご飯を炊く」→「米をご飯に炊く」
　「お湯を沸かす」→「水をお湯に沸かす」
小池（2004）など
　また、「作る」という動詞に関しては、用例（8）の使い方も見られている。
　（8）a 寿司を作る
　　　　b 鯛を寿司に作る
奥津（2007）
　ただし、材料の正体はとらえられないまま、容認度が低くなることもある。例えば、（9）aはある程度容認できるが、次のように、（9）bとなると、容認度が低くなる。
　（9）a 部屋を作る→？ 木材を部屋に作る
　　　　b 部屋を作る→？？ 鉄棒を部屋に作る
　その結果、このような「ヲ→ニ」格体制は、小池（2004）や菅井（1998）の「ヲ→ニ」構造に合致して、「ヲ」が過程をプロファイルしているが、「ニ」がその結果を表記することになる。或いは、奥田（1983）の主張に従えば、「もようがえ的結びつき」の一種である。その構造として、次のように表記できる。
　〈N$_{動作対象}$ヲN$_{結果提示}$ニ作る〉

ここでは、ヲ格が動作対象を示す場合、ニ格が結果を提示するが、一方、ヲ格が結果対象を示す場合、どのようなニ格場所が出現可能になっているか。

3.場所情報の共起制限

3.1　結果対象における場所依存性

　結果物は何かの形で、人間に認識されうるが、中では、空間的に自由の身を持てないものがある。つまり、「場所依存性の強いもの」がかなり存在している。
　例えば、「空間」「穴」「隙間」「洞」などの産物は、いずれも、何かもっと大きな場所に依存して存在可能である。それらのものが産出された場合、次の用例に見られているように、「ニ格名詞」の生起が可能になっている。
　（10）連綿を用いて左右に空間を作り、結句を二行目に配することで作品を大きく見せる。

（書道　Ⅲ，2006，高）
　（11）口の中に大きな空間を作る。

格フレーム検索
　（12）むっくり鉄平は犬のように起き上がり、そっと襖に隙間を作って覗く。

（綺羅光ほか著『背徳』，2003，913）
　（13）木の洞に巣をつくる鳥の場合には，木に最初に穴を開けたキツツキや，この穴を奪い合う穴に巣をつくる他の鳥との関係がある．

（フランク・H.ヘプナー著；黒田玲子訳
『ゆかいな生物学』，1991，460）

上記の例文において「ヲ格名詞」と「ニ格名詞」の間では、出現関係だけではなく、存在関係も構築されている。しかも、「ニ格名詞」は「存在場所」という情報以上の大切な情報がある。つまり、「ニ格名詞」の場所がその結果物自体の一構成要素などにもなっている。

　用例（10）の「空間」は別の空間、つまり、「左右」という大きな空間があってからこそ産出可能の「結果物」である。用例（11）の「空間」は明らかに、「ニ格名詞」に示された「口」の参与によるものである。（12）の「隙間」や（13）の「穴」も同じように、「ニ格名詞」自身がその結果物の生産過程に参与している。

　類似なものとして、「顔の表情」に関連するもの、例えば、「笑み」「皺」や「笑顔」なども同じ状況を作っている。それらの場合において、「ニ格名詞」による場所要素が消えれば、結果物自身も不成立になってしまう。

　また、「部屋」「橋」「ダム」「巣」などのように、建築や建造物なども、同じように場所への依存性が強いことがある。そのために、それらの作り出し構文では、場所の「ニ格名詞」も多数観察されている。例えば、次のような用例がある。

　（14）そして愛知川に着き、入り江近くの川岸に仮屋を造って一泊。
　　　　　　　（山中裕編『源氏物語を読む』，1993，913）
　（15）ツバメは、なぜ、人間の家に巣をつくるの？　ツバメは、もともと、岩にできた大きなあなの入り口などに、巣をつくっていました。
　　　　　　　（久道健三編著『科学なぜどうして』，2002）
　（16）工業をするには，移動が必要だから，こんな田舎にでも高速道路を作ったのだと思う。（藤井英之，宮崎正

康，中西真編著『新中学地理基礎基本+発展教材50選』，2003，375）

　それぞれのヲ格の「結果物」はいずれも「場所への依存度」が高いものである。出現場所や存在場所の情報だけではなく、それぞれの建築物の一構成要素といった情報まで「ニ格名詞」に反映されている。
　（14）の「仮屋」が「仮のもの」であるにもかかわらず、場所要素を切り離しては成立できない。（15）の「巣」と（16）の「高速道路」も同じように、場所要素を捨てれば、それぞれの結果物も消滅してしまうことになる。
　このように、「ニ格名詞」に表記されている場所情報は、「ヲ格名詞」自身の成立に大きな意味を持たせているので、次のような特徴を有していると考えられる。
　特徴1：場所自体がその構成要素の一部に貢献している。
　特徴2：場所情報が「出現場所」を提示している。
　特徴3：場所情報が「存在場所」を提示ていて、しかも、生涯的な存在場所である。
　簡単にまとめてみれば、次のような制限がかかっている。
　「ニ格名詞」＝「出現場所」＝「存在場所」＝「構成要素」

3.2　臨時的な場所依存性

　「空間」や「建築物」などの場所依存のものが場所の「ニ格名詞」との共起は、絶対的なものではないが、かなり共起しやすいことが確認されている。一方、場所依存性の弱いものなら、冒頭に示されているように、出現場所のなどの情報は、「ニ格」の形で構文の中に出現したりすることはない。例えば、以下の用例である。
　（4）? 彼はご飯を鍋に作った。

（5）? 彼は庭に自転車を作った。
（6）? 彼は机にパソコンを作った。（再掲）

　それぞれの、「ご飯」、「自転車」や「パソコン」などの産物の特性として、いずれも、この世界では、移動可能のもので、ある決まった場所に拘束されないことが考えられる。もし、用例（5）の「自転車」や用例（6）の「パソコン」はある場所に固定されていて、自由の身を失ってしまえば、それらの構文自体は、その容認度が高くなるのであろう。

　また、ある特定の場所に止まり、場所から離れない膠着度が低いものは、抽象名詞の一部にも見られている。例えば、「音楽」、「アニメ」、「資料」、「グループ」、「計画」及び、「体」、「時間」などである。

　それらの「結果産物」は、いずれもその出現場所、つまり、初めての存在場所から分離可能になっているものなので、その初めての場所を示す情報は、構文の中において、「ニ格」の形で現れることはない。

　しかし、とは言え、上記のような場合では、ニ格の場所名詞の出現が無理なところが多いが、次の用例が示しているように、場所への膠着度が低いにも関わらず、場所名詞との共起がある。

（17）小鍋に煮汁を作る。
　　　　　（『一人分でもおいしいお年寄り家庭料理帳』，2003，596）

（18）深めの厚底片手鍋に、煮汁を作り、芯のかたさが少し残る程度に煮る。
　　　　　（『アルティザン・トゥレトゥール』，2002，596）

（19）昨日の晩、お鍋にいっぱいカレーを作ったんですが、

よく考えたら明日から週末まで出張でした。
格フレーム検索

（20）サイズφ28cm　3Ｌ備考軽量で持ちやすく、お鍋にたっぷりお料理を作っても食卓への持ち運びがラクラク！
格フレーム検索

用例（17）（18）の「煮汁」や（19）の「カレー」、（20）の「料理」というものが、比較的にその出現場所に縛られていないところを持っている。それぞれの「結果物」は、出現の場所から抜けても、そのものの性質が依然と変化していなくて保有できる。例えば、「煮汁」や「カレー」などは、「鍋」という場所から別の場所に移動したら、「煮汁」「カレー」というものの存在や特徴が変化することはない。それらのものは二次的存在場所。つまり、元の出現場所以外の場所なら、所有可能である。この点も、前節の「穴関係」「建築物関係」「表情関係」のものとは大きく異なっている。

場所への依存性が弱まったら、「ニ格名詞」との共起も不自然になっている。例えば、以下のような用例は、容認度の低いものであろう。

（21）？天ぷらを鍋に作った。

（22）？水餃子を鍋に作った。

また、「二次的存在場所」の場合、例えば、次のように、いずれも、「ご飯」の出現場所として見てもいいが、筋の通った文にはなっていない。

（23）？ご飯をその鍋の外側に作る。

（24）？ご飯を彼の手に今持っているお皿に作る。

（25）？ご飯をテーブルの上に作る。

しかし、それにもかかわらず、用例（17）から用例（20）までの実際の使用例も確実に存在しているので、それらには

どのような説明を与えたらいいかが問題になっている。

　この問題に関して、「煮汁」や「カレー」の使用環境を総合的に検討し直す必要があろう。実は、用例（17）、（18）、（19）と（20）では、それぞれの「ヲ格名詞」は「場所自由」の物であるが、上記のような環境では、「自由」な結果対象とは言えないところもある。

　（17）と（18）では、「煮汁」が鍋に作られ、そのまま、鍋から抜けることがなく、実際の料理の一過程として、まだ鍋の中に残り続けるもので、その後のプロセスに参与していくことが多い。

　（19）では、「カレー」というものは、その用例の中では、それが出来上がった「鍋」という容器から直ぐにほかの容器に移したりしなくて、「鍋」の中に比較的に長い時間に（例えば何日も）保存させたりしているのがそのイメージである。そのために、この時の「カレー」というのは、しばらくの間、「鍋」の中に存在し続けることになっている。

　（20）では、「料理」は、確かに食卓などに移されて、新たな存在場所をもらうことになるが、料理が沢山作ってある場合、その転移作業も難しくなることがある。その意味では、それらの「たっぷりの料理」がある意味では自由な身にもなっていない。

　要するに、本来、場所などに縛られない「結果対象」であるが、状況によって、その出現場所が臨時的にその存在場所になっている。しかも、場合によっては、「生涯的な存在場所」になっている。例えば上記の用例（18）である。また、類似の用例として、次の（26）と（27）もある。

　（26）<u>鍋にスープを作り</u>、エリンギ、アスパラ、人参、インゲンを加え、水溶き片栗粉でとろみをつける。

格フレーム検索

（27）鍋にインスタント豚汁を作り、さいの目切りした豆腐を入れ、火を通す。

格フレーム検索

　それぞれの「煮汁」や「スープ」などは、鍋の中に存在し続けて、後ろの料理の作業にも参加することになっているので、「鍋」という出現場所もある種の意味で、その「生涯的」な存在場所になっている。

　また、生涯の場所として、用例（19）の「カレー」がたくさん作られた場合、用例（20）の料理がたっぷり作られた場合、「鍋」という場所情報の共起が自然であるが、量が少ない場合などだったら、返って不自然であろう。つまり、「大量の料理」はその時に別の存在場所を簡単にもらえなくなり、出現場所が臨時的にその重要な存在場所になっているのであろう。「大量の料理」に類似した例として、用例（28）の「粥」の場合もある。

（28）落ちて来る武田軍の目に付くように、火の傍に武田方の旗指物を置いた。大きな鍋に粥を作って疲れた兵たちに与えた。篝火に映る旗指物を見て、なんの疑いもなく寄って来る者もいたし、中には、それが敵の計略かもしれないと、物陰にかくれてじっと見ている者もいた。

新田次郎『武田勝頼（二）』より引用

　「大きい鍋」に粥を作ると言っているが、「粥の量」が「大量」であることも同時に強調されている。また、量の問題だけではなく、そもそも「粥」が「鍋」という出現の場所を存在の場所に取っているものである。「粥」ではなく、「えび天ぷら」などだったら、不自然であろう。

　「？大きい鍋にえび天ぷらを作った。」

　「？鍋にえび天ぷらをたっぷり作った。」

　揚げ物などのようなものは、出来上がったら、直ぐ

「鍋」から転移される必要がある。「出現場所＝存在場所」という現実は基本的に持っていない。それに対して、「粥」などの場合だったら、「鍋」という場所への依存性が比較的に高いので、出現場所の情報が「ニ格名詞」で提示できる。

　さらに、用例（23）（24）（25）が示す二次的存在場所が、基本的に、構文の中に出現しないことになるが、しかし、実際のデータとして、次のようなものもある。

　（29）文さんは、それとは知らずに毎日重箱にお弁当をつくっていました。

　　　　　　　　　（猪瀬直樹著『ミカドの肖像』，1991，312）

　厳密的に言えば、「重箱」は「弁当」の一次的な出現場所（或いは初の出現場所）とは言えない。上述のように捉えたら、両者が共起できないことになるのであろうが。しかし、言うまでもなく、用例（29）を（30）と（31）のような例に作り直したら、その容認度が随分低くなるに違いない。

　（30）？文さんは、それとは知らずに毎日お皿にお弁当をつくっていました。

　（31）？文さんは、それとは知らずに毎日鍋にお弁当をつくっていました。

　「鍋」というものは、弁当が誕生する「初の出現場所」であるにも関わらず、それが「鍋」に持続的に存在していない。「お皿」は出現の場所というより、存在の場所の方が強く感じられている。つまり、それぞれ、「出現場所」と「存在場所」の片方しか持っていない。

　重箱があってからこそ、「弁当」が「弁当」になるので、「重箱」が「弁当」の出現場所であるとともに、その存在場所でもある意味で、「生涯的な」存在場所と言ってい

い。このような事実によって、用例（29）において、重箱という場所情報は「ニ格」で表記され、構文的に容認されるようになっているのであろう。

　要約すると、上述の内容に関して、次のようにまとめることができる。

　特徴1　結果対象がその出現場所とは天然的な依存関係がない。

　特徴2　結果対象の出現場所が臨時的にその存在場所になっている。

　このように、結果対象が場所依存性を結びつける場合、場所の「ニ格名詞」との共起が可能になることは、上記のように確認されてきた。

4. 結　論

　場所の「ニ格名詞」が出現可能なのは、実際の使用上、語用論的な要素も考えられるが、上記のように、語用論的な要素の前に、「Nを作る」という構文自体が「出現場所」の中の出現物の持久存在が可能な出現場所だけを構文的に要求している。

　出現場所があっても、構文要素に転化できるわけではない。出現場所に依存性がある場合のみである。また、臨時に場所依存性が満たされれば、場所要素がニ格の形で「Nを作る」という構文と共起可能になることもある。

参考文献

奥田靖雄（1960）「を格の名詞と動詞のくみあわせ」（言語学研究会で報告，のち，言語学研究会編1983『日本語文法・連語論（資料編）』むぎ書房に採録）40–41。

岡智行（2005）「場所的存在論によるヲ格の統一説明」［Ａ］.日語日文学研究（韓国日語日文学会）52［Ｃ］。

髙見健一・久野暲（2014）『日本語構文の意味と機能を探る』、くろしお出版。

菅井三実（1998）「対格のスキーマ的分析とネットワーク化」、名古屋大学文学部研究論集（文学）44、15–29。

近藤安月子、姫野伴子（2012）『日本語らしさの氷解』、研究社。

仁田義雄（2009）『日本語の文法カテゴリをめぐって』、ひつじ書房。

森田良行（1994）『動詞の意味論的文法研究』、明治書院。

小池清治・田邊知成（2004）「格助詞ヲ・ニの表すもの ―「ヲ格文型構文」に見られるヲ→ニ原則―」宇都宮大学国際学部研究論集、第18号、99–120。

楊敬（2014）『格助詞「ヲ」的原型义及其语义扩张』、南开大学出版社。

早津恵美子（2016）『現代日本語の使役文』、ひつじ書房。

《同文通考》中的异体字初探

——以其构成和形成类型为中心

王利霞(北京大学)

《同文通考》是日本江户时期学者新井白石(1657—1725)撰写的一部通论性文字学著作。书稿约成于宝永二年(1705),但直到宝历十年(1760)才有刻本问世。杉本つとむ编著《异体字研究资料集成》,其中收录的版本即为早稻田大学图书馆藏的宝历十年大阪本。本文的写作也是依据此底本。

《同文通考》全书由四卷构成,从异体字研究角度来说,该书主要的研究对象为卷四部分。在该卷中,新井白石以在字形、读音或意义方面,与中国汉字存在差异的日本国内用汉字为研究对象,依照各自特点分为国字、国训、借用、误用、讹字和省文六种不同类型,并分别罗列字例考辨。虽然学界已考证出其中部分汉字早在我国的历代字书与文献中业已出现,但不可否认《同文通考》卷四内容反映了当时日本用字的概况,对于后来的日本汉字研究意义深远。因此笔者想借本文一探《同文通考》中异体字的究竟,同时拟结合中日两国代表学者关于俗字和异体字研究的理论成果,对《同文通考》中的异体字构成及其形成类型状况做一番考察。

1.日本异体字定义及范围

据考，异体字这一术语诞生于日本的江户时代。杉本つとむ在《异体字研究资料集成——第一卷同文通考》中《什么是"异体字"——对其性质和历史的考察》部分，详细介绍了异体字的出典、定义、产生和发展等。杉本つとむ关于异体字的定义多达十点内容，而笔者以为其核心是③和④两点，即在同一文字体系中一个汉字可能存在数种变体，它们构成一组异体字，其中最被广泛认同的字体是正体，与此相对的就是异体字，正体和异体是相对而言的。通体、俗体、俗字、讹字（误用）和省文（省字）等均是异体字，都可作为异体字的下位分类再加以整理。[1]

著有《异体字的世界——旧字 俗字 略字的汉字百科》的小林和夫认为，异体字是"字体が異なる同じ字のこと"[2]。这和中国学者王力、裘锡圭等人的观点相近，裘锡圭认为"异体字就是彼此音义相同而外形不同的字"。[3]可以说上述学者均指出异体字的本质是"同字异体"这一点。

其实《干禄字书》字分"俗、通、正"的观点在我国影响更深，只是相较异体字，我国学者好像更关注对俗字本身的研究。尤其进入近现代后，伴随着敦煌文献、宋元以来契约文书和汉简帛书等出土文献的问世，俗字的研究水平达到了前所未有的高度，涌现出了一大批俗字研究专家。其中，张涌泉对俗字的定义是"汉字史上各个时期与正字相对而言的主要流行于民间的通俗字体"[4]，认为"凡是区别于正字的异体字，都可以认为是俗字。俗字可以是简化字，也可以是繁化字，可以是后起字，也可以是古体字。正俗的界限是随着时代的变化而不断变化的"[5]。可以说，张涌泉关于俗字的定义和杉本つとむ关于异体字的定义有着异曲同工之妙。

2.《同文通考》中的异体字构成

　　新井白石在《同文通考》卷四开头的凡例中，关于"国字""国训""借用""误用""讹字"和"省字"论述如下：

　　我朝ニ用フル所の漢字、字体自正キト、訓義相同シトハ論スルニ及ハス。其余国字、国訓、借用、誤用、訛字、省字等、今ココニ收メ載ス。

　　国字トイフハ、本朝ニテ作レル、異朝ノ字書ニ見エヌヲイフ。故ニ其訓ノミアリテ、其音ナシ。

　　国訓トイフハ、漢字ノ中、本朝ニテ用ヒキタル義訓。彼国ノ字書ニ見ヘシ所ニ異ナルアリ。今コレヲ定めて国訓トハ云也。

　　借用トイフハ、我朝ノ俗。凡文字ノ点画多キヲハ、或ハ其文字ノ音、或ハ其ノ文字訓、相近キ字ノ点画少キヲ取テ、借用フルヲイフナリ。

　　誤用トイフハ、文字の形相似タルカユヘニ、誤リ写シテ、他ノ字ヲ用ヒ来レルヲイフナリ。

　　訛字トイフハ、俗書ノ中、アヤマリ用フルトコロ、正字ニアラサルをイフ。異朝ノ書ニ俗訛トイフモノコレナリ。但シ異朝ノ俗用フル所の訛字ハ、彼国の書に見ユシ所ナレハ、今ココニハ載セス。（誤用ト云ハ、アヤマリ用フル所。本字ニアラストイエトモ、用フル所オノツカラ正シキ字ナリ。訛字トイフハ、用フル所ノ字誤リテ正シカラサルヲイフナリ。）

　　省字トイフハ、或ハ偏旁ヲ省キ点画ヲ減シテ、終ニ其正キヲ失ヘルヲイフ。異朝ノ書ニ俗省トイフモノナリ。コレモ異朝の書に見エシ所ヲハ、ココに録サス。（訛字トイヒ、省字トイフ、其別ハ、訛字トイフハ、タダ其写ス所ノアヤマレ

ルナリ。省字トイフハ、偏旁点画ヲ省キ減スル故ニ、ツ井ニ字ヲナサザルモノヲイフナリ。）[6]

由此，我们知道新井白石以在字形、读法或意义方面，与中国汉字存在差异的日本国内用汉字为研究对象，依据它们的特点分为六种不同类型，并分别罗列字例考辨。值得注意的是，新井白石在具体展开论述时，将"讹字"和"省字"的名称分别改为了"譌字"和"省文"。本文为行文方便，统称之为"讹字"和"省文"。

国字部分开头说："本朝文字。白雉年间儒臣奉敕所撰新字四十四卷，其书泯焉。俗间所用亦有汉人字书所不载者，盖是国字。世儒概以为譌，非通论也。今定以为国字。"[7]结合凡例对国字的界定：日本创制，不见于中国历代字书，只有训读，没有音读。所以新井白石在行文中只给出了日语读音和意义，而没有对字体的说明。像"笹，ササ，小竹也。"（259页）、"辻，ツジ，街也。"（260页）等。新井氏按偏旁顺序共列出了76组81个日本国字。[8]其中有5组国字是两个字字形不同，音义相同。如"栬"和"椛"，读音均为"モミジ"，意义"並紅葉也"。（258页）由于新井白石视国字为日本独有的汉字，且在行文中仅就日语音义加以注释，而完全没有提及汉语音义用法，且没有给出对应本字或正字，所以笔者暂不将国字纳入本文考察对象。但必须说明的是，若是站在中日比较的立场探讨新井白石所列的这些所谓日本国字的创字权问题，则应纳入异体字的考察范畴。

新井白石对国训的再解释是："本朝字诂，有不与华言同者，即方言也。世儒概以为乖误，亦非通论。今定以为国训。"（264页）所谓"国训"即字形虽与中国汉字相同，但在日本产生了新的读音和用法的字。白石按偏旁顺序共列出了76组78字，每组除了日语读音和意义外，有的还给出汉语读音和意义。如"坪，ツボ，方一步曰坪。坪，音平，地平

处。"(265页)、"沖,ヲキ,海洋也。沖,音充,涌摇也,又和也,深也。"(266页)等。可以说国训是中国汉字在日本的语义延伸,因此也排除在异体字范围之外。

借用部分开头说:"本朝俗书,务要简便。凡字画多者,或有借方音相近而字画极少者以为用,其义盖取假借而已。世儒概以为讹,亦非通论。今定以为借用"。(275页)由此,我们知道新井氏认为借用是日本俗字的一种,是笔画多的字,借用"方音相近",即日语音读或训读等读音相近但笔画极少的字。新井白石共列出14组借用字,如"若,ワカ,若(ジャク)、弱(ジャク)音同,借作老弱之弱字。若,日灼切,择菜也。一曰顺也,又如也,又汝也,又语辞,又预及辞。"(275~276页)、"弁,ベン,弁、辨音相近借作辨、辯等字。弁,音便,冕也。"(276页)等。由于有不同字形的对应关系,笔者将此类字纳入本文考察范畴,并以借用字"若""弁"等为异体字,以对应的"弱""辨""辯"等为正字。

误用部分开头说:"本朝俗书,凡字形近似、谬写作他字者,录于此,以为误用。"(278页)所以,误用是由于字形相似、误写作他字产生的,属于误用俗字。新井共给出60组62字("采"和"飾"分别有两个误用字)。每组不仅以"俗某字"的形式给出对应正字,对误用字的读音和用法等也加以介绍,如"体,タイ,俗體字。体(ホン),音笨,与恔同。恔,性不慧也"。(279页)当误用字另有本字时,还指出其本字,如"啚,ツ,俗圖字。啚(ヒ),鄙(ヒ)本字"。(281页)

讹字部分开头说:"本朝俗书,讹字极多,不胜尽载。今录一二,注本字于下以发例。华俗所用,亦不赘焉。"(287页)可见在新井氏看来,讹字也属于俗字,是书写错误的结果,并且数量繁多。新井白石共给出108组114字,每

组均直接给出对应本字,如"薗,ソノ,園也"(289页)"塀,ヘイ,屛也"。(291页)并对本字不是正字的情况予以补充,如"旀,弥也。弥,俗彌字"。讹写字的偏旁相同时,不再单列字例,而以"凡从某字,如某某等,从某,并非。"的形式加以说明。如"丑,丑也。凡从丑字,如妞扭等,从丑,并非"。(287页)误用和讹字的区别是:误用字本有其字,即本身是正确的字;而讹字本无其字,是书写错误产生的。

省文部分开头说:"本朝俗字,一从简省,遂致乖谬者亦多。今录其一二,注本字于下以发例,如华俗所用省字不与焉。"(295页)所以"省文"即是"省字",结合凡例内容可知主要是省略偏旁或笔画产生的。《同文通考》共收录了141组175个省字,其中有4组是"二合省字"。每组也均给出对应正字,如"阳,ヤウ,陽也。""阴,イン,陰也。"(306页)等。省写部分做偏旁时同样以"凡从某字,如某某等,从某,并非"的形式加以说明。如"屮,出也。凡从出字,如拙屈掘等,从屮,并非"。(296页)讹字和省文的不同之处在于,讹字是书写错误所致,而省字是故意减少笔画或省去偏旁产生的。

综上所述,新井白石认为国字是日本独有的字,国训是在日本产生独特用法的字。借用的产生基于读音相近,误用的产生基于字形近似;讹字是书写错误所致,省文则是故意简省笔画或偏旁所得。从汉字的音、形、义来看,国字和国训侧重日本特有的字形和音义用法,借用和误用则从汉字广义的音、义用法出发,而讹字和省文则侧重汉字字形的演变。由于新井白石在行文中只就借用、误用、讹字和省文这四种类型给出了对应本字或正字,所以笔者在此只将它们纳入异体字的考察范围,并分别命名为借用型异体字、误用型异体字、讹字型异体字和省文型异体字。

3.《同文通考》中的异体字考察

　　接下来笔者拟结合中国学者张涌泉关于俗字形成类型的研究，考察《同文通考》中异体字的形成类型状况。张涌泉的《汉语俗字研究》是中国俗文字学理论研究的重要成果，尤其书中第三章《俗字的类型》，将俗字的形成归并为增加意符、省略意符、改换意符、改换声符、类化、简省、增繁、音近更代、变换结构、异形借用、书写变异、全体创造和合文十三种大类，每种大类之下根据情况又分设数量不等的小类，使原本杂乱无章的俗字变得有规律可循。何华珍著《日本汉字和汉字词研究》，其中多次援引张涌泉关于汉语俗字研究的观点和论述内容。

　　上文说过，借用型异体字的产生主要是基于日语音读或训读的相同或相近产生的。新井白石共列出的14组借用字中，基于音读相同或相近的有10组，分别为若（弱、ジャク）、弁（辨、辯、ベン）、厂（雁、カン）、六（録、ロク）、表（俵、ヘウ）、番（蕃、バン）、甫（輔、ホ）、包（庖、ハウ）、匀（韻、イン）和旦（檀、ダン）；基于训读相同或相近的有沓（鞜、クツ）、竜（龍、タツ）和乃（濃、ノ）3组；特殊的1组木（藝、議），是"木"的训读（キ）和"議"及"藝"的音读相近。原文说"木，キ，借作藝字、議字，如安藝作安木、参議作三木之类，盖借木字方训也"。（277页）按，日语中"参"和"三"的音读均为"サン"，所以官职名"參議"可写作"三木"。

　　观察上述字例，借用字是其正字字形构成一部分的有厂（雁）、表（俵）、番（蕃）、甫（輔）、包（庖）、旦（檀）、沓（鞜），其他的虽在字形上没有直接联系，但都是用笔画极少的字代替笔画繁多的字，如若（弱）、弁（辨、

辩)、竜(龍)、六(錄)、乃(濃)、木(藝、議)和匀(韻)。因此,参考张涌泉关于俗字产生的类型的研究,笔者以为借用型异体字的产生主要是基于笔画趋简的音近更代。张涌泉还指出,弁(辨、辯)和竜(龍)这两组异体字写法其实都是中国行用已久的俗字字形。[9]

依据新井白石对误用型异体字的界定,参照张涌泉关于俗字形成类型的研究,笔者以为误用型异体字的形成可归为异形借用。所谓"异形借用",即不考虑一个字原来的音义,只借用它的字形的用字现象。关于造成异形借用的原因,张涌泉在《汉语俗字研究》中主要就字形变化(即字体演变、简化、繁化或讹变)和造字角度不同作了论述。[10]何华珍在《日本汉字和汉字词研究》中也指出,这类误用俗字的形成,除极少数属于另造新字外,大多数都是字形简化、繁化或讹变所致。他进一步指出如仮(假)、体(體)、畐(圖)、烛(燭)、豊(豐)等17组为简化类,友(友)、京(京)、寵(寵)、菀(苑)4组为繁化类,㕭(州)、完(宍)、嫨(娶)、隶(肅)、湏(须)等31组为讹变类。[11]但他在行文中没有给出另造新字的例子。笔者观察,其实何华珍所说的简化类中,有张涌泉考证为造字角度不同所致的体(體)和省略意符的畐(圖),其讹变类中有张涌泉指出为异形借用的湏(须)。[12]

关于讹字型异体字,何华珍参考张涌泉的分类方法,认为其产生有六种情况并分别罗列了字例。具体言之,增加意符的有苅(刈)、薗(園)、塀(屏)、櫓(篙)4组;改换意符的有歧(岐)、旅(弥)、窪(窪)等9组;简省的有昇(鼎)、雑(雜)、宝(寶)等4组;增繁的有伏(休)、剡(判)等23组;变换结构的有杰(松)、畧(略)等6组;书写变异的有刃(丑)、近(近)、系(系)、灵(灵)等32组。[13]张涌泉认为,文字为便于书写而趋于简化,同时为音义

明确以便于识认,又趋于繁化。而增繁的方式,除了增加意符,还有繁化以区别形近字,把罕见的、生僻的偏旁改成常见的偏旁,出于书写习惯或字形的整体协调等。[14]依照张涌泉的观点,讹字型异体字中的侎(休)、剕(判)、㝉(宅)、馱(馱)、氐(氏)、㞞(民)、奈(奈)和美(美)等,都是出于书写习惯或字形整体协调的繁化。据笔者观察,讹字型异体字确以字形增繁和书写变异产生的居多。其中有些增繁或变异是出于避讳等原因,如"局""屠""尻"等本从"尸"的字,"俗皆加点从门户之户",新井白石认为这是"盖避尸之字"。[15]

省文型异体字的产生类型主要是简省,但极少数也有增繁的情况,如崎(崎)和怨(怨)。按,"怨""宛"等本从"夗"的字从"死",张涌泉认为这是把罕见的、生僻的偏旁改成常见的偏旁。[16]这类型异体字的简省方式涵盖了张涌泉关于"简省"的所有情况。具体言之,用简笔代替繁笔的:如劳(勞)、炉(爐)、释(釋)、韵(韻)等;省略某些"不重要"成分的:条(條)、虽(雖)、条(條)、独(獨)、敉(煞)、篱(籬)、录(錄)和点(點)等;合并相同或相近部分的:参(叄)、质(質)等;还有据草书楷化得来的:会(會)、旧(舊)等。其中用符号代替的最多,既有张涌泉在《汉语俗字研究》中指出的字例,如娄(婁)、幽(幽)、孛学(學)、枣(棗)、继(繼)、罗(羅)、贤(賢)、斋(齋)、齐(齊)、趋(趨)、举(舉),[17]亦有日语独有的品字形结构字下部省为"㸚"的符号代替方式,如㭚(森)、淼(淼)、燚(燚)、畾(畾)、聂(聶)、蟲(蟲)等。[18]省文部分也有把两个字拼合在一起,同时又加以简省或符号化的"二合省字",与张涌泉俗字产生类型中的"合文"相当。《同文通考》中的合文均为佛教词汇,如㚢(娑婆)、䒭(菩萨)、彐(缘觉)等。

4. 结　语

　　杉本つとむ认为由于日本汉字源起于中国，因此日本各个时期汉字都受中国影响。他编著《异体字研究资料集成》收录日本自江户时期搜集、整理异体字的论著，开篇首卷即是新井白石的《同文通考》。

　　本文首先参考中日两国代表学者关于异体字和俗字的定义，指出日本学界所谓的异体字和中国学界所说的俗字范围大致相当，中国学者关于俗字的理论研究成果部分也适用于日本异体字研究。接下来，结合新井白石在《同文通考》卷四部分的论述对其异体字构成作了界定，认为借用、误用、讹字和省文这四种类型均可纳入日本异体字的考察范畴。并在此基础上，结合张涌泉、何华珍等学者的研究成果，对上述四种异体字的形成类型加以考察。

　　笔者以为《同文通考》中借用型异体字主要是由笔画趋简的音近更代产生的，误用型异体字则主要基于字形近似的异形借用，讹字型异体字大多是字形增繁和书写变异所得，省文型异体字则主要是字形简省所致，同时少量有增繁的情况。由于学力所限，本文考察得并不彻底，纰漏之处也在所难免，恳请方家批评指正。

注

[1] 参看杉本つとむ（1995）『異体字研究資料集成―第一卷同文通考―』，雄山閣、第342-343页。以下略为『同文通考』。

[2] 参看小池和夫（2007）『異体字の世界―旧字・俗字・略字の漢字百科―』，序言部分，河出書房新社。

[3] 参看裘锡圭（2013）《文字学概要（修订本）》，商务印书馆，第

198页。

[4] 引自张涌泉（2015）《敦煌俗字研究（第二版）》，上海教育出版社，第6页。

[5] 引自张涌泉（2010）《汉语俗字研究（增订本）》，商务印书馆，第6页。

[6] 引自『同文通考』第253–255页。

[7] 引自『同文通考』第257页。原文为汉文训读文，有连读符号、返点、送假名、助词等。现为行文方便，一应略去。下同。为避免重复出注，以下在行文中标出页码。

[8] 据何华珍考察，这其中有的在中国历代字典（如《玉篇》《龙龛手镜》等）或文献（如《梦粱录》等）中早已出现，有的不只有训读，还有音读。参看何华珍《日本汉字和汉字词研究》第25页。他还有《日本"国字"辨证》一文发表在2005年第2期的《语言研究》上，文中考证出日本学界所谓"国字"之中，有不少是中国的既有汉字或后起俗字，其中日本承之形义而误以为是"国字"的就有30字，如"佚、勉、夂、国"等。

[9] 参看《汉语俗字研究（增订本）》第41页。另，该书附录十一《日韩汉字探源二题》一文的"日本简体汉字'仏''弁'小考"部分有关于"弁"字的详细论述。

[10] 参看《汉语俗字研究（增订本）》第105–110页。另，裘锡圭《文字学概要（修订本）》（商务印书馆，2013），第198–213页的"异体字、同形字和同义换读"部分亦有相关论述。

[11] 参见《日本汉字和汉字词研究》第182–183页。

[12] 分别见于《汉语俗字研究（增订本）》第109–110页，49页和105页。

[13] 参看《日本汉字和汉字词研究》第186–190页。

[14] 参看《汉语俗字研究（增订本）》第84–92页。

[15] 参看『同文通考』第290页。

[16] 参看《汉语俗字研究（增订本）》第86–87页。

[17] 参看《汉语俗字研究（增订本）》第75–79页。

[18] 何华珍认为品字形结构字下面部分用"冫"代替是日本的传统积习。见《日本汉字和汉字词研究》第197页。

参考文献

何华珍（2004）《日本汉字和汉字词研究》，北京：中国社会科学出版社。

何华珍（2011）《俗字在日本的传播研究》，载宁波大学学报（人文科学版）第6期。

金烨（2014）《新井白石〈同文通考〉俗字研究》，杭州：浙江财经大学硕士学位论文。

裘锡圭（2013）《文字学概要（修订本）》，北京：商务印书馆。

杉本つとむ（1995）『異体字研究資料集成—第一卷同文通考—』、東京：雄山閣。

小池和夫（2007）『異体字の世界—旧字・俗字・略字の漢字百科—』、東京：川出書房新社。

张涌泉（2010）《汉语俗字研究（增订本）》，北京：商务印书馆。

张涌泉（2015）《敦煌俗字研究（第二版）》，上海：上海教育出版社。

中国語における主観性：自己中心性をめぐって

邬海厅（浙江理工大学）

1.はじめに

　主観性（subjectivity）はフランスの言語学者が伝統的な哲学から導入した概念である。ライアンズ（Lyons）の言葉を借りて簡単に定義すれば、主観性は発話者の自己表出及び態度、信念表明の手段である[1]。「言語使用の三層モデル」（詳細は広瀬1997、Hirose2015を参照）は言語使用の時、「状況把握」、「状況報告」、「対人関係」の三つの層を指している。各言語の持つ「主観性」の度合いの差異は、原理的にはこの三層構造の組み合わせの違いで説明することができると考えられている。

　本稿は他言語（日本語と英語）との対照を交えながら、「言語使用の三層モデル」に基づき、中国語の自己中心性をめぐって主観性のスケールにおいて中国語の位置づけ及びその原因を説明するものである。

2.本研究の立場

2.1 主観性の度合に関する研究について

　近年、主観性という概念は言語研究において重要視され、その解釈力と柔軟性が十分に検証されてきた。しかしながら、主観性など人の心的概念と関わっているものは、あまりにも抽象的すぎて捉えにくいというイメージが定着している。特に中国語の主観性の尺度に関しては、いまだに十分に議論されていないと言っても過言ではない。代表的な研究と言えば、言語類型論から着手する上原（2001）と堀江（2009）の研究[2]が挙げられる。

　上原（2001：3-9）では主観性に関する言語表現の代表的な3タイプ（i移動表現、ii人の内的状態、iii聞き手に対する心的距離を表す表現）が考察され、下図のような結果が出されている。

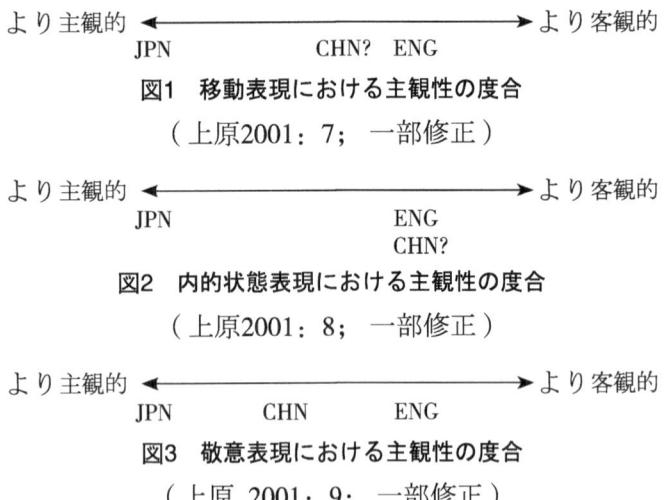

図1　移動表現における主観性の度合

（上原2001：7；　一部修正）

図2　内的状態表現における主観性の度合

（上原2001：8；　一部修正）

図3　敬意表現における主観性の度合

（上原 2001：9；　一部修正）

また、堀江（2009）ではアンケートに基づく受動構文の使用実態の結果は図4のとおりである。

より主観的 ◀――――――――――▶ より客観的
　　　　　JPN　　　CHN　　　ENG
図4　受動構文における主観性の度合
（堀江　2009：210；　一部修正）

2.2　言語使用の三層モデル

廣瀬（2016）やHirose（2013、2015）によると、言語使用は「状況把握」、「状況報告」、「対人関係」という3つの階層によって構成されている。状況把握は私的自己意識の形成、状況報告は公的自己意識の伝達、対人関係は公的自己による聞き手への配慮である。自己中心性が伝達の主体としての「公的自己」（public self）にあるか、思考・意識の主体としての「私的自己」（private self）にあるかによって三つの階層の組み合わせが異なる。

英語の場合では、状況把握と状況報告が一体化したうえで、対人関係の層が付加されている。通常、話し手は状況を捉える時、状況外の視点が優先され、自分が当事者であっても、状況内の自分を他人のように言語化している。聞き手に報告する時、言語的に対等な関係で情報を伝える。

一方、日本語の場合では、状況把握は状況報告と対人関係から独立している。話し手は状況を捉える時、状況内の視点が優先され、自由に状況内に身を置くことができる。また、自分の頭の中に既に意識したものを言語化する必要がない。しかし、対人関係と状況報告が一体化した結果、状況報告を行う時、話し手は聞き手との関係を考慮に入れてできるだけ対人関係の視点を言語化しなければならない。

そのため、公的自己中心の英語では、主体を客観的に述べるのが無標であり、主観性の度合が低いと思われる。反対に私的自己中心の日本語では、主体が事態に没入しているように述べるのは無標であり、主観性の度合が高い言語と考えられる。

3.状況把握における中国語の自己中心性

前節の言語使用の三層モデルの説明を通じて、私的自己中心の日本語は公的自己中心の英語より主観性の度合が高いという結論に辿り着いた。ただし、中国語はどちらのタイプに傾いているのか、如何なる特徴を有しているのか、というような疑念が自然と浮かび上がってくる。

公的自己中心なのか私的自己中心なのか、根本的に言えば、自己と他者の関係をどのように捉えているかによって左右されている。以下は、中国語における自己と他者の関係を議論した上で、公的自己と私的自己の具体的な特徴（廣瀬2016）として挙げられている「一人称の非言語化」、「叙述の志向性」と「総称の可能性」という3つの側面から中国語の自己中心性を検証していく。

3.1 状況把握における自己と他者の関係

さて、今雨が降っていることに気付いたばかりの場面を想定してみよう。
（1） a.「雨だ」
　　　 b.「雨だよ」/「雨ですよ」
　　　 c. "下雨了"

d. It's raining.

日本語の場合、私的表現と公的表現[3]でははっきり区別されている。独り言の場合は「だ」形で終わり、終助詞が追加不可となるが、他人に情報を伝達する場合は相手の年齢・地位等の要因を考慮に入れて「だ」形と「です」形の選択を行い、文末に終助詞を付け加える。一方、中国語と英語においては例（1c）、（1d）のような表現は相手の存在の有無を問わず、私的表現であれ公的表現であれ、使用することができる。鈴木（1999）では英語と日本語を取り上げて、両言語における自己規定について次のように指摘されている。

　相手が誰であろうと、相手が不在であろうと、先ず自己を話し手つまり能動的言語使用者として規定するインド・ヨーロッパ語などの、絶対的自己規定と比較して、日本人の日本語による自己規定が、相対的で対象依存的な性格を持っていると私が主張する根拠はここにある。

（鈴木　1999：166-167）

ところが、シナ・チベット語族に属する中国語の場合はやや複雑になってくる。総じて言えば、日本語のように相手を見て発話の表現を変えたり、自分の身分を調整したりすることと異なり、現代中国語はかなり英語に近く、絶対的自己規定の性格が強いと言える。その証拠の1つとしては中国語の人称代名詞が挙げられる。現代中国語の歴史的背景を考察することによって自己と他者の関係が窺うことができると思われる。

まず、時間的には1・2人称代名詞は3人称代名詞よりはるかに優位を保持している。甲骨文字にはすでに1・2人称代名詞が見られるが、3人称代名詞がかなり遅い時期まで他の文法単位から転化してきたものである。それに対して、王力（1954：7-9）では"上古时代的中国语里第一人称的主格代

詞虽然常见，第三人称的主格代词却是没有"（「上古時代の中国語においては一人称の主格代名詞はよくあるが、3人称の主格代名詞はない」）、"它（中国上古语）没有第三人称，是因为它没有这种需要"（「中国の上古語には三人称の必要がないからである」）と指摘されている。アラビア文法学者は1人称をal- mutakallimu（話し手）、2人称をal-muhatabu（聞き手）、3人称をal-yaibu（いない人）と呼ぶ。現場にいない3人称が重視されていないのも無論のことである。ここから1・2人称と3人称の対立が示唆されている。

　次に、古代中国語の1・2人称代名詞は現代中国語よりかなり豊富であり、尊敬や謙譲を表す専用の自称詞と対称詞も数多く存在している。例えば、1人称代名詞は"我""吾""余""予""朕"、2人称代名詞は"汝""尔""你"などがその代表として例示することができる。そして"寡人""哀家""卑職""妾身""奴""老朽""小人"など1人称の謙称と"公""君""阁下""子""恁"等2人称の尊称には地位、年齢、性別等の差も見られる。ただし、社会の需要や言葉間の競合いにより、数多くの人称代名詞が淘汰されていく。特に西洋思想の導入や五・四新文化運動の白話運動は重要な役割を果たしている。現代中国語に至っては、1人称は"我（们）""咱""鄙人""本人"、2人称は"你（们）""您""各位""诸位"、3人称は"他（们）""她（们）"などに限られている。だが、現代中国語は上下関係、親疎関係などが話し手の考慮に入れ、相手の名前を避けてわざわざ職業名と役職名で相手を呼ぶことを補足手段として保留される。この点においては、日本語と近似している。

　一方、英語と日本語の人称対立に関しては、Benveniste（1971）と小森（1992）ではそれぞれ以下のような考えが示

されている。

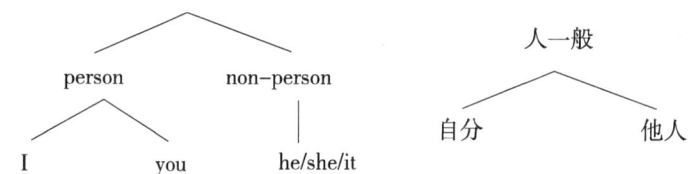

(廣瀬　2016：345-346)

　Benveniste (1971) によると、英語の人称システムにおいては、person (I/you) とnon-personの対立が顕著であることを注意しなければならない。

　It must be seen that the ordinary definition of the personal pronouns as containing the three terms, I, you, and he, simply destroys the notion of "person." "Person" belongs only to I/you and is lacking in he.

(Benveniste 1971：217)

　日本語の場合、私的自己を表す固有のことば「自分」は聞き手が存在しなくても使えるという言語事実から、「私的自己の＜自分＞以外はすべて第三者（廣瀬 1997：12）」という対立が見られる。

　要するに、人称対立から見ると、現代中国語は英語のように完全に自己と他者を対等に置いていないし、日本語のような他者依存の姿勢も取っていない。強いて言えば、多くの場合は英語よりのスタンスが見える。これは恐らく西洋の平等主義に規制されながら、根底には伝統的中国文化が根強く機能しているからである。

3.2　一人称の非言語化

　道に迷って人に尋ねる時、日本語母語話者と英語母語話

者は各々示す言語表現が異なっている。
　（2）a.「ここはどこですか」
　　　　b."Where am I？"

（池上 2012：8）

　これは日英語話者の認知傾向の好例としてよく挙げられている。日本語の場合は話し手の注意が完全に状況に向けられ、自分自身も殆ど意識されていないので、「わたし」の言語化も必要ではない。これは「人に縛られず、自由に状況にのめり込める、つまり、状況に「我」を忘れることができる（廣瀬 2016：346）」と合致している。一方、英語の場合は常に聞き手の存在を忘れず、Iの明示で聞き手のyouを想起する。即ち、「あなたを忘れて、状況にのめりこまない（廣瀬 2016：345）」。中国語の場合は、（2c）の言語表現が最も相応しいと思われる。一方、（2d）のほうは相手に地図を見せて道を尋ねる場面以外、かなり不自然と感じられる。
　（2）c."这里是哪（儿）？"（ここはどこですか）
　　　　d."我在哪（儿）？"（わたしはどこにいますか）
　しかしながら、それでも中国語は日本語と似ているとは言い難い。例えば、気絶から意識を戻して自分の居場所を尋ねる場面を想像してみよう。これは上述の道を尋ねるケースと類似している。同じく自分の所在が分からず他人に聞くことになる。
　英語の場合は（2b）が一番相応しい言い方であるが、日本語の場合は（2a）のように1人称代名詞が非明示になったほうが自然であると言える。ただし、中国語の場合では、（2c）、（2d）のいずれを使っても筋が通っている。下記の例文もその証拠として挙げられる。
　（3）He looked up at the face with the dark hair above him.
　　　'Where am I？' he asked, rolling his eyes.

'What happened?' She grinned down at him.
'You're near Glenbrittle. You fell off a mountain.'

（The way to Babylon）

（4）恢子のベッドに近づくと、彼女は僕の顔を認識して、いきなり、「ここはどこ？ ジェフはどこ？ なぜ私はここにいるの？」と質問を連発した。

（均衡：わが闘争わが闘病）

（5）"这是哪儿？"叶文洁无力地问，感觉声音不是自己发出的。

（CCL：三体I）

（「ここはどこですか」葉文潔は力無く訊いた。まるで声が自分の出したものではないように感じられた。）

（6）她只清醒了十几分钟，说了很有限的几句话："我在哪里啊？怎么……好多人在我房里呀！"

（CCL：青青河边草）

（彼女は十数分の間だけ意識を取り戻すと、いくつかの言葉を口にした。「私はどこにいるの？ たくさんの人が私の部屋にいるの！」）

上述のように、道を尋ねる場合、中国語には日本語と同様に・人称の非言語化が見られる。李（2016：4-5）も「この場合の中国語の事態把握も主客合一的な、主観性の事態解釈となっている。この点に関して、事態解釈における日中共通性があると言える」と指摘している。しかしながら、中国語の主観性を議論するには、例（6）のような事例を見逃してはならない。少なくとも、一人称の非言語化に関しては、中国語は日英両言語のいずれも完全に一致していないと言えよう。

3.3 「叙述の志向性」

廣瀬（2016）によれば、公的自己と私的自己の基本特徴からもう1つの下位特徴が出てくる。すなわち、公的自己は「あなたがわかるように、できるだけ言う」、私的自己は「自分中心だから、自分に分かっていることは言わない」にある。それはHornが言ったQuantity-PrincipleとRelation-Principleが働いている。

Quantity-Principle（hearer-oriented）: Say as much as you can.

Relation-Principle（speaker-oriented）: Say no more than you must.

（Horn 1984: 13）

一方、Hinds（1987）は類型論的立場から有効なコミュニケーションを達成するために話し手/書き手と聞き手/読み手のどちらが主要な責任を取るかによって「話し手/書き手志向言語」と「聞き手/読み手志向言語」の2タイプを主張している。換言すれば、「話し手/書き手志向言語」の場合は「聞き手/読み手」が「話し手/書き手」に依存して解釈を求めているので、「話し手/書き手」より依頼性が強い。英語と日本語の分類は以下のように論じられている。

I take as a starting point the position that Englishspeakers, by and large, charge the writer, or speaker, with the responsibility to make clear and well-organized statements.（中略）In Japan, it is the responsibility of the listener（or reader）to understand what it is that the speaker or author had intended to say.

（Hinds 1987: 65）

すなわち、英語は「話し手/書き手志向言語」であるため、Quantity - Principleが優先される。それに対して、日

本語は「聞き手/読み手志向言語」であるため、Relation‐Principleが優先される。ただし、中国語の場合、古代中国語と現代中国語に分けて論じられている。

ClassicalChineseappears to be more like Japanese in that it is a reader‐responsible language, while Modern Chinese is more like English in that it is a writer‐responsible language.

（Hinds 1987：67）

上述の結論を図で示すと、以下のようになる。

言語	話し手/書き手志向言語	聞き手/読み手志向言語
英語	＋	－
日本語	－	＋
古代中国語	－	＋
現代中国語	＋	－

現代中国語は「話し手/書き手志向言語」であり、Quantity‐Principleが優先されるはずであるが、そもそも古代中国語が「聞き手/読み手志向言語」であり、その影響がいまだに消えていないので、次のような例文が現れるのも不思議ではない。

（7）a. He is rich, and I envy him.
　　b.（あいつは）大金持ちで、（ぼくは）（あいつが）うらやましい。

（廣瀬　2016：345）

　　c.（他是）有钱人,（我）好羡慕（他）。（作例）
　　　（かれ である）大金持ち（わたし）かなり 羨む（彼）

英語の「he」と「I」が義務的に要求されているが、日本語と中国語の場合は主語や目的語が非明示になっても文の理解には差支えがない。

しかし、日本語は私的自己中心なので、より一層事態に投入することを示す「視覚動詞の非明示」の言語現象までも現れる。

（8）a. The clouds were building up now for the trade wind and he looked ahead and saw a flight of wild ducks etching themselves against the sky over the water, then blurring, then etching again
（Ernest Hemingway　the old man and the sea）

b.雲は貿易風に煽られていまや高く聳えたち、行く手に<u>目を走らせる</u>と、カモの群れが海面の上空に自らの姿を鮮やかに描き、いったん霞んではまた姿をくっきり描きだしていた。
（中山善之　『老人と海』）

c.这是贸易风的季节，所以云彩很多，一层层地堆积起来。他向前面<u>望着</u>，<u>看见</u>一群野鸭在那里飞，映在海上的天空里，清楚地刻划出来，然后模糊起来了，然后又清楚地刻划出来。
（张爱玲《老人与海》）

つまり、叙述の志向性から言えば、現代中国語は「話し手/書き手志向言語」であるから、日本語のように完全に聞き手/読み手にコミュニケーションの主要な責任を委ねるわけではない。そのため、場合によって英語と異なって人称の省略が現れるが、日本語のように知覚動詞までの省略はめったにない。

3.4　総称の可能性

（9）a. You cannot live by bread alone.
　　b. ｛きみ/あなた｝は、パンだけでは生きられない。

（廣瀬 2016：346）

c.你　不能　仅　靠　面包　维生。（作例）
　きみ/あなた できない だけ による パン 生活を支える

（9a）における"You"は「総称のyou」である。前述のように、英語の「person」は「I/you」の構成で、「non-person」の「he」と対立している。「you」を言及すると、常に「I」を想起する。したがって、「you」で人一般を指すことができる。ところが、私的自己中心の日本語では、人一般は「自分」とそれ以外の「他人」とを分けているので、「きみ/あなた」が人一般を代表することはできない。

一方、『現代漢語八百詞』（呂叔湘1980：370）によれば、中国語の2人称"你"の用法には"泛指任何人"（「人を総括して指す」）という説明がある。例（9c）と（10）（11）では2人称の"你"も英語の"You"と同じく「総称」の機能を備えている。これは公的自己の下位特徴である「あなたと一体化し、あなたを通して人一般のことを表現することができる」と一致している。

（10）在中国，你要想干成大事，最要紧的就是学会忍耐。（「中国では大事をなすためには、一番重要なのは忍耐だ。」執筆者による訳）

（CCL 2000：人民日報）

なお、2人称の"你"で実際に1人称の"我"を指すこともできる。

（11）我老爸装病的第二个症状，是犯傻，你问他吃饭不吃？他理也不理你（「父の仮病の第二の症状はとぼけた態度を取ることだ。「ご飯を食べますか」と聞いても相手にしてくれない」執筆者による訳）

（CCL 1995：作家文摘）

上述の例から見ると、中国語は総称の可能性という側面

においては、英語のように二人称の"你"で人一般を代表することができる。一方、日本語の場合は、自分と他人の対立があるため、二人称が総称の機能が備割っていないわけである。

4.中国語における公的自己と私的自己を表す固有の言葉の分析

　廣瀬（1997）では日英語の違いを論じる時、英語の公的自己を表す固有言葉Iと日本語の私的自己を表す固有言葉「自分」の存在がまさに英語は公的自己中心で、日本語は私的自己中心という結論の証左と指摘されている。
　日本語には私的自己を表す固有のことばとして「自分」があるが、公的自己を表す固有のことばはないため、誰が誰に話すかという発話の場面的な要因に左右される様々なことば（「ぼく・わたし」「お父さん」「おばさん」「先生」など）が代用される。
　英語には公的自己を表す固有のことばとしてIがあるが、私的自己を表す固有のことばはないため、当該私的表現が誰のものか、つまり、1人称のものかにより、本来的には公的な人称代名詞が私的自己を表すのに転用される。

（廣瀬　1997：19）

　それで、中国語においては私的自己と公的自己を表す固有のことばが存在するのか。すぐ候補として思いつくのは"自己"と"我"であろう。仮に私的自己を表す固有の言葉は"自己"、公的自己を表す固有のことばは"我"とすれば、廣瀬（1997）の話法の転換テストに合格するはずである。廣瀬（1997）によれば、直接話法は公的表現の引用であ

り、間接話法は私的表現の引用である。直接話法を間接話法に転換するために、引用部分の公的表現を私的表現に還元する必要がある。

例えば、

（12）a. Xは[僕は学生だ]と言った。
　　　b. X said, [I am a student].
　　　c. X说[我是学生]。

というような公的表現がある。廣瀬（1997）によると、日本語の場合は、私的自己を表す固有の言葉「自分」が存在しているので、Xが誰であろうと関係なく、（13）のように転換することができる。

（13）Xは＜自分は学生だ＞と言った。

一方、英語の（12b）を転換するために、Xの情報が必要になる。

（14）a. I said ＜I was a student＞.
　　　b. You said ＜you were a student＞.
　　　c. He/She said ＜He/She was a student＞.

一見して中国語の場合もXが一人称、二人称、三人称のどちらでも、（15）のような言い方が成り立っているように見える。しかしながら、中国語の「自己」と日本語の「自分」は根本的な違いが存在している。

（15）X说自己是学生。

そもそも中国語の「自己」は（16a）の照応、（16b）の強調、（16c）の総称の用法があるが、（17）のような「自称」の用法が備えていない。

（16）a.我们会照顾自己。（自分で自分の面倒を見る）
　　　b.他自己搞垮了身体。（彼は自分の体を壊してしまった）
　　　c.自己的事情自己干。（自分のことは自分でやる）

（17）自分は正しい。

　従って、（15）の「自己是学生」は単独で使うと適格な中国語ではないので、私的表現とは言えない。文法的には例（15）は正しいが、日本語の「自分」のように話法の転換テストに合格していない。そのため、「自己」は中国語の私的自己を表す固有のことばではない。

　ちなみに、（12c）の間接話法は英語のようにXの情報に応じて以下のようになる。

　（18）a.我说＜我是学生＞。
　　　　b.你说＜你是学生＞。
　　　　c.小明说＜他是学生＞。
　　　　d.小红说＜她是学生＞。
次は逆に、間接話法から直接話法への転換を見てみよう。
　（19）a. X told Y ＜X' was a student＞.
　　　　b. X 告诉Y ＜X' 是学生＞
　　　　c. X は Y に＜自分は学生だ＞と言った。

　英語の場合、公的自己を表す固有のことば「I」があるため、相手が誰であり、（20）のように直接話法に変えられる。

　（20）X said to Y, [I am a student].

　それに対して、日本語の場合、XとYの関係が未知の状態では、直接話法に転換することができない。廣瀬（1997）では、「ぼく」、「わたし」などが典型的な公的自己を表すことばであるが、2人称や3人称にも用いられるため、公的自己を表す専用のことばではないと指摘されている。

　中国語の「我」の場合はやや複雑になる。話法の転換テストから見ると、XとYの関係が分からなくても、（21）のように言えることになる。

　（21）X告诉 Y [我是学生]。

しかしながら、以下の談話番組では1人称の"我"は2人称的にも3人称的にも用いることが可能である。

（22）朱时茂：是啊，他是贵人。所以从这个时候，我那时候，《飞行交响乐》那时候已经拍完了，大家一看那个样片，都觉得：哎哟！这小伙还挺好。当时吹嘘的话也挺多，那来找的人也很多，那我当时就铁了心了说："不行，我和谢导演已经有约了。"不能答应。
李静：我就等着。
朱时茂：我就等着，一直等到这个《牧马人》是七月份才开，第二年的七月份才开机，我一直等着。

（朱時茂：そうです。謝監督はわたしの恩人です。その時、『飛行交響楽』がもう撮影終了していて、皆さんは映画の試写フィルムを見て、この若者の演技はいいなあと思ってくれたみたいですね。当時、沢山の人が褒めてくださり、撮影の誘いも多くありましたが、その時強い決意を持って言いました。「すみませんが、もう謝監督と約束しました」とお引き受けはしませんでした。

李静：私は待っていました。
朱時茂：私は待っていました。翌年の七月、『牧馬人』のクランクアップまでずっと待っていました。）

（选自安徽卫视《非常静距离》20110306期）
（魏宝良 2011：11）

普通、李静の立場から朱時茂を指す場合、二人称の"你"を使うはずである。つまり、"你就等着"（「あなたは待っていました」）という表現が通常の言い方である。しかし、この談話では話し手の李静は共感を得て過去の朱時茂に分身を投入して一体化することになる。会話の"我"は話し手の李静ではなく、聞き手の朱時茂を指している。ここでは、1人称の"我"が実際に2人称として使われている。

（23）司马南：跟我一块儿出去的时候，她从来不参加我的活动，我们各有各的活动空间，如果我们两个一块儿在马路上走，迎面老有人打招呼嘛，她一定躲得远远地，装作这个男人跟我一点关系都没有。

（司馬南：私と一緒に出掛ける時、私の活動には一度も参加したことがありません。それぞれの自分のスペースがあるからです。二人一緒に外で歩くと、向こうからいつも挨拶してくれた人がいるので、彼女はこの男は自分と一切の関係がないというようなふりをして、必ず私から遠く離れていました。）

（选自星空卫视《lady呱呱》20100823期）

（魏宝良2011：14）

ここの"我"も話し手の司馬南ではなく、話し手と聞き手以外の第三者―司馬南の妻であることは疑いの余地がない。

以上の議論を踏まえて、中国語では公的自己表す固有の言葉と私的自己を表す固有の言葉がないという事実が究明されてきた。

5.まとめ

本稿では日英語の事例を基に中国語の主観性について検討してみた。主観性のスケールの両極に置かれる日英語と異なり、中国語は私的自己と公的自己を表す固有の言葉がないため、自己中心性が私的自己と公的自己のいずれにも置かれず、遊離の形で表現されている。それゆえ、場合によって中国語は英語よりの性質であるケースもあるし、日本語に傾くケースもある。ただし、今までの考察から見ると、多くの場

合は英語に近いと言える。

注

[1] 主観性の厳密な定義に関しては未だに議論の的になっているが、多くの学者はライオンズの定義を踏襲して研究されてきた（Finegan、Traugott等）。本稿もこの定義を踏まえて議論を進める。

The term subjectivity refers to the way in which natural languages, in their structure and their normal manner of operation, provide for the locutionary agent's expression of himself and his own attitudes and beliefs. (Lyons 1982: 102)

[2] 上原（2001）と堀江（2006）では多言語を対象として議論されている。例えば、上原（2001）では英語、日本語、韓国語、中国語、マオリ語、タイ語、ヤオ語、Jinghpaw語、Rawang語など、堀江（2006）では日本語、韓国語、中国語、英語、マラーティー語の例文が取り上げられているが、本研究の引用では日本語、中国語、英語のみが図示されている。

[3] 公的表現とは言語の伝達機能と対応する言語表現であり、私的表現では言語の思考機能と対応する言語表現である。

参考文献

池上嘉彦（2012）「＜言語の構造＞から＜話者の認知スタンス＞へ：＜主客合一＞的な事態把握と＜主客対立＞的な事態把握」、『国語と国文学』89（11）。

池上嘉彦（2012a）『「日本語論」への招待』、東京：講談社。

廣瀬幸生（1997）「人を表すことばと照応」、『指示と照応と否定』、東京：研究社。

廣瀬幸生（2016）「主観性と言語使用の三層モデル」『ラネカーの

（間）主観性とその展開』、東京：開拓社。

堀江薫・パルデシ・プラシャント（2009）『言語のタイポロジーー認知類型論のアプローチー』、東京：研究社。

李奇楠（2016）「中国語・日本語の構文から見る主観性」『言語の主観性』、東京：くろしお出　版。

鈴木孝夫（1999）『ことばと文化』、東京：岩波書店。

吕叔湘（1980）《现代汉语八百词》，北京：商务印书馆。

上原聡（2001）「言語の主観性に関する認知類型論的一考察」、『日本認知言語学会論文集』第1巻。

王力（1954）《中国语法理论》，北京：中华书局。

魏宝良（2011）《汉语人称代词"你""我""他（她）"非本指用法研究》，北京大学对外汉语教育学院硕士论文。

小森道彦（1992）「人称ダイクシスの磁場」、『グラマー・テクスト・レトリック』安井泉（編），東京：くろしお出版。

Benveniste, Émile.1971. Problems in General Linguistics. Coral Gables, Fa: University of Miami Press. (Translated by Mary Elizabeth Meek).

Hinds, J. 1987. Reader Versus Writer Responsibility, Connor &. Kaplan (eds.) Writing across Languages, Addison-Wesley, 141-152.

Hirose, Yukio. 2013. Deconstruction of the speaker and the three-tier model of language use. Tsukuba English Studies 32: 1-28.

Hirose, Yukio.2015. An overview of the three-tier model of language use. English Linguistics 32: 120-138.

Horn, Laurence R. 1984. "Toward a Taxonomy for Pragmatic Inference: Q-Based and R-Based Implicature," Meaning, Form, and Use in Context: Linguistic Applications, ed. by D. Schiffrin, 11-42, Geogetown University Press, Washington D.C..

《水浒传》中詈语的翻译策略研究

——以关联理论为视点

叶奕宏（中国传媒大学）

1. 序　論

　　詈語は言語の重要な構成部分であり、日常生活の会話だけでなく、文学・芸術作品の中でも、表現力を強める重要な手段の一つとしてよく使われる。詈語を上手に翻訳できるかどうか、人物のイメージをうまく日本人読者に伝えられるかどうか、ないし作者の意図への理解にも影響してくる。そのため、翻訳技法の研究が必要である。

　　しかし、「詈語」の呼称と定義はまだ統一されていなく、そしてそれに関する専門の辞典もないので、ジャンル（小説）を特定せずに研究素材を集めるのは非常に難しい。周知のように、『水滸伝』は中国の明代に書かれた白話小説であり、「中国四大奇書」の一つとして認められている作品である、詈語が随所に使用されており、作品に大きな役割を果たしている。そのため、本論文は詈語の定義を明らかにする上、中国語版の『水滸伝』の百回本、百二十回本とそれぞれの完訳本（吉川幸次郎・清水茂訳本と駒田信二訳本）を基に、関連性理論の視点から、詈語の翻訳について研究する。

2.罵語の構成要素

　本論文では、中国語における罵語および日本語訳を検討しようとしているので、罵語を定義するために、主に中国語の先行研究を参考にする。

　中国における「罵語」及び類義語の代表的な定義について、胡士雲（1997）は"骂人话"を"侮辱人的粗野的或悪意的话"と定義した上で、"侮辱人"は"粗野的或悪意的话"よりいっそう肝心な要素と主張している。彼の主張に基づき、江結宝（2000）は"骂意"と"骂语"は"骂骂"を成立させるための十分条件とし、さらに真偽強弱（罵意の有無とその強弱）、合理性、対象ずよび方式という四つの観点から類別を検討した。また、周栄によれば、"骂骂语"は規約的、侮辱的で礼儀を欠く、あるいは悪意を持つ言葉を指している。

　それを参考にして、罵語の構成要素を以下のようにまとめた。

2.1　罵語の発生の原動力：マイナス情念

　マイナス情念は譴責、指摘、嫌悪、憎悪、脅威、不満、敵意、侮蔑、風刺、揶揄といった、消極的な気持ちを指している。それらの感情を言葉で激しく表現するのは、「罵る」という言語行動であり、ここから罵語も生じる。

2.2　罵語の言語材料：規約的な罵語

　ここでいう罵語の言語材料は長年にわたってある言語

体系に定着したタブー性を持つ言葉を指している。たとえば、"他妈的""操""小贱人"などのような言葉は日常生活でめったに口に出してはならないが、もし口に出すと、マイナス情念の有無にかかわらず、自然に「詈語」とみなされる。

　言い換えれば、「マイナス情念を日常会話より激しい口調で言い表す」と「規約的詈語を口にする」の任意の一つまたは二つが満たされるなら、詈語が成り立つ。

3.関連性理論から見る詈語の翻訳ストラテジー

　関連性理論とは、WilsonとSperber（1986／1995）によって提案されたコミュニケーションに関する理論である。Guttは関連性理論を翻訳の研究分野に導入し、翻訳は二重の明示推論の伝達であり、最適の関連性を求め、目的語で原語を解釈する行為であると指摘している。

　彼が指摘したように、翻訳を行うとき、訳者は最適な関連性（訳文の文脈効果が著しく、読者に筆者の意図を明確に伝わるさと）の達成に努めなければならない。そのため、訳者はコンテクストに基づき、原文を理解すると同時に、訳文を読者の期待と一致させるべきである。

　翻訳ストラテジーについて、Guttは関連性理論の視点から、直接翻訳と間接翻訳という二つの概念を提起している。次は、『水滸伝』および二つの訳本[1]における詈語の用例にあわせて、詈語の具体的な翻訳ストラテジーをまとめ、さらに各方策がどのような場合で用いたらいいかについい――そして適用条件について検討したいと思う。

3.1　直接翻訳

　直接翻訳とは、できれば原文の言語特徴の相似性を保持する翻訳ストラテジーである。換言すれば、翻訳する際、訳文を原文の言語環境に馴染ませ、原文に解釈上類似したテクストとする翻訳技法である。

　具体的には、『水滸伝』における罵語の直接翻訳の例は「複製」、「借用・造語」、「逐語訳」に分けている。

　「複製」とは、原文における罵語をそのまま訳文に引用するという方法である。たとえば、"畜生"（三回）は「畜生」に訳されている（訳本1、2）。

　「借用」とは、原文を形がにている同義・類義語へ訳す——原文の字形や意味との類似度が高い言葉に訳す、そして「造語」とは、原言語の構成要素である形態素（または単語）の一つ一つを翻訳し、これを組み合わせて新しい複合語を作る翻訳技法であり、両者の間には明確なラインがないため、一つにまとめた。

　「逐語訳」は翻訳の際に、忠実に原文の文法構造に従い、原文の単語との一対一対応を強調する翻訳法を指している。

　直接翻訳が実行できる場合を以下のようにまとめる。

3.1.1　実行しても理解に支障をきたさない場合

　ここでいう「理解に支障をきたさない」は：1.作者の意図を歪めずに読者に伝えうる。2.読者は訳文によって最大限に作者の意図を受け取りうるという二重の意味を持っている。

　たとえば、以上の用例のように、"杀人不眨眼魔君"が逐語的に訳されれば、原文の表現力を保持しており、読者にとってもあまり難解ではない。

3.1.2 目標言語で対応する表現がある場合

ここでいう「対応」とは三つの意味を持っている：まず、語義対応。それは顕在意味（文字通りの意味）も潜在意味（文化的意味など）も互いに釣り合うことを指す。次は、語義対応。それは語義対応である上に、語形が同じであり、あるいは類似することを指す。たとえば、中国語を日本語に訳す場合、できるだけ漢語の形で訳す。最後、言語単位対応。つまり、原文と訳文は言語学上、言語表現が同じレベルに属すべきである。たとえば、原文は「語」に属すれば、目標言語も「語」で表現しなければならない。

用例の番号	原文	出処	訳文	訳本
	殺人不眨眼魔君	第五回	人を殺して　目ばたき一つせぬ魔物	訳本1
			人を殺しても　まばたき一つしないような　魔物	訳本2

例えば、「巧言令色」（六十四回）の出典は『論語・学而』の"巧言令色・矣仁"という文であり、今、中国でも、日本でも四字熟語として定着され、意味も「言葉を飾り、表情をとりつくろうこと」を指している。よって、原文の"巧言令色"を日本語の「巧言令色」に訳するのは十分に思われる（訳本2）。「口先ばかりうまいこと言い、顔つきいかにやわらげよう」（訳本1）のようにわざと一語一語訳出するのは面倒ではなく、読者に「冗長に流れる」などの感じを与えやすい。

3.1.3 目標言語で対応する表現を創造できる場合

目標言語で対応する表現を創造することには、二つの条件を満たさなければならない：

まず、原文の単語（または文）はいくつかの要素で構成され、その単語の意味は各要素に組合せたものである。そして、それらの要素と対応する、または（意味も形も）類似するものを目標言語の中から探し出せること。

たとえば、中国語の"阿谀谄佞"（第三十九回）は複合語であり、"阿谀"と"谄佞"という二つの意味を持っている。訳本1には、間接翻訳のストラテジーを行われ、"阿谀谄佞"を「ついしょう上手の諂いもの」に訳されている。しかし、この訳語は「ついしょうに長じる」という意味だけを表し、悪意を持っている様子を表出しない。それに対し、訳本2には、造語法を行われ、"阿谀谄佞"を二つの成分に分け、それぞれ「阿諛」と「便佞」に訳しており、「相手の気に入るようなことを言ったりしたりする」・「言葉巧みに人の気に入るようにふるまいながら、実は誠意がなく心がねじけている」(『スーパー大辞林』)を意味し、"阿谀谄佞"の意味を言い尽すといっても過言ではない。

3.1.4　形式そのものは伝達意図を伝える場合

「形式＝意図」（形式そのものは意図を伝える）の場合、訳者は形式に忠実であるべきであり、つまり、直接翻訳を行わなければならない。

3.1.4.1　作者が文の構成によって情報を伝達すべき場合

たとえば、原文に"贼头贼脸贼骨头""贼心贼肝"（十四回）という罵語がある。意味の面から見れば、"贼头贼脸贼骨头"は人を「外見から人柄まで泥棒っぽい」とののしるが、訳本2のように「骨の髄までの泥棒」に訳しても問題がない。しかし、作者は"从内而外都是贼"のような一目瞭然の表現を選ばず、わざと"贼头・贼脸・贼骨头"を一一あげて、それを通じて罵詈の語気をよりいっそう強め、雷横（登場人物）の歯ぎしりをしてののしる様子を見事に描き上

げている。よって、原文の表現力を保持するように、訳本1は原文を逐語的に「泥棒頭の泥棒面の泥棒根性」、「泥棒心の泥棒知恵」と訳している。目標言語の読者はこのような表現を読むと、雷横の気持ちを理解ではきるだけでなく、原文の魅力も感じられる。

3.1.4.2　作者が特定の文字によって情報を伝達すべき場合

　たとえば、"驴筋头"（五十一回）は「驢の生殖器」を指し[2]、意味の面から見れば訳本1はこれを「大亀頭」と訳しているのは問題ない。しかし、文脈から見れば、ここで白玉喬（登場人物）は自分とけんかした雷横の"都头"（組頭）という身分に信じられなく、わざと"雷都头"（中国語の発音：reidutou）の発音を"驴筋头"（中国語の発音：lüjintou）に曖昧化し、雷横を素性をわからない者とあざけ、さらに彼を動物の生殖器にたとえる。

　よって、「大亀頭」という訳語は原文の意味を伝えられるが、作者の言葉遣いへの思い入れを感じさせられない。それに対し、訳本2は、"驴筋头"をそのまま複製して訳本へ移入し、そしてルビと割注がつけている。本来ならば、その訳し方を通じて作者の形式によって伝達した意図を歪めずに伝えられるはずだったが、"驴筋头"の意味について訳者の理解にズレがあるため、「馬の骨」になってしまう。

3.2　間接翻訳

　間接翻訳とは、一語一語に拘らず、原文の文脈効果を最大限に保持するように目標言語になじみ、意味的・形式的調整を行う翻訳技法である。直接翻訳との重要な区別について、直接翻訳は完全的な相似形を目標にするのに対し、間接翻訳は特定の方面で相似をなせば十分である。

具体的には、『水滸伝』における罵語の間接翻訳は「限定一般化」、「絶対一般化」、「翻案」、「調整」、「省略」、「補足」に分けている。

「限定一般化」とは形式にこだわらず、原文を目標言語における類義的な慣用罵語に置換する翻訳技法である。たとえば、"糊涂鬼"を意味している"混沌魍魎"（第二十四回）を同義語とみなされでいる「おたんちん」（訳本1、2）に訳されている。

「絶対一般化」とは原文を意味通りに目標言語の一般的表現に置換する翻訳技法である。ここでいう「一般的表現」とは、いつまでも罵語とみなさない表現、または、文脈を離れれば、これは罵語であるかどうかわからない表現を指す。たとえば、"胡説"（二回）はそれぞれ「なんだこれは」（訳本1）、「なにをいう」（訳本2）という一般的な表現に訳されている。

「翻案」とは訳者が原文における罵語をの内容を基にし、自分の想像力・創造性を発揮し、新味を加えて原文を改作するストラテジーを指している。または起点文化のある状況が目標文化に存在しない場合、文化的言及対象を変える用法で多用される。たとえば、"賊禿"を「くそ坊主」に、"老咬虫""賊老咬虫"を「鬼婆」、「くそ婆」に訳されている。

「調整」とは、目標言語の言語習慣に適応するように、原文の品詞、表現方式、または構造をやや変えるという翻訳ストラテジーである。それは対象によって「品詞転換」、「表現方式の調整」と「言語単位の転換」に分けられる。

「省略」とは原文における罵語を訳さずに削除するストラテジーであり、使用する状況によって「主語・対象語の省略」、「『並列』から生じた省略」、「『直訳不可能』によ

る省略」に分けられる。

また、「補足」というのは、訳文を原文にもっと忠実にさせるため、原文にない言葉や文の付加により、原文の裏に隠されていた意味合いを明らかにしたり、翻訳の際に避けられなく損失した意味・語気を補い足したりして、読者に十分に理解してもらえるようにする翻訳技法である。

基本的には、直接翻訳が翻訳の優先選択としているが、以下の場合には、間接翻訳を行うべきである。

3.2.1　直訳が構造的理由で不可能である場合
3.2.1.1　原語と対応語は異なった品詞性を持つ

たとえば、无礼"（第五十回）と「無礼」（訳本1、2）は意味的に対応しているが、、その二語は異なる品詞性を持っている。"无礼"は名詞、動詞、そして形容詞という三つの品詞性を持っている（『現代漢語大詞典』）。一方、「無礼」は名詞と形容動詞という二つの品詞性（『スーパー大辞林』）のみを備えている。要するに、翻訳の際、品詞転換は避けられない。

3.2.1.2　原文と訳文は異なった言語単位に属する

『水滸伝』において、イディオム・ことわざを利用して罵ることが少なくない。しかし、そのような罵語を翻訳する時に、原文の形式と一致させるのが難しい。例えば、

用例の番号	原文	出処	訳文	訳本
[2].	眼中釘	第二十一回	眼の中に釘がはいった	訳本2
[3].	砕尸万段	第十七回	八つざきにしてやるずたずたに切り刻んでやろうぞ	訳本1 訳本2

以上の用例における"眼中钉""碎尸万段"は熟語であり、意味を正しく伝えるように訳されたら、長い文章となる。

3.2.2　読者の受容のための場合
3.2.2.1　直訳すると異なった意味になる場合
　各民族の言語には、その民族なりの語彙・文法・表現方式が潜在している。ときには、原文の表現をそのまま訳本に移植すれば、異文化の読者の認識と作者の伝達意図の間に、誤解が起こりやすい。その場合、直訳ではなく、間接翻訳を取るべきである。

　例えば、原文に、閻の母は自分の娘を"贱人"（二十一回）と呼ぶことがある。それは確かに自分の娘のわがままを不満に思うからであるが、罵りとともに、娘に対する愛情がにじみ出ている。直接翻訳で「あま」、「すべため」、「あばずれ」、または「下司め」に訳すれば、原文に含まれる親しみが失われてしまう。そのため、訳本2は言及対象を明示化し、それを「娘」に訳している。訳本1は感情表出の上でさらに一歩進め、「あの子」に「ーったら」をつけ、軽い非難と親しみの気持ちを込めて「あの子」に関することを話題として提示している。

3.2.2.2　直訳すると無意味となる場合
　時には、原文を直訳すれば、話は筋が通らない可能性もある。たとえば、閻婆惜（登場人物）の母は、自分の娘が小張三と私通したデマを飛ばした人を"干热的不怯气，胡言乱语，放屁辣臊"（二十一回）とののしる。しかし、この言い方は現代中国語でほとんど見かけることがなく、日本人はおろか、中国人も注釈がなければ理解できない。もし逐語的に翻訳すれば、何を言っているのか分からない。それ故、それゆえに適切に訳すべき。

3.2.2.3 意味重複・損失の場合

　ここで「意味重複」は二つの意味を持っている：一つは、言わなくてもわかることを表現するという意味。実際に、罵詈の対象が明確で、表現せずに済ませるのなら、指し示す言葉を省略しても原文への理解を妨げない（例4）。もう一つは、内容がダブっているという意味（例5）。例えば、

用例の番号	原文	出処	訳文	訳本
[4].	一发结果了你这厮	第三十回	一思いに（省略）息の根を止めてやる。	訳本1
			あっという間に（省略）あの世へやってしまうぞ。	訳本2
[5].	辱门败户	第十四回	親兄弟の面よごしめ 恥さらしのならず者め	訳本1 訳本2

　また、翻訳過程において、原言語と目標言語の多方面の差異および訳者自身の能力・好みなどで発生した意味の損失を補足するのに努めなければならない。

　たとえば、"闭了鸟嘴"（第六十二回）をそれぞれ「黙ってろ」（訳本1）、「黙れ」（訳本2）に訳したら、原文への理解も妨げないとはいうものの、罵語としての機能がなくなる。損失した意味・語気を補足するため、訳本1は、「黙ってろ」の原因である「うるさい」を明示化させ、その前に侮蔑的な接頭辞もつけており、訳本2は「黙る」の後に軽蔑を込めた「やがる」の命令形をつけている。

3.2.2.4 文化的ギャップを埋め込むための場合

　罵語が特定の文化と密接する場合、もし直接に翻訳すれば、読者は理解しにくい訳文になる可能性もある。

たとえば、"牛子"（第三十二回）は中国古代の山賊たちが強奪する対象を称する言葉であり、現代中国語にはほとんど見られない。この単語は確かに人を動物視する意味を持っているが、訳本2では、そのまま「この牛」に訳されているのが不自然である。このように解釈せずに突然に人を「牛」と呼んだら、読者は違和感を感じかねない。それに対して訳本1では"牛子"を戦いや勝負事に勝って取ったものを意味する「獲物」（『スーパー大辞林』）と訳されており、「奪い取られたもの」と「人を人間視しない」という二重の意味を完全に伝えることができる。

3.2.3 表現力を高めるための場合

時には、原文の芸術的な表現力を読者に再現するように、間接翻訳ストラテジーを利用すべきである。原文の"上锅上灶地不干净"（二十四回）は「炊事のやり方が不潔だ」という意味で、直接「鍋を使っても釜戸を使っても不潔だ」と翻訳すれば、理解はできるが、原文の風刺性とユーモアが表現できない。そのため、訳本1は、滑稽を狙い、「みそ」と「くそ」という似たような音を持つ語を用い、「語音の混同しやすい」、「実物が混同しやすい」のような表裏二様の意味を表しており、「味噌も糞もいっしょくたで不潔だ」に訳されている。

3.3 誤訳について

読んでいるうちに、訳者たちの立派な翻訳にも敬服する。しかし、二つの訳本に各自の誤訳現象があることにも気づいた。

つまり、誤訳について、それは中国語の異形同義語、慣用表現、特有表現を翻訳する際に起こりやすい。そのほ

か、文脈を十分に理解しなければ、または訳語を選ぶ際に細かく選別しなければ、誤訳をきたす可能性も高い。例えば、

用例の番号	原文	出処	訳文	訳本
[6].	赌博不成才破落户泼皮	第六回	ばくち打ちでろくでなしのやくざと乱暴者	訳本1
			ばくち打ちの、ろくでなし・ならず者・荒くれやろうども	訳本2

以上の用例を見ると、両訳本は"泼皮"と"破落户"を二種類の人として扱っている（駒田訳本はさらに修飾語である"不成才"を並列主語とみなし、別の一類の人としてしまう）。

しかし、劉敬林の考証[3]によれば、"泼皮"と"破落户"は同一の語源を共有している。両語の関係は以下の図が示す。

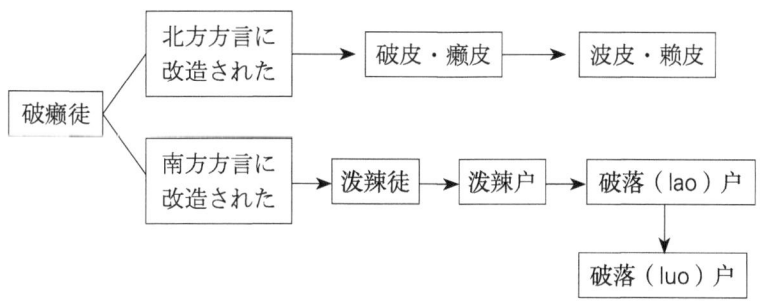

ここからみれば、"泼皮"と"破落户"とは同義語である。だからこそ、原文で、同一の対象を指し示す場合に、"泼皮""破落户""泼皮破落户"が交替で用いられることが見られる。もし、両訳本のように"泼皮""破落户"とをはっきり区別すれば、文において三群の人が登場したような

感じを与え、あるいは一群ではあるが、彼らの身分が変わっているような感じを与え、必ず読者に戸惑いを感じさせる。

　ここで異形同義語の誤訳例を挙げて分析するのは、訳者たちの水準を否定しようとするではなく、今後罵語の翻訳に微力を尽くしたいと思っているからである。中国の地域は広大であり、方言も多くある。ある語句が異なる方言によって改造され、様々な形式・発音が派生した可能性もある。そのため、二つの同義語には、形式・発音上、大いに相違することも見られる。それは翻訳を妨げるかもしれない。それ故、翻訳する際、訳者は原文への正しい理解を基にして原文を正しく表現すべきである。

注

[1] 用例出典：
　百回本の場合：
　施耐庵，罗贯中（1988）《容与堂水浒传（上、下）》，上海：上海古籍出版社。
　訳本1：吉川幸次郎、清水茂（1995）『完訳　水滸伝（1－10）』、東京：岩波書店。
　百二十回本の場合：
　施耐庵，罗贯中（1975）《水浒全传》，上海：上海人民出版社。
　訳本2：駒田信二（1986）『水滸伝（上、中、下）』、東京：平凡社。

[2] "驴筋头"は『水滸伝』以外の用例がなく、その意味を確かに判断できない。胡竹安は『水滸伝』における"驴鸟""驴的行货"などの用例からこの語も同じ意味を持ち、「驢の生殖器」を指すであろうと推測した。清水茂は文末の注釈で胡氏の見方を引用し、その訳

し方を説明する。

参考文献

辞典
金田一春彦（1988）『日本語百科大事典』、東京：大修館書店。
古川裕（2010）『超級クラウン中日辞典』、東京：三省堂。
松村明（2010）『スーパー大辞林(第三版)』、東京：三省堂。
古代汉语词典编写组（2003）《古代汉语词典》，北京：商务印书馆。
中国社会科学院语言研究所词典编辑部（2012）《现代汉语词典（第六版）》，北京：商务印书馆。

著作
Dan Sperber, Deirdre Wilson （1986）. *Relevance: Communication & Cognition*. Cambridge, Massachusetts: Harvard University Press.
Ernst-August Gutt （2004）. *Translation and Relevance: Cognition and Context*. Shanghai: Shanghai Foreign Language Education Press.
久野暲（1978）『談話の文法』、東京:大修館書店。
赵彦春（2005）《翻译归结论》，上海：上海外语教育出版社。
周荣（2000）《汉语骂詈语研究》，北京：北京语言文化大学出版社。

期刊文章
河原清志（2014）『翻訳ストラテジー論の批判的考察』、『翻訳研究への招待』第12号。
豊田豊子（1974）『補助助詞「やる・くれる・もらう」について』、『日本語学校論集』、東京外国語大学外国語学部付属日本語学校。
胡士云（1997）《骂人话与骂人话研究杂谈》，载《语言教学与研究》第3期。

江结宝（2000）《詈骂的构成与分类》，载《安庆师范学院学报：社会科学版》第1期。

刘敬林（2014）《"破落户""辣子"释义辨证》，载《红楼梦学刊》第5期。

牛世建（2009）《〈水浒传〉詈语研究》，西南大学。

张春柏（2003）《直接翻译——关联翻译理论的一个重要概念》，载《中国翻译》第4期。

「ポストメソッド」の概念に基づき、実践を検討する可能性

—日本語教育における「教授法」の変遷から—

菅田陽平（北京第二外国语学院）

1.はじめに

　現在、筆者は、中国の高等教育機関で行われている非専攻日本語教育（「大学日本語教育」）の学習者を対象とした実践研究に携わっている。本稿は、これまでの「教授法」の変遷の過程を把握した上で、「ポストメソッド（Post-method）」という概念を活用し、教育実践について論じていく可能性について述べたものである。それにより、実践研究に有益な視点を提供することをその目的として設定したい。

　さて、「メソッド（method）」とは、一般的に、「教授法」と言い換えられ、言語教育が拠って立つ指導法のことを言う。そして、「ポストメソッド」とは、Kumaravadivelu（2006）によれば、文字通り、従来の「メソッド」、つまり、「教授法」を超えたものを指している。一般的に「教授法」の概念というものは、言語能力観、言語理論、習得理論、言語学習観の変化に伴い、これまで何度も変化が起こっ

てきた。特に、時代や研究者により、定義が異なる場合も多く、呼称が明確に定義づけられないまま、「教授法」という用語が使用されてきたことが指摘できる。「ポストメソッド」は、従来の「教授法」の流れの延長線上に成立した概念であるため、まずは、過去の「教授法史」を振り返ってみたい。

　Richards & Rodgers（2001）の分類を参考に述べれば、多様な方法論の提唱とその比較研究が盛んに行われた1970～1980年代の「教授法全盛期（the heyday of methods）」の時代を境にして、各時代の特徴には違いが見られる。そこで、「教授法全盛期までの言語教育における主要な動向」と「オーディオリンガル法（Audio-lingual method）以降の教授法と現在のコミュニカティブ法（Communicative approach）」の2つに分けて紹介した上で「ポストメソッド」について論じていこう。

2.教授法全盛期までの言語教育における主要な動向

　17世紀～18世紀初頭の欧州の外国語教育に用いられていたのが「文法訳読（翻訳）法（Grammar translation method）[1]」と呼ばれるものである。これは、文法と読解力の習得を学習の目標とし、知的訓練としての外国語教育を目指したものであった（石田，1995：18）。
　19世紀半ばになると「話せるための外国語教育」の必要性が叫ばれるようになり、「文法訳読法」への批判が高まった。なお、「文法訳読法」に代わって生まれた「教授法」を総称して、「直接法（Direct method）」ということがある。現在の「直接法」に関する理解としては、「媒介語」を使わ

ず、「目的言語」で教えるという印象が先行しがちではあるものの、必ずしも、「媒介語」や学習者の「母語」の使用が排除されたわけではなかった。これ以降、「直接法」と文法中心の「教授法」の併用が外国語学習の主流となった（石田，1995：19）。

1950～1960年代に隆盛を誇ったのが、「オーディオリンガル法[2]」である。これは、代表的な提唱者であるフリーズ（Fries）のもと、1970年代頃までの日本語教育に大きな影響を与えてきた「教授法」である。この「教授法」が理論的根拠としていたものとして、「構造主義言語学（Structural linguistics）」と「行動主義心理学（Behaviorist psychology）」が挙げられる。「オーディオリンガル法」は、「文法訳読法」と異なり、「言語は本質的に音声（speech）である」という言語観に基づいた、話し言葉中心の「教授法」であった（Ommagio-Hadley，1993）。

日本語教育の分野でも、1960年代に「オーディオリンガル法」の理論や体系化された指導法に影響を受け、文型練習といった様々な練習方法が導入されてきた。

3.「オーディオリンガル法」以降の教授法と現在の「コミュニカティブ法」

1970～1980年代は、第二言語教育における「教授法全盛期」とも言える時代であり、様々な学問的背景を持った「教授法」が次々に提唱された。その背景には、チョムスキー（Chomsky）が提唱した生成文法の影響が見られる。生成文法は、構造主義言語学の表面的な言語の分析・記述を批判しており、その隆盛と共に、「オーディオリンガル法」

は、理論的支柱を失い、言語学と心理学のみを背景としてきた第二言語教育の基盤学問分野が拡大し、多様化した。
　なお、この時代に提唱された「教授法」は、提唱者の主張に沿った形で、理論、デザイン、教室活動、教材とその実施手順に至るまでが細かく規定された「パッケージ化された（"packaged"）方法」が多く見られたのが特徴であった（家根橋，2012：41）。
　その後、登場してきたのが「コミュニカティブ法」と呼ばれるものである。これは、Hymes（1972）の「コミュニケーション能力（Communication ability）」やHalliday（1973）の「機能言語学（Functional linguistics）」などを背景とした、言語使用と言語機能に注目した「教授法」である。また、「認知主義心理学（Cognitive psychology）」を理論的基礎に持ち、社会言語学、社会学、文化人類学、異文化間コミュニケーション論などの学際的な学問分野もその理論的背景とされた。「コミュニカティブ法」は、「コミュニケーションの現場で役立つ能力の育成」が目標とされ、「①学習者中心主義、②メッセージの伝達、③意味の重視、④記憶と意味を結びつける」といった特徴を持っている。これらは、「オーディオリンガル法」への批判、つまり、「パターン練習などの口頭練習により、言語操作能力は養成できても、それが必ずしもコミュニケーション能力の育成には繋がらないのではないか」という問題意識から生まれた側面も持っていた（小林，1998：171）。
　1980年代に入ると、日本語教育においても、その学習理論の内容が変化し、コミュニケーションのための日本語教育を目指した教授活動へと舵を切り始めた。特に、「教授法」の比較研究の結果、特定の方法が他の方法に対し、確実に有効であることが示せなくなり、「教授法」が用いられる

授業や教室の多様性にも注目が集まるようになった。これ以降、授業というものは、教室の参加者により、刻々と変化し続けるものだという考え方が大勢を占めるようになっていく。その後、比較的柔軟な教育原理を特質とする「コミュニカティブ法」のもとで、「Task-Based Instruction（TBI）」や「内容重視のアプローチ（CBI）」などの新たな「教授法」[3]が打ち出されてきた。

4.「ポストメソッド」の概念の登場

今日の第二言語教育においては、言語学や心理学のみでは、その理論づけが不十分となり、様々な隣接分野の影響を受けるようになっている。また、単一の角度からの「教授法」の検証には限界があり、あらゆる場面において、効果的な「教授法」の存在自体を疑う考え方が学界の大勢を占めている。その結果、従来の「教授法」そのものに対する批判から、「ポストメソッド」の概念が登場した（Kumaravadivelu, 2003、2006）。

瀬尾（2013：1）を参考に述べれば、従来の「教授法」は、特定の言語理論や言語学習理論のもとで、指導する内容や教師・学習者の役割、指導手順などが詳細に定められていたため、教師は特定の方針に忠実に従わなければならず、教師の創造性が考慮されていなかったという（Richards & Rodgers, 2001）。そのため、理論を基に構築された「教授法」のもとでは、教師がそれぞれ持つ「実践知（practical wisdom）[4]」が尊重されず、教師は主体的に「教授法」の構築に取り組む存在だと見なされにくかった。

「ポストメソッド」に基づいた言語教育においては、研

究者や母語話者といった社会的に力を持つ者から与えられた理論や実践がそのまま適用されるのではなく、個々の現場で奮闘している教師の「実践知」が重視される。その際には、国・地域、特定の現場といった社会的文脈に合わせ、どのように教育実践を行うのかを教師自身が模索し、柔軟に調整することが求められる。

佐藤・熊谷（2017：4）は、「ポストメソッド」時代に必要な言語教育の考え方について、Kumaravadivelu（2006）を引き、以下の3つを挙げている。瀬尾（2013：2）を参考に述べると、これらは、「3つのP」と呼ばれている。

○特定性（Particularity）
一般化された「教授法」をそのまま取り入れるだけでなく、教師自身の実体験に基づいて考えていく必要性
○実際性（Practicality）
研究者が開発した理論を受け入れるだけの客体的な存在として、現場の教師の存在を捉えるのではなく、実践から理論を導き出せる主体的な存在として、教師の存在を捉える必要性
○可能性（Possibility）
「言語を教える」という狭い意味だけで、言語教育を捉えるのではなく、社会的・政治的視野も含めた、新たな可能性をそこに見出す必要性

中国の日本語教育は、多くの優れた人材を育んできた歴史を持っており、時代に合わせた形で教育改革が進んできた。その中で、最も顕著な変化の一つとしては、教師を中心とした伝統的な教育思想から学習者が主体となる教育思想への転換を目指してきたことが挙げられる（喬穎，2013：114）。また、趙華敏・崔迎春（2017：38–41）においては、「大学日本語」の教育モデルについて、「文脈（コンテキスト）」に即した言語活動や学習者の包括的な「人文学的素質」を育む視点が必要であり、そのための研究が喫緊の課題であることが述べられている。過去の教育理念の変遷を

踏まえ、道具的な言語観や機械的な練習のみに陥ることなく、21世紀の外国語教育理念に合わせた形での実践の必要性を検討する上で、「ポストメソッド」の理念は、有益な視座を与えてくれる。

5.「アクションリサーチ」

では、実際に、「ポストメソッド」に基づき、実践例について検討するためには、どのような研究方法を採ればよいのだろうか。さきほど紹介した「ポストメソッド」の「3つのP」から考えてみよう。佐藤・熊谷（2017：4）によると、この中に含まれている「特定性（Particularity）」について言えば、特定の言語活動は、全ての文脈に当てはまる一般的なものではなく、必ず（一般化できない）特定の文脈においてのみ起こるものだと考えることができる。つまり、この「特定性」という考え方は、ある程度の一般化が可能であるという考えを基にした従来型の「教授法」という概念の前提を覆すものでもある。

また、「実際性（Practicality）」とは、理論と実践の「相互作用／相互構築性」の重要性を指している。つまり、理論とは、様々な人々の実践を基に作られるのであり、実践はそれまでに構築された理論の影響を受けたものだという相互関係が注目されている。その上で、理論と実践が合わさった形で、双方が構築されるという現状が生まれる。同時に、「教授法や理論を考えるのは理論家（研究者）であり、それを基に活動を考案し、教案を作成するのは現場の教師（実践者）である」という役割分担は、否定されるべきだと考えられている。

そのため、Kumaravadivelu（2006）は、上記の関係性を実現するためには、現場の教師（実践者）が自らの実践を通して、知識、技能、態度、自律性などを繰り返し、内省する過程において、新たな理論を生み出していく「アクションリサーチ（Action Research、以下AR）」という研究方法により、実践の検討を行うことを推奨している。

ARとは、簡潔に言えば、「現職教師が自己成長を目指して行う小規模な調査研究（横溝，2006：50）」を指す。この方法は、もともと1940年代に活躍したアメリカの社会心理学者であるレヴィン（Lewin）により、提唱された研究方法である。レヴィンが推奨していたのは、「計画→実施→評価」というARのモデルに沿った形で、直面する特定の状況を診断し、変化に向けた計画を立て、行動を起こし、実践の結果を評価するという過程を繰り返すことであった（レヴィン，1954）。

外国語教育学におけるARは、教師自身が授業実践の記述と分析を行い、より良い実践を目指した小規模な調査研究である場合が多い。日本語教育のARについて論じた岡崎・岡崎（1997）によれば、教師の自己成長を促し、能動的に自らの実践を振り返る点において、大きな意義があると述べられている。このような研究観を持ったARにおいては、実践の改善を目指した内省とその内省を基にした実践が更に良い実践の循環へとつながることが重要視される。

加えて、社会の変革を志向する立場からのARでは、「批判的な省察を仲間との協働[5]で行う」ことも、個人の実践の改善に有用であると考えられており、日本語教育学への応用が見られる。細川・三代（2018：79-80）では、ARのキーワードを以下の3点に整理し、実践上の意義について検討した上で、多様化する日本語教育の現状において、複数の

文脈から意味を再構築することが重要な課題だと見なされている。

> ①「批判的」（critical）：自らの実践が置かれている社会的状況、実践を形成している「枠組み」を検証し、より良いものへと再構成しようとする態度
> ②「省察」（reflection）：「批判的」に実践について考察すること
> ③「協働」（col laboration）：実践の参加者を実践研究に巻き込み、共に実践の改善へと向かうこと

6.おわりに

本稿では、「教授法」史を振り返り、「ポストメソッド」の概念を紹介した上で、その際に推奨される「アクションリサーチ」と呼ばれる方法論について述べた。最後に、従来の「教授法」が目指した能力と「ポストメソッド」が目指した能力に関する比較を行うことにより、その「能力観」の異なりを明確化したい。

「文法訳読法」が目指した能力	「わかる」
「オーディオリンガル法」が目指した能力	「わかる」「言える」
「コミュニカティブ法」が目指した能力	「わかる」「言える」「話せる」
「ポストメソッド」が目指した能力	「わかる」「言える」「話せる」「つながる」

當作（2013）を参考に述べれば、筆者は、現在の外国語学習を通して、身につけることが目指される能力を「わかる（知識理解目標、知識・情報が理解できる）」、「言える・話せる（技能目標、運用能力・思考力・判断力も含み、実際に言語が活用できる）[6]」、「つながる（関係性構築目標、

他者・文化・社会とつながれる）[7]」の3つに分類できるのではないかと考えている。これは、単純化すれば、「文法・語彙の習得（わかる）＋コミュニケーション（言える・話せる）＋社会活動との連動（つながる）」だと言い換えることができるだろう（国際文化フォーラム，2012）。

　「ポストメソッド」の概念に基づき、設計された実践が目指した能力は、従来の「わかる」、「言える」、「話せる」に加え、「つながる」という概念にも注目していることを主張したい。なお、ここで強調したいのは、「ポストメソッド」による授業実践というものは、決して、従来の「教授法」による授業形式を否定したり、軽視したりしているのではないということである。むしろ、「ポストメソッド」が目指した能力の重要な構成部分の一部として、「わかる」、「言える」、「話せる」も包括されていると言ってよい。この事実は、一般化された「教授法」をそのまま取り入れるだけでなく、教師自身の「実践知」や学習者の存在、実践が行われる環境などに基づき、実践の在り方に関する柔軟な調整が可能であるという点において、「ポストメソッド」の概念と一致する。

　「ポストメソッド」の考え方では、研究者・実践者・母語話者（NS）・非母語話者（NNS）が能動的かつ双方向的に交流し合い、対等な立場で学び合う「実践コミュニティ」の存在が「実践知」の交流と蓄積にとって有益だとされる。その上で、多様化する学習者を「複合型」、「創造型」の人材として育成するため、教師側も「複合型」、「創造型」の人材育成に沿うような柔軟性を「実践コミュニティ」から学べる利点が考えられる。

　これまでの教師の成長に関する議論は、総じて、教師個人の資質、能力、技能を成長させるという側面に焦点が当て

られることが多かった。しかし、教師の理念や実践は、社会、文化、歴史などの文脈に依存するものである。「ポストメソッド」の考え方では、教師の成長を「個々人の能力の向上」という個体主義的観念だけで捉えないことにより、周囲との関係や社会的文脈を含めた形で、議論することが目指されている（瀬尾，2013：9）。今後、日本語教育の実践について検討していく際には、実践そのものに加え、教師個人、そして、学習者、同僚といった「関係性」も視野に入れた議論を進めていく必要があるのではないだろうか。

注

[1]「文法訳読法」は、「文字言語は、音声言語より優れている」、「目標言語のすべての単語には、1対1で対応する母語の訳語がある」という言語観、「翻訳ができることが外国語学習の『成功』」、「外国語学習は知的訓練に役立つ」という言語学習観に基づいている（小林，1998：158–159）。

[2] これは、「アーミー・メソッド（Army method）」と呼ばれたものが基になっている。その成果を応用することにより、「オーディオリンガル法」は、第二次世界大戦後の外国語教育理論の主流となった。

[3] 特に、この時期の日本語教育分野においては、「言語文化活動論（細川，2004）やホリスティック第二言語教育論（縫部，2005）」などが特筆される。

[4] ここでいう「実践知」とは、Hargreaves & Goodson（1996）が述べているような「職人的知（Craft knowledge）」だと考えられる。つまり、教師の知識は、教師個人の経験、そして、実践から蓄積されてきたものだと理解できる。なお、Clandinin & Connelly（1986）は、「個人的実践知（Personal practical knowledge）」という用語を

使い、教師の知識を捉えている。どちらも、教師が教室において、意識的・無意識的に取っている行動に意味があると考え、教師の経験と深く関連する実践的知識だと言えるだろう（李暁博，2013：59）。

[5] ここでは、「ピア（peer：仲間）と協力して学ぶ（learn）方法」であり、「仲間と学ぶという活動を通して、教室を社会として位置づけ直す試み（池田・舘岡，2007：51）」として定義する。

[6] 當作（2013）においては、「言える・話せる」の概念が「できる」という1つの包括した形で述べられている。しかし、筆者は、「オーディオリンガル法」では、「言える」ことはできても、「話せる」ようにはならないという批判から「コミュニカティブ法」が生まれた背景を念頭に入れ、敢えて、「できる」の概念を2つに分割した。なお、この分類は、村上（2018）の論考から大きな啓発を得たことを付記したい。

[7] 特に、この「つながる」を取り入れた方法論は、「ソーシャル・ネットワーキング・アプローチ（Social networking approach）」として提唱されている。

参考文献

レヴィン，クルト（1954）末永俊郎訳『社会的葛藤の解決：グループダイナミックス論文集』、大阪：創元社。

池田玲子・舘岡洋子（2007）『ピア・ラーニング入門：創造的な学びのデザインのために』、東京：ひつじ書房。

村上吉文（2018）『もう学校も先生もいらない！？ SNSで外国語をマスターする《冒険家メソッド》』、東京：ココ出版。

當作靖彦（2013）『NIPPON 3.0の処方箋』、東京：講談社。

縫部義憲（2005）『日本語教師のための外国語教育学：ホリスティック・アプローチとカリキュラム・デザイン』、東京：風間書房。

岡崎敏雄・岡崎眸（1997）『日本語教育の実習：理論と実践』、東京：アルク。

国際文化フォーラム（2012）『外国語学習のめやす：高等学校の中国語と韓国語教育からの提言』、東京：公益財団法人国際文化フォーラム。

横溝紳一郎（2006）「教師の成長を支援するということ：自己教育力とアクションリサーチ」春原憲一郎・横溝紳一郎編著『日本語教師の成長と自己研修：新たな教師研修ストラテジーの可能性をめざして』、東京：凡人社。

家根橋伸子（2012）「第二言語（日本語）教育における『方法』概念の変遷と現在：post method時代の『方法』の位置づけを考える」、『東亜大学紀要』第15号。

瀬尾匡輝（2013）「ポストメソッド時代における教師研修：香港の大学での『日本語教育』コースを事例として」、『2013年度日本語教育実践研究フォーラム報告』。

李暁博（2013）「日本語教師の『個人的実践知』についての一考察：ナラティブ・インクワイアリーという手法を用いて」、『創価大学日本語日本文学』第23号。

乔颖（2013）《教学中实现教师和学生同为主体的理论构想》，载《日语学习与研究》第5期。

石田敏子（1995）『日本語教授法』、東京：大修館書店。

細川英雄・三代純平（2018）『実践研究は何をめざすか［新装版］：日本語教育における実践研究の意味と可能性』、東京：ココ出版。

細川英雄（2004）『日本語教育は何をめざすか：言語文化活動の理論と実践』、東京：明石書店。

小林ミナ（1998）『よくわかる教授法』、東京：アルク。

赵华敏、崔迎春（2017）《大学日语教学模式研究：以中国农业大学为例》，载《大学外语教学研究》第2辑。

佐藤慎司・熊谷由理（2017）「コミュニカティブ・アプローチ再考：

対話、協働、自己実現をめざして」、『リテラシーズ』第20号。

Clandinin, D. J., & Connelly, F. M. 1986. Rhythms in teaching: The narrative study of teachers' personal practical knowledge of classrooms. *Teaching and Teacher Education*, 2 (4).

Halliday, M. A. K. 1973. Explorations *in the functions of language*. London, Edward Arnold.

Hargreave, A., & Goodson, I. F. 1996. Teachers' professional lives: Aspirations and actualities. In I. F. Goodson, & A. Hargreaves (Eds.), *Teachers professional lives*. London, Farmer Press.

Hymes, D. 1972. On Communicative Competence. In J. B. Pride and J. Holmes (Eds.), *Sociolinguisitcs: Selected Readings*. Harmondsworth, Penguin Books.

Kumaravadivelu, B. 2003. Forum: Critical language pedagogy: A postmethod perspective on English language teaching. *World Englishes*, 22 (4).

Kumaravadivelu, B. 2006. Understanding language teaching: *From method to postmethod*. Mahwah, Lawrence Erlbaum Associates.

Omaggio Hadley, A. 1993. *Teaching Language in Context*. Boston, Heinle and Heinle.

Richards, J. C., & Rodgers, T. S. 2001. *Approaches and methods in language teaching* (2nd ed.) Cambridge, Cambridge University Press.

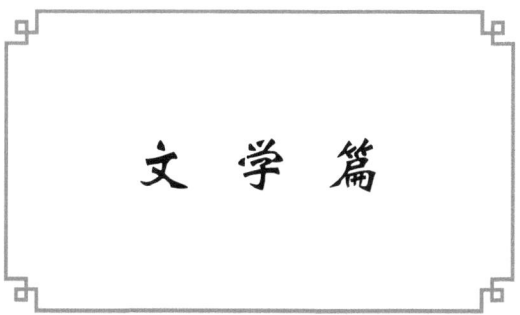

大江健三郎早期作品中的存在主义释疑

翁家慧（北京大学）

作为日本第二位获得诺贝尔文学奖的当代作家，大江健三郎作品中的文学思想和艺术特征一直都是评论界研究与讨论的重要课题之一。尤其是他的早期作品中所反映的对萨特存在主义思想的接受，被学界看作是大江文学获得世界性认可的一个重要原因。中国的日本文学研究者们普遍认为他对存在主义的接受主要体现在人物存在的荒诞性和人物存在的监禁状态这两方面。实际上，这两个方面既是他早期作品的特点，同时也是他借助文学所要超越的思想上的目标。因为我们可以清楚地看到在他在中期作品中淡化了对荒诞性和监禁状态的描述，转而关注"性的人"与"政治的人"等题目。

1957年，大江发表了短篇小说《奇妙的工作》，这是他早期作品代表作之一，同时也是他的处女作——当时的大江还是东京大学法语系二年级的学生。这部短篇小说为他赢得了东京大学"五月祭"奖，并获得文艺评论家荒正人的推荐。同时，战后派文学评论家平野谦也大力推荐这部短篇，在《每日新闻》的文艺时评上称其为"既具有当代的现实意义，又具有艺术价值的作品"。作为一个尚未毕业的大学生作家，大江可以说是受到了当时日本文坛的高度关注和期待。这一方面是因为他的作品散发出浓厚的存在主义气息，另一方面则是因为他在作品中显示出对战后日本青年心理状态的密切关注。

从大江年谱中不难发现，他从青少年时期开始就对法国文学以及萨特存在主义抱有浓厚的兴趣。他在上东京大学之前，读到该校法语系教授渡边一夫的《法国文艺复兴断章》后

为之倾倒不已,后来立志考上了东大法语系,毕业论文的题目就是《论萨特小说的形象》。1957年,《奇妙的工作》获奖之后,他开始计划今后要走小说家的道路。于是,他在同一年的《新潮》杂志八月号上发表了短篇小说《别人的脚》,在《文学界》杂志八月号上发表了《死者的奢华》(入围第三十八届芥川奖)。第二年,也就是1958年,他在《文学界》杂志一月号上发表了《饲育》(获得第三十九届芥川奖),在《新潮》杂志二月号上发表了《人羊》,在九月号上又发表了《突然变哑》。这一阶段的作品可以说集中体现了他对萨特存在主义的学习、研究和思考的结果,以及将其运用到文学创作之后的特点。

1.存在的荒诞性

特点之一,反映人物存在的荒诞性。这一特点在很多先行研究中已经展开了充分的论述,本文仅以人物形象为例,以说明大江在早期创作中观念先行的写作手法。《奇妙的工作》中三个学生出于各自不同的目的到医院接了一个帮屠夫一起杀狗的活儿。小说以第一人称"我"为叙事视角展开,我的内心独白包括对自我、对大学生、对所处时代的各种看法。他说:

> 我们大概也会变成那样吧。完全丧失了斗志,被绑在木桩上,差不多都一个德行——我们都是丧失了个性的糊涂虫,我们都是日本的学生。我对政治不感兴趣。我不知道是因为自己太年轻,还是心境太苍老,包括政治在内的所有一切都不能让我热情投入。我今年二十二岁。这是个奇妙的年龄,我却已经感到精疲力竭。[1]

作者在这里已经把人物存在的虚无感和疲劳感都通过杀狗这个荒诞的工作全部展现出来。也就是说，这三个学生所代表的日本战后青年一代，不仅失去了斗志，不再反抗外部世界的压迫和制约，而且还失去了自我，没有个性、自我认知模糊，最后都成为既不能认知自我，又不能对抗外部世界的存在。这样的存在，跟待宰的狗形成了互相映照的关系。作者借屠夫之口说出的这段话，也点明了这篇小说的主题。

"狗的尸体都怎么处理呢？"研究生问道。
"就在那儿，你看，在那边烧了都。"那个男的回答。
我们抬起头看到了焚尸场里那根巨大的烟囱。缕缕青烟从那儿冒了出来，带着些微的粉色，悠悠地飘向天空。
"可那儿不是烧人的吗？"研究生又问道。
屠夫回过头来，眼神尖利地看着研究生，说道："哈，狗的尸体跟人的尸体，有什么区别？"[2]

也就是说，我们这些对所有一切都失去了兴趣，连自我都已经无法辨认的青年，就好像是和曾经有过高贵血统却全部被驯养、最后任人宰杀时已经丧失反抗能力的狗一样。我们不光在死后跟狗一样，被送进同一个焚尸炉里烧掉，即便在活着的时候，跟它们也没有两样。大江在《奇妙的工作》中利用狗和人这两种存在的观念上的对照性，也就是杀与被杀、主宰与被主宰的关系，通过对存在的本质，也就是荒诞性的揭示，巧妙地揭示了日本人，尤其是战后日本年轻人在社会中所感到的虚无感和无力感。

大江在《死者的奢华》中继续使用这种人物存在的观念性对照手法，比如，他把浸泡在福尔马林里的尸体和搬运尸体挣零花钱的法语系二年级学生设定为两个观念性上的存在。已经死亡的人体跟搬运他们的活着的人之间的关系，相较于待宰

杀的狗跟杀狗的人之间的关系更具有可比性，因为前者是同一种存在在状态上的延续和变形，而后者指的是两种不同的存在因为处于相同的状态而出现的类同的特点。毋庸置疑，大江有关人的存在的思考，在《死者的奢华》中表现出更为圆熟和全面的特点。他思考的对象已经从存在的某一个状态转变为人作为存在的各种状态之间的共性。

> 我认为，这些死者跟那些死后立刻送去火化的死者是不一样的。浮在水槽里的这些死者，他们身上有作为一个完整的"物"的紧致感和独立感，而那些死后立刻被送去火葬场的尸体，他们作为"物"就不是那么完美。因为我觉得，他们还处于从意识到物之间的那种模模糊糊的中间状态里，他们还处于缓慢推移过程之中，紧接着就被匆忙送去火化，哪里有时间来完成这个推移过程。……
> 如此说来，我们几个也都是"物"，还都是做工非常精致的"物"。死后立刻被送去火化的人，他是感觉不到"物"的分量，那种沉甸甸的、着实的感觉。
> 就是这么回事儿。我明白了，死亡就是"物"。但我只从意识层面理解过死亡。意识结束之后，作为"物"的死亡就开始了。[3]

和《奇妙的工作》相比，《死者的奢华》在揭示人的存在的本质时变得更加深刻。叙事者是个法语系二年级的学生，完全可以看作大江本人的一个分身。他把人的生死两种状态统一起来，认为自己现在已经跟那些完成了从意识到物质转变的尸体没什么两样。还强调了他所代表的日本青年"都是做工非常精致的物"。大江在这里所揭示的不仅有存在的荒诞性，更多的是虚无性。而在这虚无性的背后，是当时日本青年

一代处于极度迷茫和困惑的一种心理状态，他们在面对闭塞的时代时难以寻到透气口的那种憋闷和徒劳，在小说人物身上得到了充分展现。

2.存在的被监禁状态

大江早期作品中体现的存在主义的第二个特点，就是反映人物存在的被监禁状态。在《奇妙的工作》中，人物存在的被监禁状态已经露出些许端倪，到《死者的奢华》这部作品时就非常明确地由叙事者直接说来："现在可是真正的监禁状态。"而对这一状态最直接的描述就是小说《别人的脚》的开头部分。

> 我们老老实实地生活在那道黏液质的厚墙里头。我们的生活跟外界是完全隔断了的。我们陷入了一个神奇的监禁状态，却从没想过要逃走，也从不热衷于打听外界的消息。在这道墙壁里头，我们生活得既充实、又快乐。
> <u>我并没有去试着摸一摸那道厚厚的墙壁。墙壁是那么地严实，把我们牢牢地给监禁了起来。</u>这事儿千真万确。我们就待在一个强制收容所里，但从没想过要在透明的黏液质的墙上弄出个大豁口，从这里逃出去。[4]

这段描写用"墙壁"这个空间意象作为"监禁状态"的一个隐喻，简单明了地勾画出人物所生存的环境特点：封闭、监禁、与外界隔绝。而生活在其中的人从来没想过要打破墙壁，摆脱监控，他们不但自我封闭，还非常的安于现状，快乐而充实地生活着。

与前两部小说相比,《别人的脚》在人物存在状态和环境的意象化等方面发生了非常明显的变化。一方面,人物的存在状态从《奇妙的工作》中的虚无、疲劳、无力感,发展到《死者的奢华》中的与死亡别无二致的"物"的状态,最后到《别人的脚》时就由因果关系来描述。也就是说,因为一直处于被监禁的状态,人失去了反抗和逃离的意志,甚至丧失了思考和怀疑的能力。所以,当外部来人打破了这个状态之后,主人公就不得不去寻找自我认定的新参照。

"咱们组织个政党吧?"我说。

"好啊。"学生说,"咱们成立一个会,我要和大家一起探讨一下这个疗养所的生活,聊一聊国际形势。对了,还要谈一谈战争的威胁。"

"你说什么?战争?"我吓了一跳,"我们跟那玩意儿可没啥关系。"

"你说什么?没啥关系?"听他的声音好像也被吓了一跳,"真没想到我的同龄人会说出这种话。"

<u>这人是从外部来的,从黏液质厚墙壁的外面进来的。我心想,而且他浑身上下都散发出外面那种空气的味道。</u>

"我就这样子再活上几十年,然后,死掉。"我说,"看吧,没人往我手里塞枪的。战争,那是会踢球的年轻人干的活儿。"[5]

小说中的主人公身患骨疽而无法站立或行走,从他住进疗养所开始就接受了自己与世隔绝的生存状态,认为自己跟周围所有的病友一样,必须安于现状,对外部世界的一切都不予关心。

毋庸赘言,这部短篇小说中用到的"墙壁"这个空间意

象来自于萨特存在主义，这一点还可以从日本存在主义作品中得到印证。早在1951年，另一位日本存在主义作家安部公房就已经把墙壁作为存在主义的一个意象写到了小说之中。安部在小说《墙——S·卡尔马氏的犯罪》（获第二十五届芥川奖）的结尾部分用主人公变身为墙壁的超现实手法，揭示了人类存在的虚无和被监禁的状态。不过，对比两部作品中墙壁这个意象的特点，还是可以发现两者之间存在着比较大的差别。安部在小说《墙——S·卡尔马氏的犯罪》中的设计是从一开始就取消了主人公的存在——他一觉醒来忘掉了自己的名字——所有能证明他存在的东西都被其他东西给取代。然后，他就像《爱丽丝梦游仙境》中的爱丽丝掉进兔子洞一样，经历了各种匪夷所思的冒险，受到了各种人物的批评，最后一刻发现自己的皮肤变硬，身体变平，慢慢地变成了一堵墙。可以说，这部作品中对于墙壁这个空间意象的使用主要是为了强调人的异化问题。当存在的前提不是本体，而是诸如姓名、身份、社会体系、他者眼光等被符号化了的内容的时候，那么，存在本身也就被取消了。最后，主人公变成了一道孤立无援且不断延伸的墙壁，也就意味着他被异化为物，被孤立，与他人隔绝。而大江在《别人的脚》等早期作品中使用的墙壁这个空间意象，还没有成为人物的主体或异化的结果，而只是作为一个隐喻，来揭示人物存在的环境——与外部隔绝的封闭空间。大江通过这个空间意象形象地揭示了当时日本社会令青年人窒息的政治氛围，尤其是在20世纪60年代的安保运动前后，美军占领日本这个现实逐渐成为日本人日常生活的一部分。这个时代现状促使他开始思考日本的天皇制、美军占领期间日美关系的实质以及他自己作为战后日本青年的自我存在意识的变化等问题。

3.反映时代的精神

除了反映人物存在的荒诞性和被监禁的状态之外，大江早期文学作品中的存在主义还有第三个特点，就是反映时代的精神。这可以理解为大江对萨特所提出的"文学介入社会"的主张的一个自觉接受，也可以从大江对早期作品创作动机的回顾和反思中获得新的线索。

在2014年出版的《大江健三郎自选短篇》的后记中，大江用各种方式强调了他的文学起点就是存在主义。后记的题目用日语汉字和平假名写成《生之习惯》，又用片假名在边上注了读音，ハビット・オブ・ビーイング，这几个都不是常用的外来语，用英文标示的话，就是THE HABIT OF BEING。这个题目是大江从他喜爱的法国作家的散文集那里借来的，借用的意图一目了然。他要通过写作这个生（存在）的行为，让自己培养起艺术这个关注全人类的行为。他认为自己跟夏目漱石一样，把"时代的精神"作为小说表现的内容。而具体到他的个人体验，"时代的精神"就是"战后的精神"，就是建立在"不战"与"民主主义"基础之上的"战后的精神"。他回顾自己的少年时代，说"在我十岁的时候，战争结束，美国驻军开着吉普车进村，作为小孩，我心里是怕的。12岁那年，日本国宪法开始实行，我上中学的三年时间里，都在学习宪法和教育基本法。我当时觉得那是一个'好时代'"[6]。这段经历以及对他的影响可以从他的早期作品中看到明显的痕迹。

仔细考察大江处女作《奇妙的工作》的创作过程，笔者发现里面包含了两条明暗不同的线索。一条明线是他在《大江健三郎口述自传》（以及其他很多场合）中提到的一段往事。

就在大学三年级升四年级那年的春假，我读了皮埃尔·加斯卡尔的《野兽们·死者的时刻》的法语原著，我是跟渡边一夫的日译本对照着来读的。读完之后就动了写小说的念头，很快我就写出来三十页稿纸，然后报名参加了五月祭。现在再读它，就觉得那完全就是照着加斯卡尔写的嘛，我不知哪儿来的自信居然说它就是自己的原创小说。不过，我发现也有一部分是我当时并没有意识到的、但却一直保持到现在的原创性的东西。

当时，我有个朋友在东大医院住院——现在想想，我觉得他是自杀未遂。我问他："你咋样啊？"他说："每天下午一到六点，东大医院养的那些实验用狗就开始叫。"就是这么一件生活中实际发生的事情——那个朋友活了下来，在医院听到狗叫，再加上一个偶然——同一个时期，我读了《野兽们·死者的时刻》。这篇小说就这么诞生了。小说的主题就是有个青年找了份杀狗的临时工，在打工过程中，他逐渐意识到自己陷在了洞穴之中。[7]

从这段文字中，我们可以清晰地看到，《奇妙的工作》的写作明显地受到了加斯卡尔的小说《野兽们·死者的时刻》的影响。[8]不过，《奇妙的工作》中所表现的存在的荒诞性，以及日本青年人跟狗一样无力反抗、虚脱无力的状态等一些具体意象——正如大江自己所说——是他保留至今的一些"原创性的东西"。因为当时他对战后日本人的思考，已经远远超越了这篇小说所要展现的存在主义的维度。

《奇妙的工作》让大江品尝到年少成名的喜悦，但他当时收获的并非一片鲜花和掌声，还有不少来自匿名读者的恐吓信。他在《狗的生死与文坛》一文中写道："我最近参加了两个座谈会。在其中一个会上，针对某科学事业上使用劳役犬的

问题，我陈述了自己的意见，接着就收到了好多匿名信，内容近乎恐吓。有人说，我要像打狗一样地打死你；有人说你就是个无血无肉的魔鬼。"[9]大江设想了一下这些恐吓信的作者，可能是田园调布的一个主妇，或者是大分县的一个办事员，他们在所谓的社会道德的驱动下把狗的生死看作自己生活中的头等大事。匿名信免除了他们的责任，使他们大胆地营造出那些歇斯底里的、充满恶意的舆论。面对这些匿名信里所写的恐吓与威胁，大江毫无惧色，他反倒主张日本人必须找回那种态度，"那种看着自己的责任来说话的态度，一种人的态度"，那种"拒绝让强大又模棱两可的东西把自己消除掉的态度"。因为在他看来，"放弃这些态度的话，不仅是我，包括那些想要打死我的人，我们都会像狗一样，正是会像狗一样被打死。这一点是显而易见的。"[10]可见，大江对战后日本国民性的认识不仅仅局限于《奇妙的工作》中所描写的那种简单的颓丧和无力反抗现实的一面，他早就已经深刻地意识到，在免去社会责任（匿名）后，日本人坚称的所谓个人的主见，都是被模棱两可的强大力量（比如所谓的社会道德）所挟持的结果。毋庸赘言，日本人如果不找回那种负责任地发言、不受强力所迫地自主思考的态度，那么，盲信与盲从的风潮将轻而易举地被军国主义的亡魂所附体，第二次世界大战的幽灵会长久地徘徊在日本列岛的上空。

4.坚守战后的精神

除了上述的那条明线之外，还有一条暗线，是大江之前从来没有公开提到过的，这条线索指向他早期创作时所受到的来自鲁迅小说的影响。而有关大江和鲁迅的研究也由此拉开帷幕，显然，这是一个始于21世纪的新课题。2006年9月10日，

大江访问北京大学附属中学并发表了题为《走的人多了，也便成了路》的演讲，在演讲中他引用了鲁迅的《故乡》，并和附中学生一起背诵了小说的结尾部分——"我想：希望是本无所谓有，无所谓无的。这正如地上的路；其实地上本没有路，走的人多了，也便成了路"。三年后的2009年1月，大江访问北京大学，发表了题为《真正的小说是写给我们的一封亲密的信》的演讲。在那次演讲中他首次提到自己创作《奇妙的工作》时所受到的鲁迅的影响。他和北大学生分享了自己大学时代的那段难忘的经历，包括《奇妙的工作》获奖带给自己的喜悦、以及受到母亲批评（基于鲁迅小说阅读后的标准）后的自我反省。

　　这是一篇阴暗的小说。但是，当这篇小说登在大学报纸上，当我第一次拿到稿费的时候，我的心里却感到了无比的喜悦。老实说，我觉得自己已经成了一个真正的小说家，并决心今后要靠写小说为生。之前，我还靠做家教、打零工来维持自己在东京的生活。我回到离开几年的四国的森林，把登有这篇小说的报纸给母亲看。我相信，母亲一定会为我感到高兴的。

　　然而，母亲却是万分失望。"你说要去东京上大学的时候，我叫你好好读读鲁迅老师《故乡》里面最后一段话，你还把它抄在笔记本上了。我隐约觉得你会走上文学的道路，再也不会回到这个森林里来了。但我还是希望你能成为像鲁迅老师那样的小说家，能写出像《故乡》结尾那样漂亮的文章来。你这算是怎么回事？怎么连一个希望的碎片都没有？"

　　是的，我想，您说的完全正确。但是，二十二岁写下这篇小说，二十三岁发表在大学报纸上，正在兴头上的我怎么接受得了母亲的批评。

我辩解道:"母亲,鲁迅不只在《故乡》里用了希望这个词。他的《野草》里有一篇小说叫《白光》,我就是发现了里头的一行文字,想到它,才写出了这篇小说的。"话音刚落,我就看到母亲的眼睛里流露出可怕的轻蔑的神情,那种轻蔑的眼神我至今记忆犹新。[11]

大江在演讲中提到自己创作《奇妙的工作》时受到鲁迅小说的一行文字的启示,这行文字来自何处?从大江的自述来看,应该就是小说《白光》的结尾部分。屡试不第、沉迷掘藏的主人公陈士成追着幻觉中出现的白光跑去山里挖宝,来回几趟后再要进城时,发现门里面已经"再不闻一些声息"。于是,他用那"含着大希望的恐怖的悲声,游丝似的在西关门前的黎明中,战战兢兢的叫喊。"——"开城门来……"[12]大江在演讲中说,他正是把《白光》中这段"含着大希望的恐怖的悲声"投射到身处闭塞时代的日本青年内心才写出了那样一篇充满绝望的小说。

然而,不同于《白光》中陈士成在名利皆不可得时渐入疯魔的心理变化,《奇妙的工作》中的那个青年人走的却是一条从懵懂向清醒继而陷入沮丧的自我认知之路。由此去比较两个人物在心理历程上的异同与关联,大概是一个有花无果的徒劳之举。因为笔者发现大江小说创作中大量使用的互文手法,往往是借了原著中的文字片段、审美意象、哲学概念等元素之壳,把它们嵌套在他所要批评或主张的"时代的精神"的内核之外。

那么,半个多世纪之后,大江借用鲁迅文学向中国大学生详细讲述其处女作之创作灵感来源的目的又是什么呢?这大概与日本当时的"时代的精神",以及他个人所陷的精神危机有着密不可分的关系。2009年1月,在出发来北京之前,他曾面临着三个大的绝望:一是一个多月前(2008年12月5日),

同为"九条会"发起人之一的加藤周一先生辞世带来的深切悲痛;二是因未注意到到儿子大江光胸椎骨折而产生的强烈自责;三是发现母亲去世前烧掉了父亲所有信件而导致《水死》创作陷入僵局的巨大窘迫。[13]这三个大绝望,对于年过七十的大江来说,无异于重新面临人生道路上的断崖绝壁,是就此止步,还是另辟蹊径?彷徨之间他来鲁迅的文学中寻找答案。

2009年1月,大江在《朝日新闻》上发表了一篇题为《确认词语定义后再阅读》的文章,部分内容涉及他来北京之前的一些思考。他提到加藤周一在《日本文学史序说》中所用的一些词语引起他对当下日本社会的反省。其中,加藤评价石川啄木时所强调的"时代闭塞之现状"更是引起了他的强烈共鸣。他认为当下的"强权正在(使用比石川啄木时代更加多样的方式)把社会封闭起来。倘若年轻人不去寻找出口,不去关注这个被封闭的社会并将其打开,而把自己也封闭起来的话,那么,不幸的事情——他们在冥思苦想之后发现除了爆发之外别无他法——还会继续发生"。[14]由此可见,当下日本青年所处时代的现状,和半个世纪前青年大江所面临的战后的时代现状之间出现了同样"闭塞"的特点,对此他表示深切的忧虑。半个世纪前,1960年的那个夏天,他和日本青年一起走上街头,参加反对日美安保条约的游行抗议活动。对于日本的学生运动,萨特给予了高度评价,认为他们是真正的日本左翼前卫运动。但在大江看来,萨特的评价过于温和,与日本的现实相去甚远,因为日本青年中有很多人远离政治,对安保运动毫不关心。他在《树立固执强权之志》一文中将石川啄木所处的时代与当时的1960年做比较,指出:"啄木说他所处的时代跟元禄相似,我认为现代乃至未来都将会是一个跟啄木的时代具有相似性的时代。"[15]真可谓是一语中的。半个世纪过去了,日本青年依旧面临着一个闭塞的时代,而为打破这闭塞现状而

奔走呼号的依旧是以大江为代表的"战后的一代",他们所秉承的积极"介入社会"的时代精神正是对萨特存在主义的最佳诠释与继承。

5.结　语

通过对《奇妙的工作》《他人的脚》等早期作品的分析,我们可以看出青年大江在创作时使用了很多存在主义的观点和概念,其中以存在的荒诞性和虚无性最为明显,同时又借用墙壁的意象来隐喻时代的闭塞。他早期作品的主旋律都带有明显的悲观主义的色彩,但到晚年时,他又通过多重解释、记忆重塑等方式来为早期作品注入亮色,包括借用鲁迅《希望》中的"绝望之为虚妄,正与希望相同"、萨义德提出的"作为意志行为的乐观主义"(Optimism as an act of will)来解构自己的早期作品。因为他相信自己的早期作品,尽管有很多消极的、否定性的表现,但每一篇都能读出自己生活过的"时代的精神"。同时,这也是他作为一名日本战后文学的旗手必须坚守的以"不战"和"民主主义"为代表的日本"战后的精神"。

注

[1] 大江健三郎（2018）『大江健三郎全小説』第1卷、東京：講談社、第10頁。
[2] 『大江健三郎全小説』第1卷、第14頁。
[3] 『大江健三郎全小説』第1卷、第26頁。
[4] 『大江健三郎全小説』第1卷、第49頁。
[5] 『大江健三郎全小説』第1卷、第51–52頁。

[6] 大江健三郎（2014）『生きることの習慣——あとがきとして』、『大江健三郎自選短編』に所収、東京：岩波書店、第833頁。
[7] 大江健三郎（2007）『大江健三郎　作家自身を語る』、東京：新潮社、第49頁。
[8] 参阅李硕（2014）《法国作家加斯卡尔对大江健三郎的影响——浅谈〈奇妙的工作〉对〈难辨狼与狗的时刻〉的继承与创新》，载《法国研究》第1期。
[9] 大江健三郎（1965）『犬の生死と文壇と』、『厳粛な綱渡り』所収、東京：文芸春秋社、第42頁。
[10] 同上、第44頁。
[11] 大江健三郎（2009）《真正的小说是写给我们的一封亲密的信》，载《文汇报》1月24日。
[12] 鲁迅（1922）《白光》，载《东方杂志》7月号，后收入小说集《呐喊》。大江在演讲中说的《野草》，恐为记忆之误。
[13] 参见许金龙（2017）《〈定义集〉和鲁迅与中国》，载《作家》第9期，第14–15页。
[14] 大江健三郎（2016）『言葉の定義を確かめて読み直す』、『定義集』所収、東京：朝日新聞出版、第149頁。
[15] 大江健三郎（1965）『強権に確執をかもす志』、『厳粛な綱渡り』所収、東京：文芸春秋社、第101頁。

参考文献

大江健三郎（1956）『厳粛な綱渡り』、東京：文芸春秋社。
大江健三郎（2007）『大江健三郎　作家自身を語る』、東京：新潮社。
大江健三郎（2014）『大江健三郎自選短編集』、東京：岩波書店。
大江健三郎（2016）『定義集』、東京：朝日新聞出版。
大江健三郎（2018）『大江健三郎全小説』第1巻、東京：講談社。
黒古一夫（1989）『大江健三郎論——森の思想と生き方の原理』、東

京：彩流社。
黒古一夫（2003）『作家はこのようにして生まれ、大きくなった――大江健三郎伝説』、東京：河出書房新社。
蓮実重彦（1992）『大江健三郎論』、東京：清水社。

亚瑟王传奇与夏目漱石的《薤露行》

解　璞（北京大学）

一

明治三四十年代，是日本文坛积极介绍西方文学的重要时期之一。明治三十八年（1905年）10月，上田敏刊行了译诗集《海潮音》，介绍了西方象征主义诗歌，成为日本象征派运动兴起的契机之一。在同年同月，同为英国文学研究者的夏目漱石也在《中央公论》（第二百号）上发表了小说《薤露行》，并于次年5月收录于单行本《漾虚集》。《亚瑟王传说事典》评价这部作品是"日本唯一一部对亚瑟王传说进行改编的名作"[1]，成功地结合了"西方题材（中世纪与维多利亚时期题材）、日本及中国文学特色"。这部作品尽管不是象征诗，却是一部充满象征意味的诗意小说。

在日本，有关《薤露行》的研究大多集中在对所引典籍的考据、作品与世纪末艺术的关系等方面。早在1919年森田草平就曾探讨过《薤露行》所引用的典籍[2]。内田道雄、竹盛天雄等也曾探讨过该作品与同时期创作的《我是猫》之间的对照关系[3]。最具代表性的论著为江藤淳的《漱石与亚瑟王传说》，该研究细致地考察了《薤露行》所引用的典籍及作品的主题。但由于江藤淳将《薤露行》的主题归结为漱石本人与其嫂的恋爱事件，因此，受到大冈升平的批判，引发了著名的"薤露行论争"[4]。尹相仁在《世纪末与漱石》中对《薤露

行》的"夏洛特女郎"与塔之意象进行了细致解读，并指出《草枕》结尾处巧妙地运用了《薤露行》中有关夏洛特女郎及卡默洛特古堡的要素[5]。在中国，目前尚未见关于《薤露行》的研究，对《漾虚集》的考察仍有待深入。

纵观以往的研究，其共通之处在于指出了《薤露行》的两方面创新。第一是它以中国乐府诗《薤露行》命名，确定了小说作为挽歌的基调。第二是它将同为亚瑟王传说系列的丁尼生的《夏洛特女郎》进行了改编，将其融入马洛礼的《亚瑟王之死》的故事主线之中。高宫利行[6]认为，通过这样的改编，使得"少女爱莲娜与《镜》这一章的夏洛特女郎，都与兰斯洛特这一人物产生关联，令故事的结构更加复杂化"。

针对第二方面，以往的研究仅仅指出小说的结构变得"复杂"，并未对这一结构与主题的关系进行更深入的分析与探讨。由此，本论文试图从夏洛特及爱莲娜两位对照描写的人物入手，结合"镜"及"水"等与其命运密切相关的意象，揭示《薤露行》对亚瑟王传奇的发展与创新。

二

在《薤露行》中，第二章尽管取材于丁尼生的诗歌，但与原作不同的是，本章对镜子的描述占了非常大的比重。塚本利明[7]曾指出，"'镜'的这一章，对镜子的强调超过了任何情节。而且，仅仅强调了其属性这一方面。（中略）镜子映照出的仅仅是不祥的征兆。"的确，《薤露行》比原作更细致地描绘了镜子的属性，事实上不仅如此，镜子也被作为夏洛特女郎有限而被禁锢的生命的隐喻来描绘，并与其周围的"沙漏"等其他物品呼应，构成充满符号的隐晦寓言。这些对生命与时间的隐喻，皆为漱石的独创。

本章的开头便一改之前从现实世界叙述的视角，从被魔法封印的塔内世界开始叙述。作品首先描绘了夏洛特孤独一人被封印于高塔里，她不能直接看到人世间，只能通过镜子望见塔外的现实世界。接着描绘镜子旁边用于计时的"沙漏"。"计时的沙漏落沙九度，便已是午后。窗前之日虽炫目，室内却不知有夏，黑暗如洞窟。（刻を盛る砂時計の九たび落ち尽したれば、今ははや午過ぎなるべし。窓を射る日の眩ゆき迄明かなるに、室のうちは夏知らぬ洞窟の如くに暗い。）"这样的道具设置，既充满矛盾而又具有暗示性。一方面写塔内不知何时何季，塔内的时间与塔外现实世界的时间性质不同，塔内的生活似乎要永远重复延续下去；一方面却又在塔内放置计算时间的沙漏，暗示着塔内的生活将会被改变。沙漏的意象具有"记录时间，让人认识到自己生命之有限性"[8]的作用。在小说中，沙漏也暗示着塔内看似无限循环、永恒不变的时间，终究会被破坏，迎来灭亡。

《蒏露行》中，夏洛特通过镜子遥望世界的设定也十分耐人寻味。这里蕴含着镜子与被看的人、镜子与观镜的人、观镜的人与被看的人等三重关系。

首先，夏洛特的镜子并非寻常的、映照出自己脸庞的镜子。在《蒏露行》中，观看镜子的人与被看的人截然区别开来。倘若考察镜子的文化史，便会发现本来镜子是为了看自己而发明的工具。根据古埃及文献记载[9]，镜子的历史可以追溯到"公元前3100年"。镜子一直都是"方便、有价值、财富的象征"。在金属镜及玻璃镜出现之前，最初的镜子是水钵。其后，形成了一套以映照出人脸的镜子为主要道具的、繁复的宗教仪式。然而，夏洛特女郎面对的镜子，尽管映出了塔外各种各样的现实世界，却完全没有映照出夏洛特自己的脸庞。

其次，对于只能通过镜子看世界的夏洛特来说，尽管面向前方，却只能看到自己的身后。这面魔镜，与以往的预言之

镜不同，只能照出人的身后及成为过去的事情。夏洛特的塔内世界也一直被"过去的阴影"所笼罩着。对于这类镜子，多田智满子[10]进行过这样的论述：

> 这样的镜子，不会映照出我自己，只会照出我的身后。在这种情况下，我的背后与同我极为接近的过去是同义词。"背后"，即为"随后"。之所以这样讲，是因为我在以很快的速度前进。事实上，我指的是车的后视镜。（中略）曾经有位诗人（丁尼生）创作过这样的情节，那就是：只能通过后视镜来看背后的世界。（中略）在亚瑟王传说里登场的夏洛特女郎，单恋着兰斯洛特，结果患上单相思而死去，乘着小船顺流而下。她并没有被镜子束缚住。她只能通过镜像来了解世界。若不是通过镜子，一旦自己亲眼看到爱恋的人，便立刻会迎来悲惨的结局。——这样的情况，无须解释，或者说无法完全解释，极富象征意义。

与亚瑟王传说及丁尼生的《夏洛特女郎》的设定不同，《薤露行》中夏洛特女郎并没有机会走出高塔。她在亲眼看到兰斯洛特之际，镜子瞬间迸裂，碎片在夏洛特周围飞旋而起；夏洛特日夜编织的锦线顿时将她层层缠绕。小说的叙述仅停留在她受到镜子的诅咒绝望倒下的瞬间。结合"沙漏"的象征意义，可以发现塔内循环往复的时间，至此变为与塔外现实世界一样终将结束的直线性时间。

最后，观镜的人与被看的人在镜中目光相遇，这一场景极为耐人寻味。对于夏洛特来说，兰斯洛特是平生第一次一见钟情的人。在《薤露行》中，兰斯洛特经过高塔时，夏洛特不仅放下手中织布的工作，而且高呼他的名字。在兰斯洛特抬头望去的时候，"骑士炯炯有神的眼睛，与如针一般敏锐的女人

的眼睛，在镜子里突然相遇了。（爛々たる騎士の眼と、針を束ねたる如き女の鋭どき眼とは鏡の裡にてはたと出合つた。）"此时，夏洛特再次呼唤"兰斯洛特爵士！"，并忽然奔到窗边，探出头去。此时，高塔的"窗"不仅成为夏洛特与现实世界联系的唯一通道，也成为将夏洛特与现实世界阻隔起来的禁忌之"墙"。

关于目光的交错，夏目漱石在《文学论》[11]里进行了详细的论述。在对"人事的材料"进行说明时，将其作为唤起读者强烈情绪的典型例子。他在《文学论》里写道："是什么最能够触动我们的心弦呢？毋庸赘言，千百篇恋爱论，终究抵不过描绘青年男女瞬间眼神交错的一页小说。这是显而易见的。"漱石在此后的创作实践里反复运用这一题材。例如，在《三四郎》等作品里，也描绘了男女主人公在镜中眼神交错的场景。事实上，眼神交错的情节在东西方文学中普遍存在，尤其多见于神话传说。例如，《古事记》里使用"麻具波比"一词来表示眼神交错，即结婚。同时，伊邪那岐窥见伊邪那美惨状的那一瞬便被逐出冥界，眼神的相遇也会造成永远的别离。此外，在希腊神话里，奥尔菲斯与妻子爱芙里蒂克的故事以及美杜莎的故事等，都暗示着眼神相遇会带来死亡或永远的分别[12]。换言之，在眼神交错的瞬间，喜剧与悲剧便有可能同时发生。一方面它象征着一段感情或婚姻的成立；另一方面，它也会带来永远的别离。

在《薤露行》里，夏洛特对兰斯洛特的一见钟情，便是目光交错带来的悲剧。由此，夏洛特循环往复的生命发生了重要的变化。以"沙漏""镜子"等意象构成的不知季节与死亡的永恒反复的时间，终究被现实世界直线流逝、存在死亡的时间所打破。

三

如前所述,塚本利明指出,在《薤露行》里,"镜子映照出的仅仅是不祥的征兆。"然而,如果将其描绘的场景与原著进行比较,便会发现夏目漱石的匠心之所在。丁尼生的《夏洛特女郎》[13] 是这样描绘镜中世界的:

There the river eddy whirls
And there the surly village-churls
And the red cloaks of market girls
Pass onward from Shalott.

Sometimes a troop of damsels glad
And abbot on an ambling pad
Sometimes a curly shepherd-lad
Goes by to towered Camelot

And sometimes through the mirror blue
The knights come riding two and two:
She hath no loyal knight and true,
The lady of Shalott.

But in her web she still delights
To weave the mirror's magic sights,
For often through the silent nights
A funeral, with plumes and lights
And music, went to Camelot:
Or when the moon was overhead,

Came two young lovers lately wed;
"I am half sick of shadows" said
The lady of Shalott.

在原作里，镜子里面出现的是"market girls""damsels""young lovers"等人物。与原作的少男少女及恋人们相比，在《薤露行》中，映照在镜子里的，却是许多身份或衣着奇特的人物。例如，有留着白胡须的朝圣者（巡礼姿），还有罹患麻风病的人，从头到脚披着白布，敲着钲鼓，向世人宣告自己前世的罪孽（頭より只一枚と思はるゝ真白の上衣被りて、眼口も手足も確と分ちかねたるが、けたゝましげに鉦打ち鳴らして過ぎるも見ゆる。是は癩をやむ人の前世の業を自ら世に告ぐる、むごき仕打ちなり）。此外，原作并没有提到夏洛特的织锦画；而在《薤露行》里对夏洛特日夜编织的锦缎，有着十分细致的描绘。它不仅是绵延不断的锦缎，而且，还绣着"十字架""罪孽的风"以及仰望天空的"玛利亚"。

由此可见，《薤露行》大胆地导入了许多有关基督教的意象，暗示着前世今生的因果报应。与夏洛特周围的基督教意象相呼应，在为兰斯洛特而殉情的爱莲娜周围也有许多有关复活与基督教的叙述。

少女爱莲娜爱上了其收留的逃亡骑士兰斯洛特，并为他保管其盾牌。当兰斯洛特一去不返，爱莲娜只能凝望着他留下的盾牌，绝食而死。对此，小说是这样描绘的："我并非怕死，而是怕死后难以见到兰斯洛特。不过，我想在未来反而比在此生更容易见到他。看到罂粟花凋谢，我不应该一味忧伤凝望；只有花谢，才会有花开的夏天。（死ぬ事の恐しきにあらず、死したる後にランスロットに逢ひ難きを恐るる。去れど此世にての逢ひ難きに比ぶれば、未来に逢ふの却つて易きかとも思ふ。罂粟散るを憂しとのみ眺むべからず、散ればこそ

又咲く夏もあり。）"这些描写都暗示着爱莲娜的复活。

在小说的结尾，爱莲娜的遗体被放入一叶扁舟，顺流而下。与原作中仅裹着黑衣不同，《薤露行》里还添加了与之相对的"白色"元素。例如，按照爱莲娜的遗嘱，船里放入纯白的蔷薇与百合；爱莲娜死后，由白发白髯的老翁撑着船，雪白的天鹅引导着船行驶。船经过夏洛特所在的城堡时，夏洛特那悲伤孤寂的歌曲划破了水面。随着水波流转，爱莲娜的生命也似乎进入了另一个循环。不仅如此，她还在遗言里提到："基督也知道：我至死都是纯洁的少女（基督も知る、死ぬる迄清き乙女なり）。"由此可见，在小说结尾，不仅以纯白的花朵、船夫与天鹅等一起衬托少女爱莲娜的纯净，还为其增添了神圣的宗教意味。

此外，在作品的其他章节里，也出现了刻着十字架的盾牌等，处处隐藏有关基督教的符号。可以说，这样的设定与当时日本文坛的状况息息相关。在《薤露行》发表的1905年，日本文坛与基督教关系密切。内村鉴三、纲岛梁川等宗教家将其对基督教的认识与感悟写成作品，获得了巨大的成功。宗教家纲岛梁川[14]不仅以《病闲录》风靡一时，获得文坛的极大关注，在《薤露行》发表前的1905年10月，他也对《一夜》等漱石文学给予了关注与评价。因此，在这样的时代背景下，《薤露行》里出现的人物也多了几分宗教色彩。

此外，在与《薤露行》几乎同时执笔的《文学论》[15]里，夏目漱石也提到了丁尼生的作品。在第一篇第三章"文学性内容的分类以及其价值等级"里，漱石提出了感觉F、人事F、超自然F、知识F等四种内容。在探讨第三种内容时，指出"所谓的超自然因素中，不仅包括宗教信仰性的因素，还包括其他所有超自然的因素，即违反自然法则，或者无法用自然法则解释说明的事物"。具体而言，包括"幽灵""妖婆""妖魔鬼怪""不可思议的因素、神秘的因素""人类的

感应"等。其中，在解释"不可思议的因素、神秘的因素"的时候，漱石也论及了丁尼生的这部以亚瑟王传奇为背景的作品。

在《薤露行》中，漱石将超自然的神话传说与当时盛行的基督教因素相结合，将夏洛特与爱莲娜两位同样爱着兰斯洛特的女郎对照，并结合了镜子及水等暗示其命运的意象，对亚瑟王传奇进行了大胆的改编与发展。如果说夏洛特是从循环往复的生命走向死亡，那么，爱莲娜则是由死亡走向循环往复的重生。

四

在1905年（明治三十八年）10月创作的《薤露行》前言里，漱石写道：创作这篇小说是"因为这样的题材很有趣，我才想着写写看；并不是因为马洛礼有趣，在此介绍马洛礼的。希望读者不要误读"。[16] 如前所述，明治三四十年代，是日本文坛积极介绍西方文学的重要时期。在这一时期，漱石却强调《薤露行》并非为了介绍马洛礼，仅仅是因为有趣才进行的创作。事实上，漱石进行这样的创作，不仅意识到了当时日本文坛的动向，也意识到了与自己同为英国文学研究者的上田敏。

1905年10月，上田敏曾在《海潮音》的扉页上写道"此书献给远在满洲的森鸥外氏"。耐人寻味的是，在同年同月刊载的《我是猫》第六章中，夏目漱石似乎在有意识地揶揄上田敏的《海潮音》及其献词。他借用小说人物之口，对一首朦胧而滑稽的诗歌进行了这样的评价："先生，您不懂这首诗是不奇怪的，因为今天的诗坛比起十年前，已经发展得面目一新了。现在的诗，毕竟不是躺在或是蹲在车站就可以读得

懂的。就连作者，如果受到质问，也常常穷于答辩。因为是全凭灵感而写，此外，诗人不负任何责任。"[17]他还让迷亭对苦沙弥先生说："你也把短篇收集成册，然后献给谁，如何？"此外，在同年1月20日《读卖新闻》上，一篇题为《漱石与柳村》的文章，对比了两位文学家的创作风格。漱石在给皆川正禧的书信里（1905年1月23日）也写道："他们在评价我的时候，一定会举出上田君的例子。想必上田君也会感到困扰吧。"

这一时期漱石在创作时，难免会意识到同样深谙西方文学的上田敏。正如《我是猫》所提到的，漱石将同时期（1905年—1906年）创作的7篇作品"收集成册"，编入《漾虚集》（1906年5月）。在《薤露行》前言中，他还提到："事实上，马洛礼所描写的兰斯洛特在某些方面犹如车夫一般，桂妮薇儿感觉像是车夫的情妇。仅此一点，就很有必要重写。"因此，可以说，漱石在小说前言里强调自己改编西方文学题材的"独创"，在一定程度上，意识到了上田敏对西方文学的"介绍"。

综上所述，夏目漱石在原作女主人公桂妮薇儿之外，增添了夏洛特及爱莲娜等对照性人物及相关意象，并结合当时日本的文坛与宗教融合的时代背景，对马洛礼的《亚瑟王之死》进行了批判性的改编。

注

[1] Norris J.Lacy.1986.*The Arthurian Encyclopedia*, Garland Publishing, Inc New York & London.原文为"SOSEKI, NATSUME（1867-1916）, author of Kairo-ko: A Dirge, the only major prose resetting of Arthurian themes in Japanese...This elegant and lyrical work is a striking blend of Western material（both medieval and Victorian） with Japanese and

Chinese textures."
- [2] 森田草平（1919）「『幻影の盾』と『薤露行』」、『文章道と漱石先生』東京：春陽堂。
- [3] 内田道雄（1966）「『漾虚集』の問題」、『文学』第34巻7号；竹盛天雄（1991）『漱石文学の端緒』、東京：筑摩書房。
- [4] 江藤淳（1975）『漱石とアーサー王伝説——「薤露行」の比較文学的研究』、東京：東京大学出版会；大岡昇平（1992）『小説家夏目漱石』、東京：ちくま学芸文庫。
- [5] 尹相仁（1994）『世紀末と漱石』、東京：岩波書店。
- [6] 高宮利行（1995）『アーサー王伝説万華鏡』、東京：中央公論社。
- [7] 塚本利明（1999）「『薤露行』の謎と主題」『漱石と英文学——「漾虚集」の比較文学的研究』、東京：彩流社。
- [8] サビーヌ・メルシオール=ボネ著、竹中のぞみ訳（2003）『鏡の文化史』、東京：法政大学出版局。
- [9] リチャード・グレゴリー著・鳥居修晃[ほか]訳（2001）「鏡の歴史と神秘」、『鏡という謎—その神話・芸術・科学』東京：新曜社。
- [10] 多田智満子（1985）『鏡のテオーリア』、東京：大和書房。
- [11] 夏目漱石（2003）『漱石全集』第14巻『文学論』、東京：岩波書店。
- [12] 谷川渥（1994）『鏡と皮膚—芸術のミュトロギア』、東京：ポーラ文化研究所。该书对西方文学中的这一主题进行了集中论述。
- [13] A.Dwight Culler.1977.*The Poetry of Tennyson*, New Haven: Yale University Press.
- [14] 綱島梁川（1905）『病閒録』、金尾文淵堂。
- [15] 夏目漱石（2003）『漱石全集』第14巻『文学論』、東京：岩波書店。
- [16] 夏目漱石（2002）『漱石全集』第2巻『倫敦塔ほか　坊っちゃん』、東京：岩波書店。
- [17] 夏目漱石著、于雷译（2010）《我是猫》，上海：译林出版社。

参考文献

サビーヌ・メルシオール=ボネ著、竹中のぞみ訳（2003）『鏡の文化史』、東京：法政大学出版局。

リチャード・グレゴリー著・鳥居修晃[ほか]訳（2001）「鏡の歴史と神秘」、『鏡という謎―その神話・芸術・科学』東京：新曜社。

柏木秀夫（2000）「『薤露行』の比較文学的考察」、『外国語・外国文学研究』第24号。

多田智満子（1985）『鏡のテオーリア』、東京：大和書房。

綱島梁川（1905）『病間録』、金尾文淵堂。

高宮利行（1995）『アーサー王伝説万華鏡』、東京：中央公論社。

宮薗美佳（2006）『漾虚集』論考―「小説家夏目漱石」の確立』、東京：和泉書院。

谷川渥（1994）『鏡と皮膚―芸術のミュトロギア』、東京：ポーラ文化研究所。

江藤淳（1975）『漱石とアーサー王伝説――「薤露行」の比較文学的研究』、東京：東京大学出版会。

内村鑑三（1904）『聖書之研究』、東京：聖書研究社。

内田道雄（1966）「『漾虚集』の問題」、『文学』第34巻7号。

森田草平（1919）「『幻影の盾』と『薤露行』」、『文章道と漱石先生』、東京：春陽堂。

上田敏（1905）『海潮音』、東京：本郷書院。

托马斯・马洛礼著、陈才宇译（2017）《亚瑟王之死》，天津：天津人民出版社。

夏目漱石（1905）「薤露行」、『中央公論』第20年第11号。

夏目漱石（1906）『漾虚集』、東京：大倉書店・服部書店。

夏目漱石（2002）『漱石全集』第2巻『倫敦塔ほか 坊っちゃん』、東京：岩波書店。

夏目漱石（2003）『漱石全集』第14巻『文学論』、東京：岩波書店。

夏目漱石著、于雷译（2010）《我是猫》，上海：译林出版社。

小倉脩三（1989）『夏目漱石—ウィリアム・ジェームズ受容の周辺』、東京：有精堂。

尹相仁（1994）『世紀末と漱石』、東京：岩波書店。

越智治雄（1970）「『漾虚集』一面」、『國文學 解釈と教材の研究』第15巻第5号。

塚本利明（1999）『漱石と英文学——「漾虚集」の比較文学的研究』、東京：彩流社。

竹盛天雄（1991）『漱石文学の端緒』、東京：筑摩書房。

A. Dwight Culler. 1977. *The Poetry of Tennyson*, New Haven: Yale University Press.

F. J. Rowe & W. T. Webb. 1889.*Selections from Tennyson*: *With* Introduction and *Notes*, London: Macmillan.

Norris J. Lacy. 1986. *The Arthurian Encyclopedia*, Garland Publishing, Inc New York & LONdon.

笛吹川论争*

郭晓丽（中国海洋大学）

1958年4月，深泽七郎（1914—1987）的第一部长篇小说《笛吹川》由中央公论社出版发行。小说的舞台设置在深泽七郎的家乡——现山梨县笛吹市笛吹川畔，以日本战国时期甲斐霸主武田家的盛衰为背景，从1521年武田胜千代（即后来的武田信玄）出生前不久一直写到1582年武田胜赖死去，武田家灭亡，时间跨度长达60余年。在武田家一门三代荣枯的背景下，小说刻画了笛吹川畔贫农"蝈蝈笼儿"一家六代人的生死命运，写出了"一直以来为人所忽略的真实的历史样态"[1]，即构成历史主流的、无名大众的生与死。《笛吹川》一经出版即备受关注，在评论界的推波助澜之下，十万余部售罄，一时纸贵，深泽七郎在文坛的地位也因此得到巩固。

围绕该小说的文学价值，1958年发生了花田清辉、江藤淳、佐佐木基一对平野谦、本多秋五、埴谷雄高的"笛吹川论争"，体现出日本战后文学转折期关于文学功能评价问题的分歧。本文在分析小说主题、梳理论争中各家观点的基础上，评析论争的核心问题，以确证1960年前后日本文坛关注的焦点；与之前的日本近代文学相对照，凸显深泽七郎庶民小说在战后文学环境下的独特地位和意义。

---

* 本文为教育部人文社会科学研究项目青年基金项目"深泽七郎庶民文学研究"（项目号：16YJC752007）的阶段性成果。

1.小说《笛吹川》

"笛吹桥靠石和这边的角儿上,人们称为蝈蝈笼儿的,是半藏的家。门槛几乎和河堤一样高,檐下用四根粗圆木头从河堤下支撑起来。房屋很小,远远望去,像是一个吊着的虫笼。"[2]小说开篇首句即提到了半藏,故事由此展开。半藏是贫农蝈蝈笼儿一家中"愣头青"[3]性格的代表人物。该类型的人不安于农民生活,一心想要通过参军等方式飞黄腾达。半藏的祖父在小说中称为"阿爷",一个劲儿怂恿半藏去打仗。在半藏立下战功之后,满心想着盖大房子、娶孙媳妇、光大门楣。半藏受命去掩埋主公家新生儿胜千代的胎衣,阿爷贪功前往,不料却用铁锹伤了左脚,被主公以"玷污了圣洁的胎衣"为由斩杀。半藏因屡建战功被赐姓土屋,最终却在娶亲之前战死。与"愣头青"派相对,蝈蝈笼儿家还有以半藏的父亲半平为代表的一派,他们认识到战争即死亡,主张远离战争,老老实实靠种田、打短工等为生,以求在乱世留住性命。半藏死后,蝈蝈笼儿一家由半藏的外甥——大姐阿光的儿子定平——继承。定平和阿桂夫妇是小说重彩描画的一代。他们谨遵半平的教诲,守护着蝈蝈笼儿,终日劳作,尽量避开战争。但到了他们的儿子一辈儿,以大儿子惣藏为首,却不顾阻拦决然参军。惣藏骁勇善战,也被赐姓土屋,与武士家的女儿成亲,风光一时。当武田家军力不足时,惣藏把自己的二弟安藏和妹妹阿梅都拉到军中。眼见武田胜赖节节败退,三弟平吉和母亲阿桂跑到行伍之中,试图把跟着残军流亡的家人带回家。最终,蝈蝈笼儿家族全部被敌军杀死,只剩下留守家中的定平一人。

蝈蝈笼儿男性中"愣头青"性格的人物名字都带有"藏"字,而与此相对的一派名字中都带有"平"字。家族中的女性

人物，除阿桂之外，大多数都是"愣头青"性格，其中尤以半藏的大姐阿光为典型。阿光早已结婚生子，却在半藏屡立战功、家门名声大震之后离开了自己的婆家，把一双儿女托给父亲半平抚养，自己改嫁到甲府最大的绸缎商家。随着战局扩大，阿光家财力愈发显赫，却为武田信玄所忌惮，派兵火烧绸缎庄。阿光家惨遭满门抄斩，她的女儿阿辰逃出来后以报仇雪恨作为自己活着的全部目的，最终也在火烧惠林寺时和外孙次郎一起葬身火海。

当所有家人都与武田家一同灭亡之后，只剩下定平一人留守在蝈蝈笼儿。作为小说中人物的家，蝈蝈笼儿在笛吹川畔真实存在。深泽七郎在随笔《〈笛吹川〉与蝈蝈笼儿》中回忆起笛吹川之前经常发水并改变河道，提到了位于笛吹川上鹈饲桥畔的蝈蝈笼儿，在小说中作者把它搬到了笛吹桥边。"小说《笛吹川》讲了笛吹桥旁像虫笼儿一般吊着的那家人家五代人[4]的故事，战国时武田家由兴而亡，庶民的命运也随之飘摇。（略）最近有人告诉我说，'蝈蝈笼儿的屋子现在都还在呢'。小说《笛吹川》中的主人公并不是任何人物，我是以蝈蝈笼儿那座房子为主人公来写的。"[5]在奔流不息、时有泛滥的笛吹川畔，人不断死去，又不断降生，蝈蝈笼儿却始终屹立不倒。这赋了了小说形而上的象征意义。深泽七郎把小说人物置于此背景之上，写出了如蝼蚁般存活着的庶民的感情和生命力。

如上所述，具备了"战争小说""历史小说"要素的《笛吹川》，一问世就立刻引起了战后派评论家们的强烈兴趣，在日本文坛引发了一场"笛吹川论争"。

2.笛吹川论争的社会背景与日本战后派

1956年起深泽七郎开始在文坛活跃的时期，正是日本昭

和三十年代（1955—1965）初期。无论从经济还是从文化方面来看，昭和三十年代都是日本战后史上发生划时代变革的时期。经济方面，日本在战后废墟上逐渐恢复、发展，1954年国际收支扭亏为盈。1955年钢铁大量出口，出口货轮订货量居世界第一；稻米丰产，物价稳定，为1956年的"神武景气"打下基础。在经济稳定发展的情况下，1956年7月日本经济企划厅发表的《经济白皮书》中，后藤誉之助写道："已经不是战后了。"这种说法是当时日本人生活意识的体现。可以说，1955年是日本20世纪50年代到70年代经济高速发展的起点之年。

与经济的重大变革相对应，昭和三十年代也是日本自明治中期以后发展起来的"近代文学"出现重大变化的时期。1945年战争结束之后的十年，第一次战后派和第二次战后派在文坛占主导地位。"战后文学所追求的最终极的东西，是'人的自由'。"[6]这种对自由的追求，固然有第二次世界大战这一灾难性的特殊背景原因，但就其实质来看，与明治以来近代文学一贯的"自我"主张是一脉相承的。到了"已经不是战后了"的昭和三十年代，之前的"近代文学"范式逐渐解体，新的"现代文学"范式呼之欲出。"战后"背景下所形成的以政治论文学的价值判断，在昭和三十年代前后逐渐丧失了存在的土壤，社会价值观呈现出多样化的趋势。"但是，努力守卫'战后'的思想、政治的势力仍然很强，因此，由一定的社会性主题支配的文学作品更易获得好评，这种倾向仍未衰退。"[7]这一时期，无论是小说创作还是评论都处于新旧碰撞阶段，是日本近代文学在反思中前进的变革期。在上述背景下，笛吹川论争展开（其具体时间表见文末附表）。

笛吹川论争是在战后派作家和评论家之间发生的、同时有无产阶级文学评论家参与的一场文学论争。这从论争涉及的杂志《近代文学》《新日本文学》《多喜二与百合子》的性质上也可见一斑。引起论争的花田清辉和平野谦之间的对立，是

不同文学价值评价标准的分歧。花田清辉极度肯定小说形而上的深度意义,而平野谦却批判小说在人物塑造上缺少传统写实的合理性。这种对立体现了昭和三十年代评价标准由一元化走向多元化的变革。随着论争的展开,战后派评论家们的关注点都集中到作家的创作意识和作品的目的性方面。如本多秋五在《物语·战后文学史(下)》(岩波书店,1992年5月)中所总结的,对于"政治与文学"二者关系的锐利的问题意识,确实是战后派文学的一大特质。

3.论争中的核心问题

下面从小说的文体特征、人物与内容以及作家意识几个方面,对论争中的主要问题点进行梳理和分析。对作品文体特征和人物内容的评论,最后都指向了作家的创作意识是否自觉这一问题。

首先来看文体特征方面。花田清辉高度评价了《笛吹川》"不是直接的心理描写,而是通过动作来表现"的特征。通过行为来表现心理,细究人物的行为,实现了内外部世界之间的自由往来。这种图式也可以称为"音乐性"。他在《创作合评》中指出,在"这位作家的作品整体操作上,在频繁的重复又重复的故事推进中,不时地出现一种急转直下,或者说是类似于希腊悲剧中的命运的逆转,经常出现这种与预期完全相反的效果。如果搬出尼采式的说法,这可以说是'永劫回归',这种认识存在于作品的底层"。为此,花田清辉甚至称这部作品是其主张的先锋艺术的出发点。本多秋五也认为,省略心理、代之以行为,正是这部作品魅力之源泉所在。

江藤淳非常欣赏花田的上述评价方法,认为花田所指出的小说"非常叙事化","并不是把自己推到前面来写作,而是

非常客观地书写"这一特征，是基于作者的"自我缩小"，即作者无意识地、自己把"自我"缩小到了一个"点"上，与"自然"中的现实性比例相一致，由此实现了彻底的写实。与之相对，日本"近代小说"是非形而上的、非功能性的"知识分子"型文学，都具有突出"自我"的"凸型结构"。以"私小说"为例，作品表现的世界大多局限于附着在作家"皮肤感觉"（即作家私人的生活体验和感受）上的日常性世界中。作家把"表现"与"自我主张"画上等号，认为"皮肤感觉"＝"自我"的一端接触到了"现实"，要通过"表现"在那里感受到的"实感"，达到主张的目的。作家就是要主张本人的感受方式，而且也只能像读者传达这些。其表现出的世界并非具有结构的（即形而上学的）、立体化的现实世界，而仅仅是作家单调的自我感觉而已。这正是私小说式写实主义本身的逻辑缺陷所在。

江藤淳进一步指出，私小说中失败的解决，都是通过把凸型的感觉化"自我"消解到"自然"中来实现救赎，无一例外都采取了这种方式。这和《笛吹川》的"自我"无限缩小有着本质差别。以私小说作者为代表的很多近代作家首先是从主张感觉性"自我"出发的。其确立、主张、消解到"自然"中的过程，就是支撑着日本近代小说的小说性时间。其中所表现的世界，便宜起见可称之为主观的世界。与此相对，《笛吹川》的作者最初就是从感觉性"自我"的缩小出发。作者与作为日本近代小说作家通病的非功能性、知识分子式的自我怜悯绝对断绝。平民式的生活视点以及具有可操作性和行动力的时间把握方式，是深泽七郎"自我缩小"的两大支撑，以此实现了客观化的小说叙事，使小说具备了形而上的层次和深度。

对于江藤淳认为是"生活者的视点"导致了"自我的缩小"的观点，本多秋五表示反对，认为深泽七郎的深层自我并没有受到过已有的知识、思想等所养成的"近代知性"的侵袭。在

类似于集体意识的灵魂深处，深泽七郎感受并记忆着自然的状态，于他而言，自我等概念不过是最表层的东西而已。

之后，埴谷雄高评价说，小说内容整体非常混沌，但在其底部却有着坚固的实体。作者是不自觉地站在了这一实体上，虽然在技法上有意识地使用了"反手"，但他对自己的方向是不自觉的。而近代文学正是以"有意识地追求自己和周边可能性之间的界限"为出发点，这也正是平野谦认为小说有问题的原因所在。

综上可见，平野谦、埴谷雄高坚持认为文学要主张自我，表现自我，与花田清辉、江藤淳等对近代文学过度表达自我的批判形成了对立。这是文学批评在文学题材和表达方面的对立。平野谦派代表了日本近代文学一直以来的主题评价标准，着力追求和表达"个人"在近代国家、社会形成以及战争等重大转换期中的感受和可能性。确如江藤淳所批判的，为评论界所认可的主流型表达是以知识分子为中心的，其审视的目光是向"内"的，题材具有局限性，仅限于作者的个人生活感受。而花田派所极力肯定的，正是《笛吹川》中作者隐匿不见、由庶民视角来展现庶民生活、感情的"客观"叙事，认为这样才能真正做到表现社会立体结构的"写实"，代表了日本近代文学发展的一种可能性。本多秋五概括认为战后派文学的另一大特质是"对既存的日本式现实主义及私小说的扬弃"[8]。论争中花田派对《笛吹川》叙事特征的肯定，体现出战后派对之前近代文学的深刻反思。

必须注意的是，尽管双方存在上述分歧，但他们在对作家创作意识的批评方面存在一致性，即都认为作家是"无意识""不自觉"地在作品中表现出了深层次的本质，本身缺乏目的性。这种评价方法与战后派所持的"文学与政治"的目的论一致，具有时代特色。这与论争中的另一个核心问题——小说人物与内容密切相关。

其次，关于小说人物和内容方面的评价。在战后派评论家那里，这一问题与对作家意识的评论紧密联结在一起。

首先是花田清辉在合评中指出，小说写出了农民对统治阶级所持有的两种心理状态之间的"鸿沟"。即一种是被卷入统治阶级一方的人们所持的传统意识，认为祖先代代都承受了来自主公的恩泽；与之相对的另一种农民阶层的意识却认为，祖先代代都和主公有仇。花田清辉从对立中感受到了"在大众中恒久流动的暗流般的憎恶"。而从战时一直到战后，日本知识分子阶层对这种感情的认识是"相当稀薄"的。该小说巧妙地捕捉到了这种感情，"第一次把我们亲身经历的战争纳入在内"。他进一步解释，自己所说的"憎恶"，并不是小说中"愣头青"式的阿辰一定要"报仇雪恨"那样的憎恶感，而是在"更为日常性的感觉上的与统治阶级之间的隔阂"。小说毫不做作地写出了这一点。对此，平野谦从作家意识方面进行了反驳，认为作家并非想要把自己的战争体验在文学上加以解释，并不是以此为目的写了这部历史小说。

江藤淳肯定了花田清辉指出的民众与权力之间的隔离意识和距离感，认为小说通过对英雄主义的否定正确传达出这种距离。这种感情超越了个人好恶，表现为集团性的、隐藏于社会结构本身之中的憎恶之情。深泽七郎在《〈笛吹川〉后记》中提到，自己在作品中有意识地使用了"反手"[9]的方法来行文叙事，达30多处。在江藤淳看来，《笛吹川》这个故事整体上即是以大的"反手"写成。"从方法上把握这一'反手'是非常必要的。如果能够达成，或许能够探究到把民族能量组织起来、向着真正'抵抗'的方向发展的方法，该课题中隐藏了这种可能性。"

对此，本多秋五以主人公阿桂为例分析了小说人物的复杂情感。他认为，阿桂是有着深深爱人之情的、无我、自我牺牲型的女性。她痛恨战争，想把孩子们从战争中带回来。眼见

这一目的无法实现,她又做好了和孩子们共同死去的思想准备。"不禁让人叹息,这才是日本最健康的女性。"由此,小说唤醒了人们的战争体验。阿桂勤劳能干,有深厚的爱人之心,这类女性现在仍然存在于日本普通民众之中,让人爱戴和尊敬。但是,盲目追捧天皇,也是与阿桂类似的男女大众。在小说最后,武田家灭亡,蝈蝈笼儿家只有定平一人生存下来。这谈不上是农民的胜利。神谷忠孝认为,本多秋五的上述观点"认清了在底层支撑着天皇制的庶民的原像,自行切断了知识分子对于土著、土俗等较易产生的幻想"[10]。

无产阶级评论家近藤宏子重点分析了阿桂在儿子要去打仗时的繁杂思绪。去打仗意味着送死,不去则只能以打短工终其一生。底层农民的矛盾心情并非如花田清辉所提的两种心态一分为二、非此即彼。近藤还认为,与代表封建美德的阿桂相比,对统治阶级极端憎恶的阿辰这一人物更有助于展现时代矛盾。肯定阿桂的立场则相当于对近代文学辛苦跋涉达成的成果的倒行逆施。赞美自我牺牲之美,极易酿成之前军国主义所极力支持的民族情绪,非常危险。

在《近代文学》座谈会上,埴谷雄高和本多秋五肯定了《笛吹川》写出了未经赋予方向的、最原始的民众力量这一效果,并认为"水能载舟,亦能覆舟"。大众的能量具有两个方向,既可以成为战争的支撑,也可以成为反战的力量。阿桂代表的日本人的根源性能量,既可以向着好的方向而去,也可以走向自我灭亡。小说缺乏对此能量方向的定位。花田清辉对此表示赞同,称自己在战后十余年坚持主张"艺术的方法",正是因为这种无意识必须具备自觉的方向。关注大众的能量,即要探究从中抓住革命力量的方法。佐佐木基一指出,日本知识分子具有软弱性,其内部混沌不清,没有能力去指导民众向左还是向右。当前的紧要课题是要树立明确的目标,切实地吸收大众的力量。战后派作家兼评论家们从革命的

角度出发，探讨新艺术家的特征，以及如何引导人民的力量形成革命统一战线。

4. 结　语

　　笛吹川论争主要集中在对作品文体特征、人物内容的争论以及对作家的创作意识的批评方面。亲历了第二次世界大战、受马克思主义熏陶成长起来的战后派评论家保持着高度的政治敏感度，对日本军国主义利用民众发动第二次世界大战带来的灾难具有高度的警惕性和反省意识。他们代表了日本知识阶层、精英阶层的伦理意识和道德观，力求通过文学来引导民众。深泽七郎与战后派的经历不同。他生于商人之家，自幼体弱多病，先后做过商店伙计、流浪艺人、日剧音乐厅吉他手等职业，一直在庶民之中流浪。与战后派所有的精英意识不同，深泽七郎自幼体验的是广大庶民阶层的生活和感受方式。对庶民而言，生活即是生活本身，无暇顾及和考虑"自我"，在主观上与"政治"是隔绝的。但在客观上，他们是政治中不可缺少的力量，也无法脱离政治而存在。深泽七郎在《笛吹川》中写出了苟活于政治夹缝中的无名大众的真实生活和感情。在重视政治和目的的战后派眼中，这种"为生存而生存"的存在方式缺少意识形态的指导，成了"无目的""无意识""不自觉"。这是深泽七郎庶民式、即物式认识和感受方式的体现。在笛吹川论争中，评论家们的论述时常远离作品，客观上反映出深泽七郎不同于战后派的创作观和作品特征。

附表　　　　　　　　"笛吹川论争"时间表

时间及杂志	参加者/作者	论文题名
1958年6月号『群像』	寺田透、花田清輝、平野謙	創作合評　笛吹川
1958年6月6日『東京新聞』夕刊	作者署名：緑	雑誌評
1958年7月号『近代文学』	江藤淳	「はしか」にかかることによってはじめて子供は大人になる
1958年7月号『多喜二と百合子』	佐藤静夫	深沢七郎　『笛吹川』をめぐって
1958年8月号『新日本文学』	本多秋五	『笛吹川』是非
1958年9月号『多喜二と百合子』	近藤宏子	『笛吹川』論争―近代への疑問について―
1958年9月号『近代文学』	花田清輝、本多秋五、埴谷雄高、佐佐木基一	座談会　現代芸術家の変貌
1958年9月号『新日本文学』	平野謙、奥野健男、野間宏	鼎談・文芸時評　生命の反抗とメカニズム―私小説白書―

注

[1] 林健太郎（1959）「『笛吹川』と歴史の姿」、『中央公論』臨時増刊号。引文出自日本文学研究資料刊行会編（1977）『日本文学研究資料叢書　井伏鱒二・深沢七郎』、東京：有精堂、第219頁。

[2] 本论文中引用的《笛吹川》小说原文，由笔者根据深泽七郎（1958）

『笛吹川』、東京：中央公論社译出。
[3] 小说中用山梨方言「ノオテンキ」来描述这种性格，有不计后果、横冲直撞、不管不顾、莽撞冒失的意思。
[4] 小说中讲述了阿爷、半平、半藏、定平、惣藏、次郎为代表的蝈蝈笼儿家六代人的命运变迁。深泽七郎在这里说是五代人，或许是因为次郎一代还未能成人即已随战争而逝，未算作一代。
[5] 深沢七郎（1980）「『笛吹川』とギッチョン籠」、『週刊新潮』1980年8月7日。引文引自深沢七郎（1997）『深沢七郎集　第八巻』、東京：筑摩書房、第91-92頁。
[6] 本多秋五（1992）『物語　戦後文学史（下）』、東京：岩波書店、第270頁。
[7] 有精堂編集部編（1989）『講座昭和文学史　第四巻　日常と非日常＜昭和三、四十年代＞』、東京：有精堂、第8頁。
[8] 本多秋五（1992）『物語　戦後文学史（下）』、東京：岩波書店、第257頁。
[9] 深泽七郎把"反手"解释为与人物的想法和愿望截然相反的文章处理。像小说中的阿爷，本想借替主公办事之机邀功，却被杀死后用门板抬了回来。孩子一心想着飞黄腾达，却把一家人都拖入了战争和死亡。村子里正直的人深受战争之害，只有虐待老人的那家未遭灾祸。"反手"的处理写出了不以人的意志为转移的生命变化，塑造出冷峻、客观的小说效果。
[10] 神谷忠孝（1975）「笛吹川の流域——深沢七郎の方法」、『国文学　解釈と教材の研究』20-3、第153頁。

参考文献

本多秋五（1992）『物語　戦後文学史（下）』、東京：岩波書店。
本多秋五他（1958）「現代芸術家の変貌（座談会）」、『近代文学』13-3。

大久保典夫他編（1972）『戦後文学論争　下巻』、東京：番町書房。

江藤淳（1958）「『はしか』にかかることによってはじめて子供は大人になる——笛吹川論争めぐって」、『近代文学』13-1。

近藤宏子（1958）「『笛吹川』論争—近代への疑問について—」、『多喜二と百合子』6-8。

林健太郎（1959）「『笛吹川』と歴史の姿」、『中央公論』臨時増刊号。

平野謙、奥野健男、野間広（1958）「鼎談・文芸時評　生命の反抗とメカニズム—私小説白書—」、『新日本文学』13-9。

深沢七郎（1958）『笛吹川』、東京：中央公論社。

深沢七郎（1997）『深沢七郎集　第八巻』、東京：筑摩書房。

神谷忠孝（1975）「笛吹川の流域——深沢七郎の方法」、『国文学　解釈と教材の研究』20-3。

有精堂編集部編（1989）『講座昭和文学史　第四巻　日常と非日常＜昭和三、四十年代＞』、東京：有精堂。

佐藤静夫（1958）「深沢七郎『笛吹川』をめぐって」、『多喜二と百合子』6-7。

抹得去的言语，抹不去的痕迹

——大江健三郎《父亲啊，你要去哪儿？》叙事策略解读

刘苏曼（北京大学）

　　《父亲啊，你要去哪儿？》（以下简称《父亲啊》）分为两个部分，其中"a里"曾以《父亲啊，你要去哪儿？》为名发表于1968年10月的《文学界》上，而"b表"则以《教我们如何在疯狂中活下去》为名发表于1969年2月号的《新潮》上。

　　它讲述了肥男经过坚持不懈的摸索，终于从"儿子"的枷锁中挣脱出来，并如愿得知了父亲死亡的真相，最终获得自由的故事。内心深处翻腾着一股关于"解释"的暗涌：为什么父亲要开始幽闭生活？为什么父亲会突然死去？为什么儿子会天生残疾？为什么母亲要阻断父亲与他交流的渠道？……肥男没有把这些当作理所应当的事实，而是紧紧地抓住言语这根稻草，孜孜不倦地去追问。

　　这篇小说并没有被列入大江健三郎重要作品的行列，针对它的专门研究数量很少，更多的是在讨论大江作品群的某一关键词（如"自由""疯狂"）时被顺便提及。如柘植光彦在探讨大江作为"战后一代"作家如何通过文学追求自由与逃脱时，指出他在"里"与"表"中分别写出了作为儿子的"我"和作为父亲的"我"，并试图将这两个形象统和起来；菅野昭正也认为"b表"在具体展示外部行为与内心世界的同时，勾勒了完整的"探究某种自由"的基础结构，称得上是一部真正的小说。像这样，将它放在大江更大的文学谱系里

定位，并通过它与其他作品的联系来把握主题，是一种比较主流的解读方法。而笔者最为关注的，是它的叙事技巧与"监禁状态"的关联。

不难看出这篇小说的叙事技巧甚至已经成了叙述的对象，被不断地前景化。采用叙事学的方法来进行文内细读，分析作者所采取的叙事策略，应该有益于挖掘《父亲啊》的隐性叙事进程所包含的深层意义。

1. 被抹去的言语

《父亲啊》"a里"主线讲述"我"（即肥男）试图以传记形式还原父亲死亡真相、追究其发疯原因的种种努力。由于信息有限，"我"依靠祖母、兄长等人的被扭曲或遮蔽的叙述碎片，借助与残疾儿子的交流，驱动想象力进行补充。小说的表层叙述的是肥男逐步接近事实、获得自由的过程，而仔细考察其叙述话语，会发现所谓的"事实"和"自由"值得推敲。

"a里"从引用"我"的传记草稿开始：

> "……每天都幽闭在自己的世界里的父亲，"写着写着，我意识到自己又一次走进死胡同，不得不让草稿停在这里。[1]

小说从一个突兀的省略号开始，双引号也没有显示完全，营造途中插入的感觉。又选用"重新"（あらためて）与"死胡同"（行きづまり）二词，简洁地透露出"反复曲折""多次失败"等信息，并在"a里"结尾处得到了呼应：

父亲他……我重新写了起来。等我终于清楚意识到这究竟是为了什么的时候,大概就能写完父亲传记了,或者就能最终彻底放弃了吧。"父亲开始幽闭生活……

"a里"从引号的缺失、省略号的插入开始,又以引号的缺失、省略号的插入结束。传记草稿是开头和结尾处的聚焦中心,占据了非常显要的结构位置,却只传递了"自我幽闭的父亲"这唯一确定的信息,庞大的空缺仍在等待语言来填充。"a里"像一条首尾相连的蛇,在叙述的游戏中绕了一圈,仿佛又回到了原点。

肥男谈草稿写作的目的:"实际上我自己都还不确定,也无法说明白。……只能说,因为他是我父亲。但对我来说,意义不止于此。我唯一能做的,就是期待读者耐心忍受我慢慢地说明全体的进行状况了。"暗示了传记草稿的意义在"说明"的言语中被构建出来——这种叙述行为本身就在生成传记的意义。总之,经过周而复始的草稿更新,肥男也始终无法摸清其意义所在,"唯一能做的"只是再次展开叙述。

叙述形式不仅包括草稿与笔记等文字记载,还包括用录音机录下的声音。他父亲临死前销毁了所有录音,让他意识到:一旦文字、声音被抹掉,"思考"也无迹可寻。但他仍然固执地叙述着。"5分钟前的录音消失了,随后他录入了新的声音。他仿佛清楚地看到了带着磁性的粒子从A状态快速地变成了A′状态。……A′变成A″,再变成A‴。"

有意思的是,从A→A′→A″→A‴的覆盖过程中,肥男的叙述重点从对父亲的呼唤,转移到了对通过钥匙孔偷窥他的妻子的批判以及歇斯底里的自我辩护上。第3、4次录音,与第2次录音的内容大致相同,并没有提供太多新的信息,只是语气越来越嚣张、发泄得越来越畅快。用新的声音抹去旧的,与用新的草稿替换旧的,本质上并无二样,声音与文字的更替都

不能增加信息量,只能让言语不断地自我繁殖,反映了叙述者自我表达的需要。而且,叙述者不断地提醒读者注意到语言的欺骗性:"上面引用的第三人称文章,……看上去好像十分贴近事实,其实与我自己的记忆极不吻合。……因为我只是借用第三人称叙述所拥有的扭曲的力量,将'他'记忆的大部分替换成兄长们告诉我的信息罢了。"如此,肥男在叙述中不停地对前文进行修正:哪一个细节为真,哪一个细节似是而非,亲身经历与别人转述混淆一体,连自己都经常分不清楚。不仅叙述者不断地进行不可靠叙述,其他出场人物的陈述也缺乏可信度。面对祖母惟妙惟肖地形容父亲死亡的场景,肥男坦言道:"姑且不论那究竟是她编出来的谎言,还是事实本身……我在写上述文章的当时和现在,都不信她的嘴。"至于母亲抛出父亲"发疯"的结论,肥男更是不接受。而他所坚信的一个又一个的"事实",要么是没有结局的梦境,要么是恣意想象的产物,读者努力地收集碎片,也只能发现真伪难辨,拼凑不出什么整体。

这种叙事策略当然与主题直接挂钩。肥男将自己存在的理由与意义,借助语言的工具和想象力的绳索,与父亲死亡的真相紧紧地捆绑在一起。屡战屡败的结局似乎在证明物质性的形式与抽象性的内容之间存在令人绝望的断裂:这本来就是一本写不出来的传记。同时,屡败屡战的过程也在证明:且不管"活着"的意义究竟能否被准确地表达出来,孜孜不倦地追问"活着"的意义本身,就是"活着"的证明。

这种语言的迷宫实际上就是一种"监禁状态",这篇小说的语言不仅是形式,更是本体,它具备了"监狱"的外形,也包含了"监狱"的内涵,揭示了生存的形式,也触及了生存的本质。当人意识到身陷语言迷宫之时,就是意识到身陷监禁状态之时,除非正面面对,否则无路可逃,虽然正面面对也未必能有逃脱的保证,但至少有未知的可能的"自由"等在

前方。为了实现生存的目标——自由，必须坚毅地、坚强地坚持下去。用大江在《广岛札记》中的话来说，这就是"广岛的精神""正统的精神"。

而且，肥男只是迷路的千千万万"儿子"中的一个。在这部作品中，"父亲"也不仅指生物学意义上的直系血亲，更多地指精神层面的"根"。换句话说，找不到父亲，就是找不到自己的根，这与《万延元年足球队》（以下简称"《万延》"）的根所兄弟"寻根"的比喻是异曲同工的。这一点，在"a里"临近结尾处，可看得更加明白。

肥男与兼职的K之间围绕"父亲"进行了一番问答，K一直怕自己会重蹈父亲的覆辙，随时准备好了要自杀；K辞职之后，肥男亲自出马，教儿子学走路。至此，父亲与"我"的关系，不仅投射在"我"与儿子身上，还投射在K父亲与K身上，这三组父子关系至少在"我"的想象中是非常具有可比性的，都会引起布莱克那句诗的联想："父亲啊，你要去哪儿？"而且，"K"这个简称也别有深意，因为"K"是"健"字的日文发音首字母，所以在大江的"类私小说"世界中，K经常用来指称以大江本人为原型的角色[2]。肥男身上有作家的影子，K身上也背负着作家的符号，大江似乎想要说：这不是肥男或K的个人问题，肥男或K有可能是世界上的任何人。于是这个问题被扩展得更具普遍性。

值得注意的是，在肥男教儿子走路的情节里，叙述者在回顾自我的视角框架下采用了经验自我的视角，除了情节的开端与结束时用到了过去时态，中间的描写一律采用现在时，营造逼真的临场感，暗示着痛苦与挣扎就发生在此时此地。而且，在不到2000字的叙述中，叙述者近乎执拗地使用了近十次"重新、反复"的近义表达：

> 我重复着同一行为。多次，多次地重复。〔中略〕

> 但是我不停地重复回到儿子的身边，一边呼喊着他的名字一边跑下斜坡。〔中略〕我沉默着，像一条狗那样气喘吁吁，还是站到儿子旁边、迈开步跑、不停重复。〔中略〕喘气、难看地踉跄、跑下斜坡，循环反复。〔中略〕我踉跄着登上斜坡，又再次跑下去。循环反复，循环反复。

"反复"一词的前景化，突出了奔走的循环与写作、录音的循环结构上的呼应。随后，肥男话锋一转，淡淡地说这并没有给现实生活带来什么变化："我尝试为父亲作传，每次失败都会被新一轮的忧郁症所擒获，然后又陷入了复原父亲暧昧'全体'的笔记制作工程中去，我只是不断地重复着这个不确定的、棘手的、可疑的操作而已，一如既往。"但是，那日的"奔跑"的确给了他一定的"鼓舞"（はげまし），他虽知道早晚会走入死胡同，但下一次会比上一次走得更远些。

2. 抹不去的痕迹

"a里"设置了巨大的语言迷宫，读者迷失其中，虽隐约知道方向，却无法到达出口。表面上在追求内容的真实，实际上却在反复暗示事实是靠"语言"构筑出来的，每个人认可的"事实"可能各不相同。言语不断地进行自我繁殖，最终对主题的表达起到了至关重要的作用：坚持挣扎，就是努力活着。"a里"本身结构完整，可当作独立的小说来欣赏。这个语言迷宫，应该说是《万延》中关于历史"真相"莫衷一是的翻版，甚至是升级版。《万延》中只是出现了多人的多种叙述版本、官方与民间的不同记录版本，而《父亲啊》中，大江则给予了叙述方式以前所未有的强调与关注。

"b表"的出现，因叙事视角发生巨大改变而添加了一盏灯，照出了许多虚实。与"a里"的第一人称内视角不同，"b表"采用的是全知视角，虽然基本上只透视聚焦人物肥男的内心世界，但叙述者却摆出一副站在故事外观察的样子，经常发出相对客观的声音。比如，肥男相信自己听到了电话那头沉默的母亲的气息，叙述者插入"非科学的"这一修饰语，指出他在毫无根据地胡思乱想。又比如，当肥男与妻子意见不同时，在全知视角下妻子的形象是这样的："决不助长肥男<u>被害妄想</u>的妻子说道。"这个"被害妄想"，既可能是叙述者的定论，也可能是叙述者推测妻子的想法，无论如何，摆脱了"a里"里只通过肥男视角观察的局限。还比如，肥男认为村里接线员会偷听电话："肥男努力地不去想那个转达过后就骑上自行车飞奔回去（<u>那是他的工作！</u>）、此时应该正在偷听的热情的接线员……"叙述者及时插入括号内的评论，表露强烈的反对。而且"b表"中，在括号内添加补充说明，是叙述者发表显性或隐性评论的<u>重要手段</u>，在以下4段讲述"肥男与儿子之间强力羁绊"的话语中可看得十分清楚。

①结果，肥男反而知道了（<u>他原以为</u>）连接着儿子和他的沉重束缚与羁绊与其说是……

②肥男和儿子首次被一条共通的痛苦管道串在一起（也许应该这么写：更准确地说，应该是<u>肥男曾经相信</u>存在那么一条管道，毕竟现在肥男也分不清以前感受到的痛苦究竟是真是假了。他已经领悟到了，一般来说，已然过去的记忆中的痛苦是最难具体再现的），发生在儿子三岁的夏天……

③要说为什么，那是因为实际上（<u>至少肥男曾经是这么相信的</u>）一股烧伤的疼痛立马贯穿了他的下肢。

④那手掌的触感，再次让肥男一瞬间尝到了儿子这

三十分钟所经历到的一切的真髓(<u>至少当时的肥男是那样认为的</u>)。

第①③④例,如去掉括号里的内容,肥男的自以为是会被当作客观事实,显然叙述者全力避免这一点;如去掉括号,评论内容就能无痕融入叙述中,显然叙述者也是有意突然插入括号、营造突兀感,为的是阻止读者沉溺在人物的内心世界里,不断积累同情,从而丧失了客观评判的立场。这一意图在第②例里体现得尤为明显。②的插入较长,叙述者不惜打断叙述进程,也要点破肥男过剩的自我意识。而且以上4例都出现了"相信"(信じる)这一动词,提醒读者:想象≠现实。

"b表"的(选择性)全知叙事,提供了不同角度的照明,让"a里"许多未解之谜,得到了一定程度的解释,比如肥男变"肥"的象征意义、肥男与儿子之间"重复"生活构造的建立原理。在相对客观的讲述里,读者还可以看到肥男极度依赖母亲的过去、妻子为家庭操劳的瘦弱身影、肥男自命为儿子代言人的固执,以及肥男过度敏感的受害者意识,这些侧面在"a里"肥男的眼光下都是被遮蔽的。"b表"的叙事策略,为终止"a里"的无限循环提供了结构上可能的突破口。

在肥男最终触及"真相"之前,有两个重要的情节铺垫。其一是他遭遇了暴力事件,差点被扔进白熊游泳池;其二是他向母亲正式宣战。第一个事件让他看清了与儿子的"羁绊"只不过是自己一厢情愿的幻想,从此挣脱了名为"儿子"的枷锁。而第二个举动,要求母亲披露父亲死亡真相,则帮他挣脱了名为"父亲"的枷锁。

值得注意的是,肥男从未要求"证据",只想要母亲的"言语"。他认为母亲手中握着足以解释父亲死亡真相、肥男疯狂原因、与白痴儿子存在的所有语言,但母亲几十年来一直

沉默不语，大约是打算直接带到棺材里。而母子之间交流的通道已断绝太久，使得母亲最终没有亲口说出真相，只是以书面通知的形式，写出了父亲当年与发动政变的将校们有来往、政变失败后在恐惧中开始了在土仓里的幽闭生活、并因心脏麻痹死去的事实。

　　肥男花费数日，比对回忆、见闻以及各种资料细节，确实找不到与此份叙述不相符的部分。此时，通过叙述者的全知视角表现出来的肥男内心活动意味深长："父亲并非发狂而死，就算他真疯了，既然有那么明确的发疯理由，则父亲的疯狂与肥男的疯狂完全是两码事。"也就是说，对于肥男来说，父亲究竟是至高无上的权力者，还是同情政变的一般人，都并不重要，重要的是能够确认父亲的疯狂与自己的疯狂无关，而究竟有无关系，说到底又是一场借助语言进行的自我解释罢了。

　　真相如何，并不重要。重要的是探寻的过程。而探寻的过程，很多时候是一个用语言来说服自己的过程。这一过程往往极度漫长，伴随着动摇、不安等痛苦（这与具体言语的可被替代性直接相关），但对于说服自己是谁、确认自己的存在、真切地体会到活着的实感，有着重要的意义（这与事实真相有一定程度的独立性有关）。

　　此结局与《万延》可比性极强，蜜三郎最终也没有找到"积极"证据链，但仍然选择相信那些"消极"证据带来的"启示"，还原了自以为的"真相"，开启了想象中的"新生活"。肥男也是如此，他在"a里"的开头和"b表"的结尾，做着一模一样的举动——自我封闭地埋头写作。唯一不同的只有他们的心态——从被迫疯狂，变为自愿疯狂。如果说，肥男最终争取到的是"自由地选择不自由"的自由，那么我们就可以看到大江的小说世界里真正地出现了存在主义式的自由，每一个主体都要为自己的选择负绝对责任的自由，这

是一种与《万延》及之前的小说所追求的"自由"不同质的东西。《个人的体验》也好，《万延》也好，它们所设想的"自由"更多的是世俗意义上的、积极向上的"新生活"的某种属性，受限于作者本人的"监禁"意识未能真正地实现。而到了《父亲啊》，"自由"就变成了哲学味道很浓的文字游戏了。《父亲啊》彻头彻尾的压抑气氛，很容易导向这样一个结论：它根本没有走出这座由语言构筑的监狱迷宫，只是赋予了叙述行为本身以很重要的主题意义：哪怕陷入"a里"式的言语迷宫里，只要在彷徨中坚持摸索自由的出口，本身就是在构筑自己活着的意义；到了"b表"里，在沟通困难的绝境里燃起战斗的意志，孜孜不倦地追求叙述话语的真实，本身就与获得自由之间画上了等号，尽管这可能又是新一轮文字游戏的开始。

3.表里合一

综上所述，"a里"与"b表"结构上互为表里、内容上互相补充、主题上互相呼应，作为一个整体，更易发现在表层叙事进程之下隐藏的深层含义。

首先，结构上，"b表"不再作为传记草稿内容的一部分出现，但也有可能是"a里"无限循环之文字游戏的一轮。"a里"中出现过了以第三人称叙述的草稿内容，因此无法排除这一可能性。

其次，内容上，"b表"里所有作为证据提出来的素材，都是在"a里"里可靠性遭受怀疑的叙述内容，这一看似悖论的结果试图说明：记忆的生成自有它的逻辑，就算文字被改写、声音被覆盖，心灵一旦留下痕迹，就很难被抹去。尽管抽象的记忆会以不同的形式存在于不同人物的脑海里，而且会在

想象力的作用下经历各自的扭曲，但彼此主观认知的相交之处，存在一个与痕迹相吻合的"真相"的最大公约数。

再次，结构与内容上的关联，构成了主题上的呼应：肥男在"a里"里虽然陷入了自我封闭的叙述游戏，却坚定了循环往复的决心，到了"b表"里则获得了某种决定性的突破，获得了坚持循环往复的"自由"。

也就是说，这篇小说，既是"表里合一"的，也是"表里不分"的，就像一个莫比乌斯环。这篇小说构筑出了一个语言的监狱，把"还原父亲"设置为连接"外面自由"的钥匙，肥男一直都在寻找那把钥匙。然而等到手握钥匙，却发现它也只不过是语言监狱的有机组成部分。这里，根本不存在绝对的"外面"，所谓的"自由"只是被封闭在"里面"的"自由"罢了。——这是一个有关现代人的自我寓言。作者有意识地安排了"缺席的父亲"（类似于《万延》中"缺席的祖先"），暗示了现代人在都市丛林中丧失了"自己的根"的严酷现实，千千万万的都市人只能在"幻想"或"妄想"中想象性地重建"自我"。正是因为人生的根本问题只得到了暂时的、虚幻的解决，所以《父亲啊》仍然未能摆脱"监禁状态"，它的结局也笼罩在无比压抑和沉闷的氛围中，与轻松喜悦的"自由"无缘。这个时期的"监禁状态"，与早期的《死者的奢侈》等系列作品的"监禁状态"[3]的区别也比较明显。早期作品散发着一种"无处可逃""无处为家"的绝望感，自从长子大江光诞生之后，大江健三郎已经失去了"逃出生天"的选择，只好回归家庭、回归自我，换一种姿态，努力应对人生的监狱。为此，他还特地用"正统的"广岛人的精神来自我鼓励，写出了《个人的体验》《万延》等略显突兀、但至少充满希望的"新生活"结局。至于为什么到了《父亲啊》反而陷入更深的绝望中去了，也许可以从作者的实际家庭生活中去寻找原因。在阿光的（当时6岁）成长过程中，大

江遭遇到接连不断的困难，这个年轻父亲的负担沉重到难以承受。《父亲啊》里，详尽地描写了儿子"没有看的欲望""没有走的欲望"，使人绝望，以及父亲如何挥汗洒泪地成为他的眼睛与腿脚。简单地说，在摆脱早期"监禁状态"阴影之前，作者已然迎来了中期的一种名为"父子共生"的新的"监禁状态"。

在这个意义上，《父亲啊》处在《个人的体验》《万延》等的延长线上，它们都是一种有别于早期《死者的奢侈》式"监禁主题"的新类型的"监禁小说"。这种类型的"监禁状态"所产生的压抑感，随着大江光的成长，在作品世界中也逐渐得到缓解，随后的《洪水涌上我的灵魂》里，父子间少了很多紧张气氛，到了《替补跑垒员的记录》则首次出现了父子携手作战的活泼欢快的想象。而这种把生存的痛苦当作灵魂之刺（既是痛苦之源，又是勇气之源）的主题，与后期的作品也联系紧密。可以说，《父亲啊》中"自由"的表皮下深藏着一颗"不自由"的心，构成了中期大江文学世界"绝望"的一极。它处在承前启后的位置上，以实验性的独特文体，淋漓尽致地刻画了"监禁状态"里的人在绝望与希望之中求生存的挣扎姿态。

注

[1] 原文文本参考《父亲啊，你要去哪儿？》（大江健三郎（1969）「父よ、あなたはどこへ行くのか？」、『われらの狂気を生き延びる道を教えよ』、东京：新潮社），译文为笔者拙译，下划线为笔者所加，后引文同。

[2] 如在《写给令人怀念的那年的信》（懐かしい年への手紙）中，主人公是小说家"K"；《奎尔普军团》（キルプの軍団）中，伯父称以作家本人为原型的父亲为"K哥"（K兄さん）。

[3] 关于大江健三郎初期作品"监禁状态"的研究，可参考本人拙文[刘苏曼（2015）]。

参考文献

菅野昭正（1969）「大江健三郎論——自由の位相」、『海』第1期。

劉蘇曼（2015）「「監禁状態」の構造の解明——大江健三郎の初期小説作品を中心に」、『二十世紀研究』第16期。

柘植光彦（1969）「大江健三郎——戦後世代の文学キー・ノート」、『国文学・解釈と鑑賞』第34期。

野间宏《萨特论》研究

莫琼莎（北方工业大学）

1945年日本宣布战败后，国内面临严重的社会危机：政局动荡、经济瘫痪、粮食危机和通货膨胀等，但尤为严重的是深刻的精神危机。日本国民长期以来信仰的天皇制绝对主义、日本主义崩溃了，多数国民特别是知识阶层处于悲观失望的颓废状态之中。日本国民开始反省自身的存在，普遍产生了这样的观点：除了自身以外的一切事物都是毫无价值的，唯有"自我"才是可以信赖的。"自我存在"的方式和价值成为人们普遍关心的问题，而反映人类的不安和恐惧心理，主张"个人自由""个人存在"的西方存在主义哲学思想迎合了这种社会需要，并且以迅猛的势头在日本社会，尤其是在知识界蔓延开来。

法国哲学家、文学家让-保罗·萨特的思想和作品正是在这样的时代背景下进入日本的。萨特是战后在日本最受欢迎、最先被日本知识阶层接受的外国思想家和作家之一。法国文学专业出身的日本战后派作家野间宏大量阅读了萨特的作品，激起了对萨特思想以及文学理论的极大兴趣。野间宏于1946年发表了被誉为"战后第一声"的小说《阴暗的图画》，这部成名作突出展现了野间宏对于小说方法的强烈关注。此后，野间宏一边创作以战争造成的精神创伤为主题的系列初期小说，一边撰写小说创作理论随笔，力图探索出从心理、生理、社会三个方面同时描写人物的"整体小说"的方法。因为这个需求，野间宏自然就会注意到萨特，因为萨特既是一个清醒地认识和书写第二次世界大战后欧洲社会的文学家，同时也

是以创作"整体小说"为目标的。但是萨特并没有完成自己的"整体小说"——《自由之路》的创作,野间宏的《青年之环》写到第二部后创作也停顿了10多年的时间。1952年野间宏在题为《谈谈状况》一文中是这样评价萨特未完成的"整体小说"——《自由之路》的:

> 在这部小说中,不断探求自由和人的肉体的做法是萨特的创新。……但是,这样就能明确地展示人的自由是什么了吗?萨特并没有揭示出外界的行动和这个自由之间的关系。萨特在小说中试图从社会大背景(处境)的角度对人物进行把握,从这个角度,我们可以得知,萨特的主人公好像不知道社会的动向,比如资本的动向和食物的匮乏等同时对大多数人构成威胁的社会动向,也可以说是一种(社会)处境,因而萨特也就不能把握和描写这样的处境。……我在《自由之路》中看到,萨特从社会大背景(塑造人物)的观点出发,将蒙田、笛卡儿创立的情念论(个人主义幸福论)放到社会中去,但是萨特尝试描写社会的道路被切断了。[1](笔者译)

野间宏对于萨特创作的批判,实际上也表明了野间宏力图在自己的作品中表现的重点,即"如何表达小说的'社会性'"的问题。《青年之环》是野间宏在其小说创作生涯的成熟期完成的长篇小说。这本六部头、300多万字(日文字数)的巨著是一部具备了20世纪文学特质的现代世界文学作品,足以代表现代日本文学的成就。支撑这部长篇小说创作的正是野间宏的"整体小说论"——《萨特论》。《萨特论》是一部体现了野间宏在其漫长的近30年的创作生涯中,为了最终完成"整体小说"——《青年之环》,不断批判日本的近代文学传统、扬弃西方现代文学理论的过程中产生的文学理论著作。

1.《萨特论》主要内容解析

《萨特论》的副标题是"小说论和想象力论",全论共分13章。

在《萨特论》的重要章节《小说论——关于〈弗朗索瓦·莫里亚克先生和自由〉》中,野间宏是从批判萨特的《弗朗索瓦·莫里亚克先生和自由》中的观点开始的。萨特在1939年2月发表的文学评论《弗朗索瓦·莫里亚克先生与自由》中认为:法国作家弗朗索瓦·莫里亚克在小说创作中扮演了全知全能的"神"的角色,对小说中人物的一言一行进行了主观武断的推测和描写。萨特对这样的小说创作方法持批判态度,并认为彻底粉碎这种"神的视点"是小说创作的重大使命。萨特的解决办法是:"小说家要么是人物的证人,要么是人物的同谋者,两者永远不得兼顾:要么站在外面,要么站在里面。"[2]野间宏认为这个观点将小说禁锢在一定范围内,不能让小说在原来的基础上有一个大的飞跃,更无法保证小说人物的自由。野间宏认为作品中的人物自由是由人物自身决定的,这一做法不能依靠萨特的上述理论实现,《自由之路》的创作就是一个失败的例子。在《自由之路》第二部中,萨特没有以"神的视点"左右作品人物的自由,但是却扮演了"全知证人"的角色,使得《自由之路》无法在真正意义上成为"整体小说"。

在"自由和整体"一章中,野间宏首先提到了萨特在《弗朗索瓦·莫里亚克先生与自由》中的观点,即作家从"神的视点"看待和约束作品中的人物的结果是抹杀了作品中人物的自由。对于这个观点,野间宏给予了肯定的评价。但野间宏存在的疑问是:为什么萨特关注了小说人物的自由问题,却无法创造小说作品的"整体",乃至无法完成"整体小说"《自由之路》的创作呢?对于野间宏来说,"整体"的问

题很重要。他认为"整体"是个体自由的对立物，也是凌驾于个体之上试图抹杀个体的事物。另一方面，由于个体存在于整体之中，所以必须从根本上解决"整体是什么"的问题。在野间宏看来，"整体"的问题是解开现实世界中有关人的问题的钥匙，同时也是完成"整体小说"的必备前提。因此"自由和整体"一章中探讨的重点就是为了完成《青年之环》必须解决的问题。野间宏在研究萨特的小说和文学理论的同时，还将萨特的把"自由"放在意识领域探讨的言论进一步向"欲望"的领域深化了。

野间宏认为所谓"欲望"，是对自己欠缺的东西的一种渴求，这种欠缺就是"整体"。野间宏认为萨特仅仅看到了欲望和劳动结合的一面，而没有认识到这两者间的排斥关系。野间宏对萨特的以下观点尤为重视：

> （萨特）进一步发展了有欠缺的人的存在是以自己所欠缺的"整体"为目标进行自我超越的观点，将有机的存在放在"整体化"的活动中看待，通过明确"整体化"的作用和辨证法的内容，发现人的存在始终和其他所有的存在保持内在的联系，人的存在始终促使着"整体化"的活动，因此决不能静止地看待"整体"，因为"整体"是一个不断活动的事物。[3]（笔者译）

在《萨特论》的最后部分，野间宏全面展开了自己的"整体小说论"。这部分是由"小说的整体"和"整体的小说"两章构成的，是《萨特论》的核心内容。野间宏主张杜绝在小说中泛泛地写入俗称"现实"的各种现象，而要打破认为小说的"整体性"与现实的"整体性"不同、是一种"虚构"的观点。作家在虚构的作品中创造人物，在作品中赋予人物以自由，就是为了不把人物当作牵线木偶看待，这正是将现

实世界在虚构世界中再现的做法。野间宏考虑的是现代文学中最为大胆的、理想现实主义的创作意图。野间宏提倡的小说创作方法不仅颠覆了日本近代写实主义的传统，而且远远超越了日本写实主义的范畴，在理论高度上与欧洲现实主义文学理论接轨。

上述关于"整体小说"的论述部分是野间宏得以继续创作《青年之环》的理论依据。将《萨特论》的内容和《青年之环》的具体创作结合起来就能更加立体地看出野间宏这一文学理论的价值和意义。

2.《萨特论》与《青年之环》创作实践

在《青年之环》第一部作为单行本发行的前一年，即1948年，野间宏在《小说论Ⅲ》中对自己追求的小说创作方法进行了以下阐述：

> 19世纪以前的小说不管是巴尔扎克的还是司汤达的小说，都是从外部把握人物。但是20世纪的小说，比如普鲁斯特、乔伊斯、纪德都是从人的内心把握心理世界。第二次世界大战后，可以说产生了将19世纪和20世纪的小说思想结合起来的观点。内部和外部的，将19世纪和20世纪的小说综合起来的综合小说的课题……为了描写一个人物，就要将与之有关的社会条件、生理条件、心理条件明确地表现出来，必须描绘出生理和心理都存在的形象。[4]（笔者译）

在这篇文章中，野间宏的"整体小说论"以"生理的、心理的、社会的""综合小说"理论形式初露端倪。但是

"综合小说"理论只是停留在理论上,对于小说人物的描写和小说"整体性"的把握还缺乏具体的方法指导,《青年之环》创作中断了12年之久的原因也正在于此,同时这也是促使野间宏写出《萨特论》的最大动机。在《青年之环》中断创作期间,野间宏通过创作《真空地带》掌握了以故事情节为中轴形成"小说整体"的方法,而后通过写作《骰子的天空》熟悉了描写资本和资产阶级的方法,所有这些努力组成了完成《青年之环》的准备工作。但是,野间宏在完成了上述作品后还面临的需要解决的一个重要问题是:如何找到在保证了"作品中人物自由"的同时,又从人物的内心世界驱动人物行为的方法。简单地说就是"作家的自由是什么"的问题。此外,在活用了所有以上要素的基础上,又该如何形成"小说的整体"呢?

从小说结构上看,《青年之环》分为三大部分。第一、二部分是小说开头的介绍和导入部分,第三到第五部分是小说的展开部分,第六部分是小说的结束部分。

小说进入第三部后,就明显地表现出了比第一、二部更为自由的展开,小说的内容超越了对两个主人公的平面描写,在人物和场景的描写上都更为丰富和多样化。矢花正行、大道阳子、大道出泉和反面角色田口吉喜四人在第三部中相遇。第三部分是从矢花正行拜访大道家开始的。大道家族的秘密随着与大道家族有着千丝万缕联系的田口吉喜的出现逐步展现在读者面前。而一直作为矢花正行工作对象的部落,其内部的对立斗争和在战时统制制度下的动向也逐渐明朗化。大道家族的秘密和矢花正行关心的部落问题、矢花正行与大道阳子和芙美子之间的情感纠葛,这些与主人公相关的外部世界和内心世界的描写在这一部分交替出现,野间宏的视角在人物的外部世界和内心世界之间来回游移。

在这部分内容中,野间宏的视点随着描写的深入,逐

步超越了作品人物的意识，进入到了具有超越人物自身作用的人物的欲望的领域。野间宏认为作家唯有通过描写人物的行动、诉说的话语、内心的独白以及还没有变成内心独白的"欲望"才能描绘出"小说的整体"，上述关于如何创作"整体小说"的观点，无疑成了支撑《青年之环》展开部分的理论支柱。

《青年之环》的故事情节是顺着日常的、缓慢的时间流动徐徐展开的。小说情节展开的路线是"欲望—行动—认识—欲望"式的环形路线，小说中的主人公通过不断涌现的人物和事件不断地加深对自身、对作品中的现实世界以及超越这一切的历史的"整体"的认识。小说以矢花正行和大道出泉为中心，通过各种人物和事件认识了人物的内心世界，同时也看清了作为外部世界的错综复杂的社会状况、人际关系以及人和资本间的关系等，小说由此形成了自己独特的时空世界。

野间宏在《青年之环》中在努力保证"出场人物的自由"的基础上充分行使了"作家的自由"，对于这两者的成功驾驭显示了他是一名在创作领域和理论领域都日趋成熟的作家。对于所有小说来说都不可或缺的小说展开部分是一个显示作家资质、观察力、成熟度以及创作自由度的部分，也是对读者来说最具吸引力的一个部分。小说的展开部分尤其是长篇小说的展开部分在日本近代文学作品中一向是被忽略的部分。而《青年之环》第三部到第五部的小说展开部分正是这部小说区别于日本近代文学中的大部分作品的标志，是《青年之环》堪称"整体小说"的重要部分。

3.《萨特论》与《纯粹小说论》

《纯粹小说论》是日本著名作家、"新感觉派"的代表

人物横光利一的一篇文学理论文章，最早发表在1935年4月的日本《改造》杂志上。《纯粹小说论》虽然只是一部短小的评论，但它对同时期文坛的影响是巨大的，甚至还引起了名为"纯粹小说论争"的大讨论。

进入20世纪30年代的日本处在一个复杂不安的时代：日本军国主义政府选择了法西斯的道路，强化了在思想和文化方面的国家统制，由此带来了文学创作方面的僵化和停滞，使众多的文学家感受到了强烈的危机感。以川端康成为代表的作家们为了打破日本文坛创作的停滞状态，发出了"文艺复兴"的口号。在这一口号召唤下，曾经激烈对抗过的无产阶级派系的作家、现代主义派系的文学家以及在军国主义政府的高压政策下保持沉默的成名作家们都集聚到了一起。横光利一的《纯粹小说论》就是在这样的背景下发表的。横光利一在《纯粹小说论》的开头说过这么一段话：

> 如果有文艺复兴的话，那么除了使纯文学变成通俗小说以外，就绝对不可能有文艺复兴的存在。[5]

这个言论惊动了当时的日本文坛，成为众人议论的焦点。十多年后日本战后文坛的复兴局面在某种意义上印证了横光利一的预言。横光利一在创作《纯粹小说论》之时，非常清楚地看到陷入"私小说"境地的日本"纯文学"主流文坛所处的窘境和空虚。横光利一认为在公认的"纯粹小说"像俄罗斯作家陀思妥耶夫斯基的《罪与罚》中具备了很多"通俗小说"的要素，即"偶然性"和"感伤性"，他认为这是一部比日本"纯文学"小说作品更高级的"纯粹小说"。托尔斯泰、司汤达、巴尔扎克等这些文学大家的作品中，也都含有很多"偶然性"。横光利一认为这些小说虽然都符合"通俗小说"的标准，但它们又不仅仅是通俗小说，它们同时还被认为

是"纯粹小说"和"纯文学"作品的原因在于：这些作品具有经受得住一般理性批判的思想内容和与此相适应的现实意义。"通俗小说"运用的是以作家的想象力为基础的虚构能力，虽然小说在现实意义上存在欠缺，但"通俗小说"的创作手法显得比描写身边事物的"纯文学"高明，甚至还会出现很强的感染力量。横光利一认为"纯文学"虽然看起来在日本文坛占据绝对优势，但是"纯文学"的衰亡是必然的趋势。为此横光利一提出了最为有效的"文艺复兴"的手段，即立足于文学的能动精神和浪漫主义的"纯粹小说"的创作。简而言之就是使"纯文学"变成"通俗小说"。

横光利一认为他所提倡的"纯粹小说"是无法以短篇小说的形式表现的。因为"纯粹小说"是在"通俗小说"具有的"偶然"和"感伤"的基础上，加上人类社会共有的、高度的思想性形成的，因此短篇小说是不足以包容如此丰富的内容的。横光利一认为"纯粹小说"的小说概念并不能提升当时日本文坛的"纯文学"水平，倒是能提升"通俗小说"的层次。横光利一从日本古典文学形成的角度论述了得出这一结论的理由：日本古典文学中物语文学创作的动机和方式与日记文学创作的动机和方式是不同的。物语的创作过程是文学产生的过程，其中具备了创造的精神，后来发展成了"通俗小说"；而带有随笔趣味的日记文学成了"纯文学"的鼻祖，近代以来的"纯文学"作品一味专注于忠实地描述自己身边发生的事情，而忘记了作家应该肩负的创造小说世界的能力。总体说来，"纯文学"保留了日记随笔文学的语言风格。"纯文学"在最初形成时既具备了物语文学中的"通俗小说"的精神，又兼具了日记文学的语言风格和精神。但是自从自然主义文学运动在日本近代文坛兴起后，这种健康的小说精神逐渐消失，取而代之的是认为只有从事实的报告中才能显示"现实主义"的错误理解。这个趋势来势凶猛，极其显著地延迟了小说

作品本该具备的现实主义批判精神的发展。横光利一认为在日本的"纯文学"创作中，小说作品成了作家的私有物，这极大地限制了"纯文学"的发展。作为日记文学延长线上的日本近代写实主义，虽然有利于揭示个人内心活动的真实面目，但由于揭示的内容缺乏普遍性，因而对大部分人来说缺乏现实意义。横光利一认为作家应该和作品中的人物对话，了解他们的所思所想，并将这些人物的思想放到一个互相关联的社会网络中去把握，而后通过聚焦和升华将小说完成。将这些信息连缀起来的作家的想象力尤为重要。横光利一《纯粹小说论》的创作也正是源自上述思考。

野间宏一贯认为"整体小说"的创作中最大的前提是超越"私小说"的创作。因此创作首先面临的问题是对日本近代的自然主义文学的再认识以及对新感觉派的"感觉表征"内容的彻底分析和探讨。野间宏在《新感觉派文学的语言》一文中认为，新感觉派文学为了超越自然主义文学，首先关注的是自然主义文学将自我封闭在日常生活中造成的封闭感觉，为此新感觉派要寻找变革这种封闭感觉的方法。野间宏认为相对于自我封闭的自然主义文学，新感觉派提倡的"感觉"不是"被动的感觉"，而是将感性和悟性综合起来后的积极的认识作用。为此新感觉派主张在小说中采用新奇的语言风格、夸张的比喻给读者以新鲜的刺激，从而使读者从以往自然主义文学的沉闷的日常性当中解脱出来。然而充满了热量和光辉的新感觉派的语言风格虽然让读者感受到了新鲜的力量，但是没有达到感觉普遍化的效果。新感觉派的感觉之"新"只是在字面上表现出来，并没有深入到小说创作的实质和方法上。横光利一提出的感性和悟性的相结合的问题，在经历了《纯粹小说论》的理论升华后，成了促发野间宏创作"整体小说论"的巨大动因。野间宏的"整体小说论"从某种意义上讲是对新感觉派理论的超越。如果说横光利一从小说的理论上认识到了"纯文

学"的局限，那么野间宏所处的日本战后时代的复杂性，使作家感到不得不进行小说形式和内容的变革，否则就无法通过小说反映现实世界。

横光利一在《纯粹小说论》中提出的小说中"第四人称"的观点在野间宏的《萨特论》中有了更为具体的论述。横光利一主张在小说中设定"第四人称"，而不是第一、第二或第三人称，明显地表现了他对日本近代以来的小说的否定。横光利一认为小说中仅仅使用第一、第二或第三人称，是无法全面地描写人生的，传统的日本近代小说中的视点不足以描绘全面的人生。为了恢复小说的现实主义意味，必须设置与迄今为止的小说中的视点不同的新视点。横光利一认为，在现代社会中，日本的近代纯文学小说已经无法反映现代社会的复杂混乱的局面，为了使小说的内容接近真实，赋予小说现实意义，就要在小说中设置"第四人称"的视角。这一观点和野间宏后来提出的在"整体小说"中保证作品人物自由的同时发挥作家创作自由的论述相关。横光利一认为作家在描写人物时，必须赋予这个人物现实性，否则根本无法写小说。仅凭表现人物外部的行为，或是仅仅描写人物的内心世界，都是无法全面把握和描写人物的，必须将重心放在这两者之间，这是作家必须具备的态度。横光利一提出的"第四人称"实际上就是小说中作家的视角，但是如何在小说创作中运用作家视角推动创作，同时又不影响小说人物的自由和小说"全体"的展现，横光利一并没有进行详细的论述，而野间宏在《萨特论》中则有明确的论述。

野间宏撰写的文学理论著作《萨特论》是战后日本文艺理论界的重要著作。《萨特论》的完成不仅对野间宏的创作，尤其是其长篇巨著《青年之环》的后期创作起到了促进和完善作用，同时也填补了日本现代文学史中关于长篇小说创作方法的理论著作的空白。活跃于战前文坛的横光利一在《纯粹小说

论》中提出的，有关"纯粹小说"创作的重要论述在野间宏的理论和实践中得到了真正实现，《萨特论》是对横光利一的"纯粹小说"理论构想的进一步发展和完善。《萨特论》还是解读野间宏的长篇巨著《青年之环》的钥匙，《青年之环》的内容又是对《萨特论》中艰深难懂的理论叙述的最好诠释。它通过对萨特理论的吸收和批判，将日本文学的创作视野和世界文学联系起来，使一直以来陷入私小说式的日本写实主义的日本作家在创作实践上找到了一个出口，日本现代文学的视野由此得到了拓宽和提升。无论从理论的角度还是从指导小说创作实践的角度上讲，《萨特论》都具有划时代的意义。

注

[1] 野間宏《野間宏全集》（第14卷），日本筑摩書房，1970，第226-227页。
[2] 萨特《萨特文学论文集》，安徽文艺出版社，1998，第12页。
[3] 野間宏《野間宏全集》（第19卷），日本筑摩書房，1970，第150页。
[4] 野間宏《野間宏全集》（第14卷），日本筑摩書房，1970，第38页。
[5] 横光利一《純粋小説論》，载《日本現代文学全集28横光利一集》，日本講談社，1981，第461页。

参考文献

日文著作

本多秋五（1966）『物語　戦後文学史』、日本：新潮社。
渡辺広士（1969）『野間宏論』、　日本：審美社。
黒古一夫（2004）『野間宏——人と文学』、日本：勉誠出版。
横光利一（1981）『日本現代文学全集28横光利一集』、日本：講談社，1981。

松原新一、磯田光一、秋山駿（1985）『戦後日本文学史・年表』、日本：講談社。

薬師寺章明（1977）『野間宏研究』、日本：笠間書院。

野間宏（1969—1971）『野間宏全集（全22巻・別巻1）』、日本：筑摩書房。

中文著作

庞世伟（2009）《论"完整的人"：马克思人学生成论研究》，北京：中央编译出版社。

让-保罗·萨特著、施康强等译（1998）《萨特文学论文集》，安徽：安徽文艺出版社。

让-保罗·萨特著、亚丁、郑永慧等译（1998）《萨特小说集（上、下）》，安徽：安徽文艺出版社。

叶渭渠、唐月梅（1991）《日本现代文学思潮史》，北京：中国华侨出版社。

叶渭渠、唐月梅（1998）《20世纪日本文学史》，青岛：青岛出版社。

『天草版平家物語』の創作方法についての考察

向　偉（北京大学）

はじめに

　『天草版平家物語』を読み進めていくうちに、著者ハビアンが仏教要素への態度の変わりが感じられてきた。更に、その隠れた態度を表している創作方法に注目すると、ハビアンの創作方法が一貫していないことがわかる。というのは、異教[1]邸プロット（例えば最期譚、霊夢譚）と用語（例えば「天道」、「後世」、「後生」）への処理法は『天草版平家物語』の前後文に同じでなく、違いまたは一定の矛盾さえ出てくる。そこで、創作方法が変わる過程と原因をさらに考察する必要があると思われる。

先行研究

　『天草版平家物語』の原拠本をめぐり、数多くの平家物語諸本と詳細に比較した清瀬良一氏[2]は、『天草版平家物語』の［巻Ⅰ］及び［巻Ⅱの1］は覚一本を底本として、それ以降は主に百二十句本を底本とするという結論を出した。しかしながら、その原拠本変更の境目をもう一度言語学

以外の角度から見直して考察する必要があると思われる。

　盛んな言語学研究にひきかえ、文学の角度からの検討は決して十分だとは言えない。その中に、玉懸洋子氏の研究は霊夢譚の削除など不明な問題点をめぐり、詳しく論じていて参考になる。それに、玉懸洋子氏は「後世」と「後生」の問題について、「来世教である仏教とキリスト教、両教に通じる通路がまさしく「後生」、「後世」の語である」[3]と論じている。というのは、玉懸洋子氏はこの二つの語がほぼ同じ意味だと考え、あまり区別しないようである。けれども、キリスト教と仏教のそれぞれの救済方法に関連して考えると、この二つの語彙に実ははっきりとした違いがあると思われる。これらの問題については後稿に譲る。

1.創作方法の変化

　『天草版平家物語』における創作方法の変化といえば、変化の境目はどこにあるかという問題にぶつかる。

　『天草版平家物語』が翻訳されたものなので、訳し方の転換から、創作方法の境目を検討する。「祇王段」以降の巻Ⅱ、Ⅲ、Ⅳでは、登場人物が急増し、プロットの細部まで詳しく語られている。というのは、巻Ⅰは故意に選択され、略訳された少々断続的なものであるが、巻Ⅱ以降は逐語訳のように、平家物語原本にもっと近いものである。

　こうしてみれば、仏教邸要素への取捨選択の変化の境目は巻Ⅰの最後と巻Ⅱの最初「祇王段」の間にある。訳し方の変わった境目も同じく、巻Ⅰと巻Ⅱの間にある。したがって、本稿においては、原拠本の変更の境目と少々違い、敢えて巻Ⅰと巻Ⅱ、Ⅲ、Ⅳの間に線を引き、前半部と後半部に分

け、創作方法がどのように変わるかという問題に対して、それぞれ考察してみる。

2.前半部における強烈な排他

前半部の巻Ⅰでは、仏教をはじめとする異教的要素を強烈に排除する傾向が著しい。

2.1 「天道」の新含意

前半部において、最も注意すべきのは「天道」という新たな言葉が出ていることである。それは平清盛の病気を話した時、はじめて出てきた。

1）かくて清盛公、仁安三年十一月十一日、年五十一にてやまひにをかされ、存命の為に忽に出家入道す。法名は浄海とこそなのられけれ。其しるしにや、宿病たちどころにいへて、天命を全す。[4]（覚一本　巻第一　禿髪）

2）さて清盛五十一の頃病におかされ、存命も不定に見えたによって、その祈りのためにか出家入道して法名をば浄海と名のられでござった。天道からその所作を御納受なさるるしるしにか、病もたちどころに平癒して…[5]（天草版　巻Ⅰの1）

平清盛の平癒の原因について、覚一本は平清盛が出家したからだと指摘し、つまり仏教の力を強調している。しかし、『天草版平家物語』は、原拠本になかった「天道」の一言を挿入し、出家という行為より、天道のご納受がもっと肝心であることを強調している。というのは、『天草版平家物

『天草版平家物語』の創作方法についての考察　253

語』では、清盛の所作を御納受なさい、病気を免れたのは仏などと直接に言わず、ハビアンはわざと「天道」という意味深い言葉を挿入した。

　さらに、平重盛が平清盛を教訓する節で、「天道」の含意がもっと読み取りやすい。

　3）今これらの莫太の御恩を忘て、みだりがはしく法皇を傾け、奉らせ給はん事、天照大神・正八幡宮の神慮にも背候なんず。日本は是神国也。神は非礼を享給はず。然ば君のおぼしめし立ところ、道理なかばなきにあらず。（中略）神明の加護にあづかり、仏陀の冥慮にそむくべからず。神明仏陀感応あらば、君もおぼしめしなをす事、などか候はざるべき。[6]（覚一本　巻第二　教訓状）

　4）いまこれらの莫大の御恩を忘れて、みだりがはしう法皇を傾けさせられうずることは天道の御内証にもそむきまゐらせられうず：そのうへ君の思し召したつところ道理なかばないではござない…天命にかなはせられ、天の御加護あらば、君も思し召しなほすことなどござるまじいか？[7]（天草版　巻Ⅰの6）

　ハビアンはここで故意に神道教の代表「天照大神・正八幡宮の神慮」を「天道の御内証」に変えた。それだけでなく、「神々の宿る国」の神国思想を込めた「日本は是神国なり。神は非礼を享給はず」の一言までも削除し、「神明の加護」「仏陀の冥慮」「神明仏陀感応」を全部「天命」「天の御加護」に言い換えた。この取捨選択に、宗教的意図が濃られていることは言うまでもない。というのは、「天道」とは神道の神にも仏教の仏にも対立したが、神道の神と仏教の仏のような存在を指している。

　以上から見れば、神国の日本を否定し、、人の祈りや願

いを通じて感応し、納受すれば、人を加護できる「天道」はまさに仏教、神道と対立したが、同じく宗教性を帯びた著者ハビアンが信じているキリスト教の主[8]あるいはゴッドである。

しかしながら、「天道」がキリスト教の主を指すなら、ハビアンはなぜ直接に「ゴッド」、「イエス」、「御主」などを使わず、あえて「天道」という固有漢語を使ったのだろうか。

というのは、当時「ゴッド」、「デウス」などの洋語がまだ創造されなかったからである。仮にそれらの洋語が当時あっても、日本古典文学『平家物語』に用いられると、露骨な宗教意図はとにかく、片仮名であまり唐突で、非常に違和感があるのではないかと思われる。

以上の理由で、ハビアンは神道教と仏教的要素が色濃い言葉を削除し、この儒家の宗教性薄く、曖昧な「天道」に新たなキリスト教の意味を加えた。この異教邸要素を強烈に排除する創作方法が『天草版平家物語』巻Ⅰではっきりと見られる。

2.2 異教排除的プロット

『天草版平家物語』は名高い「祇園精舎」の部分を省略している。それに冒頭文だけではなく、このような取捨選択のところも巻Ⅰに数多く存在している。

最期とは、命の終わるときである。人の死に際は非常に重要且つ神秘であるので、多くの宗教に重視されている。いうまでもなく、最期を遂げることに、様々な宗教主張と解釈が存在している。最期譚への考察を通じ、異なった宗教態度が読み取られる。

『天草版平家物語』の巻Ⅰでは、最期譚は一切削除されている。
　その一方で、古典平家物語での清盛の最期譚は仏教的要素が色濃い。悪行の限りを尽くした清盛は、最終的にその「報い」を受けることになる。特に、清盛が「南閻浮提金銅十六丈の盧遮那仏、焼ほろぼし給へる罪によ（ッ）て」[9]、焦熱地獄に落ちたように、「悶絶躃地して、遂にあつち死」[10]。仏教における因果応報思想を顕著に表現した箇所であるため、ハビアンに省略されるのは当然である。
　また、平重盛は清盛の悪逆無道による、平氏一門の凋落を予感していた。平重盛の最期直前の、熊野参詣、医師問答、金渡の造寺造仏と布施などの一連の物語は古典平家物語では具に語られている。しかし、金渡の造寺造仏をはじめとする最期物語は一切削除される。なぜかというと、そういう一連の物語は実は往生極楽を購う諸行で、現世第一主義的な浄土教態度が読み取れる[11]からである。
　こうして、『天草版平家物語』においては、平清盛と平重盛の物語は非常に少なくなっている。この不思議な二人とも『天草版平家物語』に主人公として扱われていないため、『天草版平家物語』の「因果応報」と「諸行無常」の思想性は跡形もなく、消え去ってしまっている。

3.後半部における柔軟な運用

　本章では第二章と同じく、典型用語とプロットの変化に注目し、それに、前章との比較で、著者ハビアンの創作方法の新動向を検討する。

3.1 「後世」から「後生」へ

　『天草版平家物語』の後半部、即ち巻Ⅱ、Ⅲ、Ⅳには、「天道」のように、挿入された新たな言葉はない。新しい言葉は出ていないけれども、もう一つの興味深いことが見つかった。それは「後世」と「後生」の関係である。巻Ⅰでは、殆どが「後世」という表現が用いられているが、巻Ⅱから、「後生」という言葉は「後世」に取って代わり、急に増加している。それに、「後世」や「往生の素懐」などは「後生」に言い換えられる。

　さて、「後世」と「往生の素懐」はなぜ「後生」に換えられるだろうか。それに、もともと「後生」、「後世」、「往生」が類義語だと考えられている。原拠本の覚一本と百二十句本では、その三つの言葉はあまり厳しく区別されず、大体混用されている。しかし、『天草版平家物語』の後半部にいたると、「後世」「往生」はほとんど「後生」に言い換えられた。したがって、この三つの言葉の微妙な違いを考察する必要があると思われる。

　『邦訳日葡辞書』によると、
　「後世」Goxe（後の世）、来世。[12]
　「往生」Vǒjǒ（往き生まるる）次の世に再び生まれること。‖また、救済されること。すなわち、ゼンチョ（gentios異教徒）が思っているように、阿弥陀（Amida）のパライゾ（paraiso天国）に行くこと。[13]
　「後生」Goxǒ（後の生まれ）未来の生、あるいは、べつの世［来世］。‖また、救霊。例、（後生を助かる）霊が救われる。[14]

　意味の解釈を比較すると、この三つの言葉はいずれも次の世、来世を指すという共通の意味を持っている。したがっ

て、古典平家物語では、この三つの言葉が厳密に区別されず、大体混用されていることはおかしくない。しかしながら、「後生」の解釈に注目すると、未来の「生」（世ではなく）、救「霊」（済ではなく）という独特の意味が見つかる。実は、この「生」と「霊」は正しく仏教と大きく異なるキリスト教の教義の内容である。

キリスト教教義によると、「霊魂はもと永遠なものであつて、身体の束縛を離れて再び己が故郷なる永遠に安らふと云ふのが霊魂不滅説の主張である。（中略）それ故に基督者の永生の信仰は、必然的に復活の希望と結びつく。（中略）そしてこの最後の審判は信者の復活と不可分離の事柄である」[15]。

イエスと共に、天国に行く信仰はキリスト教の重要な思想である。また、『邦訳日葡辞書』の「後生善所」の項目に、「パライゾ（paraiso　天国）のような非常に良い所」[16]と書いてある。こうして、「後生」とキリスト教の「天国」と関連していることが分かる。即ち、「後生」とは死んだ後のことを指す。でも、輪廻ではなく、復活してイエスと共に天国に行けることを祈る。したがって、日本人キリシタンのハビアンは仏教の輪廻を表した「後世」「往生」を取り替え、復活信仰と関わる「後生」を選び、積極的に用いたのである。

3.2　仏教物語の活用

祇王段からの後半部（巻Ⅱ、Ⅲ、Ⅳ）には前半部と異なる創作方法が伺える。『天草版平家物語』の祇王段のおかしい位置は著者の特別な意図を表している。しかしながら、祇王たちの最期を記述した段落を考察すると、ハビアンの特別

な意図が少し明らかになってくる。

5）かやうに穢土をいとひ浄土をねがはんと、ふかく思ひ入れ給ふこそ、まことの大道心とはおぼえたれ。うれしかりける善知識かな。いざもろともにねがはん」とて、四人一所にこもりゐて、あさゆふ仏前に花香をそなへ、余念なくねがひければ、遅速こそありけれ、四人のあまども皆往生の素懐をとげけるとぞ聞えし。[17]
（覚一本　巻第一　祇王）

6）これほど穢土を厭うて、浄土を願はうと深う思ひおいりあったこそまことの大道心とは見えたれ。いささらばもろともに後生を願はうと言うて、四人一所に籠って、朝夕仏の前に花、香をそなへて、余念もなう後生を願うてつひに無事に終わったと、申す。[18]（天草版　巻Ⅱの1）

　以上は祇王たちの最期を記述した言葉である。前述通り、「往生」はキリスト教義と一致しないため、「後生」に換えられた。その一方で、「浄土」、「大道心」などの言葉はキリスト教で対応の概念があり、柔軟に運用されたためである。具体的に言えば、その「浄土」は苦しみのない天国楽園の象徴である。その「大道心」は仏道を求める心だけではなく、キリスト教から救いを求める心とも言える。祇王たちが一心に仏を見奉る様子はまさにキリシタン修道者のようではないかろうか。彼女たちが天国楽園のような浄土に入るため、自害を諦め、自ら自分の罪を懺悔し、後生を願う。

　こうしてみれば、祇王物語からキリスト教の共感が感じやすいので、キリシタン物語として解読できる。したがって、祇王物語位置の問題について、巻Ⅰでの創作方法が強烈な排他方法であるため、仏教発心物語としての祇王段は巻Ⅰに削除されるに違いない。しかし、巻Ⅱからの創作方法が柔

軟な運用に転じたため、その祇王物語は著者に見直され、キリシタン物語に活用され、巻Ⅱの最初に置かれたのだ、と私には思われる。

終わりに

　キリスト教が日本に伝来した時代は、戦国時代の最中であり、中世から近世へ胎動していた時期でもある。従来の日本宗教界に全くなかった新しい信仰を培うため、その時代背景に応じ、「適応主義」[19]という方策が生まれた。当時のイエズス指導者オルガンチノ[20]は日本人の感情・文化・風習を尊重し、それに適応策を採るにほかならないと指摘し、仏教を手本とする布教方法を案出した。[21]
　ハビアンは『天草版平家物語』の序に、ハビアンは日本の風俗文化を紹介することとキリスト教の御法を広めることという二つの使命を述べている。しかしながら、この二つの使命は一定の矛盾を含んでいる。キリシタンの志願のたよりとならず、かえって妨げになるものを除かなければならない。けれども、『平家物語』全作品は人間社会をささえる基本的支柱として、仏法を護持しなければならないとする態度を最後まで貫いている。もし多くの仏教物語を削除したら、露骨な宗教意図はとにかく、『平家物語』の本来の味わいも減殺されるだろう。従って、この二つの使命の間に一定の程度で把握し、巧妙にキリシタンのものにすることは極めて難しい。才能豊かなハビアンにとっても大きな挑戦だと考えられる。どのように翻案すればよいか、ハビアン自身も困り、苦悩しただろう。
　ハビアンは一五八六年禅僧を諦め、一六〇五年に排仏書

『妙貞問答』を著した。一六〇六年林羅山と京都下京で論争した後、一六〇八年にイエズス会を脱会し、一六二〇年にキリシタンを批判する『破提宇子』を著した。このように、禅僧からキリシタンへ、またキリシタン信仰を諦め、仏教信仰者に戻った。ハビアンの宗教態度が確固で、一貫しているとは言えない。ハビアンの生涯を概観してみると、真に興味深い人生である。

　異質の東西文化が出会った後、思想、宗教などさまざまな面において、矛盾は激突した。そういう背景の中に、東西文化の調和はずっとできなかったハビアンは思想と意識が揺れがちである。ハビアンはすべてを相対化する禅宗と、絶対の神で支えられたキリスト教の窮地に、もがいていただろう。『天草版平家物語』創作方法の変化という問題も著者ハビアンの思想経路に関連しているとは言えるだろう。ハビアンが巻Ⅰを完成した後、自ら創作方法を変えたことは根本的にこれまでの仏教を全面的に排除する態度への反省し、自分の創作方法を調整していたのではないか。語彙とプロットの取捨選択の変化、訳し方の転換、及び原拠本の変更はその証拠である。したがって、作者ハビアンの創作方法が一貫していなく、変化が出ることも極めて自然だと考えられる。

注

[1] ここでは、キリスト教の立場から、対立している仏教だけでなく、神道教も指す。

[2] 原拠本の考察について、清瀬良一（1982）『天草版平家物語の基礎的研究』、東京：淡水社 が詳しい。

[3] 玉懸洋子（2009）「天草版平家物語論（一）：後生を願う人々」、『佛教大学大学院紀要：文学研究科篇』第37期、第102頁。

- [4] 高木市之助（校注）（1959）『日本古典文学大系・平家物語 上』、東京：岩波書店、第90頁。
- [5] 江口正弘（校注）（1986）『天草版平家物語・対照本文及総索引』、東京：明治書院、第33頁。
- [6] 高木市之助（校注）（1959）『日本古典文学大系・平家物語 上』、東京：岩波書店、第172-173頁。
- [7] 江口正弘（校注）（1986）『天草版平家物語・対照本文及総索引』、東京：明治書院、第103-104頁。
- [8] キリスト教の教理で、「父（ゴッド）」と「子（イエス）」と「聖霊（聖神）が「一体（唯一の神）」である。一つの神格にある三位格としての父と子と聖霊のまとまりをさす。正教会、東方諸教会、カトリック教会など大半の教派が、この教えを共有している。
- [9] 高木市之助（校注）（1959）『日本古典文学大系・平家物語 上』、東京：岩波書店、第408頁。
- [10] 『日本古典文学大系・平家物語 上』、第409頁。
- [11] 日本文学研究資料刊行会（編）（1969）、『平家物語』、東京：有精堂 における「平家物語にあらわれた浄土教」（渡辺貞麿）より要約。
- [12] 「後世」土井忠生（編）（1980）『邦訳日葡辞書』、東京：岩波書店、第309頁。
- [13] 「往生」『邦訳日葡辞書』、第707頁。
- [14] 「後生」『邦訳日葡辞書』、第310頁。
- [15] 熊野義孝（1935）『基督教要義』、東京：新生堂、第136-143頁。
- [16] 「後生善所」土井忠生（編）（1980）『邦訳日葡辞書』、東京：岩波書店、第310頁。
- [17] 高木市之助（校注）（1959）『日本古典文学大系・平家物語 上』、東京：岩波書店、第107頁。
- [18] 江口正弘（校注）（1986）『天草版平家物語・対照本文及総索引』、東京：明治書院、第225頁。

[19] イエズス会の布教方策を初めて「適応主義」という言葉でまとめたのは 狭間芳樹（2005）「日本及び中国におけるイエズス会の布教方策：ヴァリニャーノの「適応主義」をめぐって」、『アジア・キリスト教・多元性』第3期。

[20] Gnecchi-Soldi Organtino、第イエズス会宣教師。一五七〇年来日。織田信長に信任され、京都を中心に近畿地方で布教・教育活動を行う。

[21] 海老沢有道（1970）『日本キリスト教史』、東京：日本基督教団出版局、第41頁。

文献リスト

テキスト

高木市之助（校注）（1959）『日本古典文学大系・平家物語 上』、東京：岩波書店。

高木市之助（校注）（1960）『日本古典文学大系・平家物語 下』、東京：岩波書店。

高橋貞一（校注）（1973）『平家物語・百二十句本』、東京：思文閣出版。

江口正弘（校注）（1986）『天草版平家物語・対照本文及総索引』、東京：明治書院。

参考文献

海老沢有道（1970）『日本キリスト教史』、東京：日本基督教団出版局。

鈴木則郎（1971）「天草本平家物語の性格」『東北大学文学会文化』第35期。

清瀬良一（1982）『天草版平家物語の基礎的研究』、東京：淡水社。

市井外喜子（2007）『天草版平家物語研究』、東京：おうふう。

釈徹宗（2009）『不干斎ハビアン――神も仏も棄てた宗教』、東京：新潮社。

狭間芳樹（2005）「日本及び中国におけるイエズス会の布教方策：ヴァリニャーノの「適応主義」をめぐって」、『アジア・キリスト教・多元性』第3期。

熊野義孝（1935）『基督教要義』、東京：新生堂。

玉懸洋子（2009）「天草版平家物語論（一）：後生を願う人々」、『佛教大学大学院紀要：文学研究科篇』第37期。

玉懸洋子（2012）「天草版平家物語論（二）：全四巻の構成」、『佛教大学大学院紀要：文学研究科篇』第40期。

遠藤周作（1992）『切支丹時代：殉教と棄教の歴史』、東京：小学館。

森鸥外文学中的权力观*

赵玉皎（天津商业大学）

在日本近代文学家中，森鸥外（1862—1922）最大的特异性在于他并非狭义上的"文士"，而是终生位于体制内、致力于推进明治国家近代化的国家运营者中的一员。这使得鸥外文学具有较强的功利性，许多作品直接发轫于他对现实问题的思考，具有鲜明的指向社会的问题意识。因此，从作品中探寻鸥外创作时的问题意识以及背后的精神结构，对鸥外研究乃至明治知识分子研究都颇有意义。

在鸥外文学中，对于权力以及掌握权力的为政者的执政之道的关注，一直是核心问题之一。一方面，森鸥外学习的是最富有科学精神的医学，并留学德国，亲身浸染西方近代文化与自由思想。另一方面，他自小接受传统儒学教育，在陆军体系中升至"军医总监"高位。这种融军人、官僚、医学者、文学家多种对抗元素为一体的身份上的不纯粹性，势必导致他精神上的矛盾与痛苦。作为明治国家运营者的一员，同时又作为心怀批判意识的文学家，森鸥外不可避免地对权力和权力者有所言说。可以说，对权力问题的思考是鸥外文学的主要基石之一。

关于权力问题，在明治40年代，森鸥外便创作了《权杖》《沉默之塔》《食堂》《蛇》等多部作品，尤其是《沉默之塔》一直被视为鸥外反抗政府镇压思想自由、进行权力批判

---

* 本文为天津市高等学校人文社会科学研究项目"从明治精神到大正民主主义——森鸥外与芥川龙之介历史小说比较研究（编号：161077）"的阶段性成果。

的名篇。但鸥外真正系统而深入地探讨权力问题，则是在他转入历史小说的创作之后。山崎国纪甚至指出，"支撑和唤起鸥外向历史小说转换的意志的，是对权力者、为政者的冷峻视点[1]"，将权力问题提升为鸥外历史小说的主要创作动机。事实上，鸥外在明治、大正的转换期开始历史小说的写作，契机固然是乃木殉死事件的冲击，更重要的是他当时身居高位，军界和官界的身份使他需要顾虑诸多因素，对他想要在作品中表达的主题颇有妨碍，如他自己所言，"由于周围的诸种状况，而向过去寻求文章的题材"（《涩江抽斋》）。在他的历史作品群中，从《阿部一族》《佐桥甚五郎》，经《栗山大膳》，到《山椒大夫》，可以发现鸥外对权力、对为政者执政之道的关注长期持续。接下来，本文便以《阿部一族》《山椒大夫》等历史小说代表作为主要文本，解析森鸥外的权力观的内涵，并结合森鸥外的精神结构来探讨他的权力观的深层次意味。

1. 对为政者的权力批判

《阿部一族》是森鸥外最负盛名的一部历史小说，取材于江户时代初期熊本细川藩的一起殉死事件。小说描绘了主人公阿部弥一右卫门因为未得到主君允许而殉死，最终导致全族覆灭的悲剧。同是殉死题材，《阿部一族》与《兴津弥五右卫门的遗书》所描绘的君臣一体的深情厚谊和殉死者纯粹的献身精神相反，呈现了一幅在封建社会制度和习惯的压力下一族灭亡的凄惨图景。而造成阿部一族悲剧的根源，即在于藩主细川忠利、细川光尚父子为私人情感所左右，不能对臣下给予公正的对待，即为政者的失格和权力的滥用。

细川忠利病重之时，共许可了十八人的殉死请求，但唯独对

阿部弥一右卫门的请求一直拒绝，原因是性格上的嫌恶。

> 不论谁，都有喜欢的人或讨厌的人。但是仔细琢磨，为何喜欢？又为何讨厌？往往找不出像样的根据。忠利不喜欢弥一右卫门也是如此。（中略）
> 总之，弥一右卫门多次请求殉死，均未得到许可。[2]

将弥一右卫门未能得到许可的原因归结为与主君的"性格不合"，这是森鸥外的创作，其中或许借用了他在官界体验到的和长官小池正直、石本新六之间的一些微妙的心理纠葛。但无论如何，在阿部一族的悲剧中，为政者因自己的好恶而左右臣下命运的事实是决定性的。"深通人情世故"的忠利对于不允许殉死的结果是有预见的，知道被众人认为应该殉死而未殉死的人，会被视为"忘恩负义，贪生怕死"，从而无法在武家社会中生存，即便如此，他依然将阿部弥一右卫门推入了蒙受耻辱的境地。

在殉死尚未被幕府禁止的德川初期，殉死的行为本身被理解为一种和平时期武士最高的名誉，同时社会舆论也形成了一种惯性思维，与主君有过私密关系、受过格外恩遇或宠爱的武士，应当为主君殉死。若是该武士没有完成这种社会意识的期待，就会被评价为卑怯，即作为武士的名誉被彻底否定，这种耻辱更甚于死。物议沸腾之下，为了洗雪耻辱，阿部弥一右卫门只能自杀。即便如此，由于未经许可而殉死，他的遗族在家业继承问题上受到歧视待遇。新藩主光尚认为弥一右卫门未经许可而殉死，须将他和真正的殉死者区分开，遂将阿部家的俸禄分割。于是，"光尚府内对阿部家的轻蔑之心进一步公开化。权兵卫兄弟渐遭同伴疏远，快快不乐地度日。"

对于两代藩主的不公正对待，权兵卫的愤懑情绪终于在

先主忠利的一周年忌日时爆发。他割下发髻供在故主的牌位前，表示要舍弃武士身份，因此被以"不敬罪"处以绑缚斩首的极刑。面对这一羞辱，阿部兄弟除了奋起反抗、自蹈死路之外，没有别的途径来捍卫武家的体面。就这样，失去主君欢心的阿部弥一右卫门和他的族人，一步一步地被推向覆灭之路。

对于光尚的做法，文中议论道：

> 在家业继承问题上就不该硬性画线，也应如同对待其他殉死者那样一视同仁。如果这样，阿部家族便会感到脸上有光，并且举家会为新主尽忠效力。（中略）
>
> 刚刚二十四岁的现任主公血气方刚，尚不能完全抑制个人情感和欲望，并且缺乏以恩报怨的宽大胸怀[3]。

作者在这里提到了"宽大胸怀（寛大の心持ち）"，为政者有宽大的胸怀，就是要抑制个人情感和欲望对处理政务的干扰。在史传作品《栗山大膳》（1914）中，栗山大膳主张"政治须文武并用，文为宽，武为猛[4]"，"宽"是与私情处于对立位置的精神，是为政者应当具备的道德规范和统治策略，而在《阿部一族》中，藩主细川父子均缺乏这种宽大的精神。

继《阿部一族》之后，森鸥外在第三部历史小说《佐桥甚五郎》中，塑造了一位才智过人的青年武士佐桥甚五郎的形象，他在以充满欣赏的笔调描写这位拥有强烈自我意识的青年的同时，也将批判的眼光对准了与甚五郎位于对立一极的权力者德川家康。

佐桥甚五郎为了弥补自己犯下的过失，接受德川家康的免责条件——刺杀敌方大将甘利。在机智勇敢地完成任务后，甚五郎却被家康认为是心地残酷之人，"不可放手任用"，遭到

猜忌和疏远。家康在命令甚五郎除掉敌人时，毫无顾虑地使用暗杀这种并不正大光明的手段，但在利用完甚五郎之后，却又变身为道德家，从主从关系的情意角度来谴责甚五郎，这都是权力者的恣意，予取予求、双重标准的道德要求都出于自己利益的考虑。森鸥外并未在文中直接指责家康，但在他不动声色的叙述中，家康这位"老奸巨猾且无情的统治者形象[5]"自然浮现出来。山崎国纪甚至认为，对以家康为代表的权力者、为政者形象的关心才是《佐桥甚五郎》的创作动机，即"《佐桥甚五郎》执笔之时，鸥外最大的关注点在于为政者应当如何[6]"。

《佐桥甚五郎》中，由于为政者的主观偏见，甚五郎的人格被否定，不但得不到重用，还时刻处于被主君提防猜忌的危险之中，只能远走他乡。而在《阿部一族》中，被命令去讨伐阿部一族的藩臣竹内数马，一心求死的最大理由是被主公误解，"为林外记所伤尚属可忍，倘若被主公遗弃，那可无法忍受"，在绝对权力者面前主张自己名誉的办法，只能是战死。正因为权力有巨大的力量，一旦权力者被私人情感所支配，就容易导致权力的滥用，使民众落入悲剧境地。

从《阿部一族》《佐桥甚五郎》中被私情所支配的主君，到《大盐平八郎》中堵塞了平八郎和平解决问题的道路、激起反叛的官僚，再到《堺事件》中牺牲无辜士兵性命来平息事端的明治新政府，森鸥外投向为政者的目光都是批判性的。那么，他心目中理想的为政者形象又是怎样的呢？可以从其后的历史小说名篇《山椒大夫》中来窥其一斑。

2. 理想的为政之道——"宽"

《山椒大夫》（1915.1）取材于日本传统的说唱故事，原

故事是宣扬因果报应的，讲的是母子三人寻亲路上被人贩子拐卖，母亲被卖去作"逐鸟妇"，姐弟俩被卖到山椒大夫的庄园为奴隶，姐姐安寿牺牲自己，保护弟弟厨子王逃走，弟弟长大之后成为国守，杀死山椒大夫复仇的故事。森鸥外对这一题材早就表示出兴趣，起初打算以"逐鸟妇"为中心，创作一个独幕剧。随着鸥外的关注点和问题意识的变化，数年后完成的小说《山椒大夫》中，焦点移到了安寿和厨子王身上。安寿象征的献身精神之美，是森鸥外从《兴津弥五右卫门的遗书》之后的小说中一以贯之的主题。此外，《山椒大夫》中的另一基轴，便是体现在厨子王身上的、鸥外理想中的"为政之道"。

厨子王以姐姐安寿的牺牲为代价，成功逃离庄园，邂逅了关白藤原师实。厨子王治愈了关白的女儿、当今皇太后的病，而且他的护身佛、祖传的放光王地藏菩萨金像又证实了他的贵族身份，因而关白收留了厨子王，"亲自给他行加冠之礼"，视同养子。厨子王元服之后，取名"正道"，被任命为丹后国国守，他所奉行的为政之道便是"宽"。

> 国守亲政实施的第一项政务，便是在丹后国禁止人口买卖。为此，山椒大夫悉数解散家奴，发给工钱。大夫家暂时看似损失巨大，但从那时起，农作、工匠业都比从前发达，山椒一族愈益兴旺。国守的恩人昙猛律师荣升为僧都，曾经照顾过姐姐的小荻，着令还乡。在安寿赴难之地痛切凭吊之后，于姐姐投水的池畔，建立一座尼庵[7]。

在原说唱故事中，安寿因为弟弟的逃走而被酷刑拷打，死的时候肢体四分五裂；相应的，厨子王对山椒大夫一族进行了严酷报复，先逼迫山椒大夫的儿子三郎亲手用竹锯把父亲锯

死，再把三郎处死。森鸥外剔除了这些属于民间故事中同态复仇、因果报应的残忍气息，把安寿之死改为投水自尽，而厨子王则取名为具有象征意义的"正道"，真正地履行一个为政者的职责。以前的丹后国国守对于人贩子出没的问题，只是消极地采取"禁止款留旅客住宿"，"要抓人贩子，看来国守还无计可施"，所以"倒霉的是旅客"。而厨子王亲政之后，禁止人口买卖，彻底解决了奴隶问题，并且宽恕了山椒大夫一族，允许他们兴旺。虽然这种改动似乎无法满足人们报复心理的宣泄，但为政者所要做的并非狭隘的私人恩怨的清算，而是要着眼于大局，"宽"的政治之道才能带来整体繁荣的结果。

山椒大夫这一题材在鸥外思想中存在了数年之后才终于成型为小说，他如此执着于这个故事，显然不仅因为趣味或喜好，还是出于精神结构中更深层次的原因。说唱故事的原典和脱离历史的创作方法，使鸥外得以比较自如地表达自己的意图。安寿所象征的献身之美，针对时代的利己主义风潮提出，可说是《兴津弥五右卫门的遗书》中的弥五右卫门、《安井夫人》中的安井夫人等鸥外作品中理想主人公的延伸，而厨子王的为政之道，反映了鸥外从《阿部一族》以来的对掌握权力的为政者正确行为的思考。这两条主线并行不悖，构成了森鸥外《山椒大夫》中的主题。

3.森鸥外权力观的核心——秩序维持

森鸥外如此关注权力与权力者为政之道的问题，是与他作为明治国家的权力集团之一员，即拥有"公"的身份紧密相关的。在研究界，关于森鸥外与权力的关系问题，主要有两种对立的主张。森鸥外的卓越研究家尾形仂认为，鸥外

一方面对"明治天皇象征的皇室绝对权力"宣誓效忠，另一方面绝对没有放弃"近代理想自我"的真实，历史小说就是为了解决此种"鸥外自身吃紧的问题"而对历史发出的质询，是以"权力与自我""权力与无名民众"的对立和纠葛为中心展开的图式。在历史小说中，鸥外时而阐明"个人的生命在绝对权力的强大壁垒面前，只能走上悲剧的毁灭之路"（《阿部一族》），时而对"被权力背叛，昂然地拼命进行自己生涯的无名的人们"悄悄表达共鸣（《堺事件》）。鸥外在小说中"凝视自己的宿命，将自己必须忍耐的东西悄悄假托于其中"[8]。

这是用非常现代的、进步的视角来解释鸥外作品的主题，对喜爱鸥外的人颇有吸引力。其后的小泉浩一郎、山崎一颖、山崎国纪等研究家虽然观点不一而足，但在森鸥外与权力的关系问题上的共通之处是，都认为森鸥外虽然身在体制的中枢，但对体制绝没有失去批判意识。鸥外作为官僚度过半生，但绝没有忽略权力的坏的方面，他是近代自我的立场的信奉者。

另一种相反的观点以中野重治为代表，他认为森鸥外的思想中有对旧事物屈服和妥协的一面，"不仅限于家族制度，在家庭生活、官吏生活，以及政治生活，贯穿这一切，最终鸥外屈服于旧事物，顺从地遵守着它。贯穿其生涯，鸥外坚持着守旧的立场[9]"。即便森鸥外在作品中对权力有所批评，也是为了"在日渐腐朽的东西崩溃之前发现并修正它，为了这一点而和同伴们争吵[10]"，因此，"鸥外是日本旧的统治势力最高明的理论家[11]"，"有必要将鸥外认为是日本人民及日本文学最卓越的敌人[12]"。

将中野重治的鸥外观在作品论上具体化，且比中野议论更加尖锐的是大冈升平。他分析森鸥外的《堺事件》，断定其中存在"犯罪性的剪切和捏造"，通过剪切和捏造，森鸥

外一方面突出法国兵士的横行和卑怯，称颂土佐藩兵的无私和勇气，另一方面推卸朝廷的责任，将皇室神圣化，认为鸥外通过《堺事件》诱导舆论，使山县体制的军备扩张政策容易推行，是"依存山县"、从内部支持体制的"体制理论家[13]"。

笔者认为，学界的这两种主要观点，如果滤除研究者由于自身立场和性格倾向所导致的过于美化或过于偏激的主观色彩，其实都分别有效地揭示了森鸥外对权力立场的一个方面。也就是说，他既有对权力的滥用和权力者的失政批判的一面，也有身处权力一侧、对现有体制维护的一面。事实上，除了大冈升平的观点颇带有些作家式的感性和激情之外，其他研究者对鸥外的两面性都是有所认识的，所不同的是他们强调哪一面，以及强调到何种程度。如果将某一面放大到极端，就会出现即便看到了鸥外的批判意识，也认为那是出于从内部修正体制而"和同伴们争吵"，或者明知道鸥外在体制之中终其生涯，也认为他身在曹营心在汉，本质上依然是真挚诚实的文学者。由于事物并不是非白即黑，灰色地带也有差异，在持前一种观点即强调鸥外批判意识的研究者中，也呈现出偏激进和偏保守的区别，如小泉浩一郎尽管基本继承了尾形仂的观点，但又认为鸥外是保守主义者，身上存在"明治式的国家主义[14]"。

本来，通过文学作品来探究作家的思想就是有一定限度的，尤其是对于森鸥外这样承担双重角色、内心层次丰富而复杂的作家，关于自己对权力的立场这样敏感的问题，究竟在作品中表达出了几分内心的声音，更是难以论断。所以，本文接受先行研究中的森鸥外对权力立场双重性的提示，但不打算论说这两种立场谁主谁次，在鸥外思想中所占比重为何，而是试图在上述两节文本分析的基础上，结合鸥外在明治末年大正初期的文学创作和官界行为，从"秩序维持"的角度来解析鸥外

的思想。

在上述两节文本分析中,无论《阿部一族》《佐桥甚五郎》中对为政者被个人情绪左右、恣意行使权力的批判,还是《山椒大夫》中对摒除私怨、用"宽"带来一切繁荣的为政之道的称许,都表达了一个观点,即为政者的行为需要有所制约。由于权力的巨大力量,它的滥用势必造成破坏性的后果,有可能造成阿部一族那样的民众一方的悲剧,有可能引发佐桥甚五郎式的对抗意识,甚至导致大盐平八郎起义这样"破坏秩序以求达成愿望"的暴力反抗。森鸥外并没有从政治体制的角度来暗示如何限制权力的滥用,他的批判和称许都是基于道德层面上的,这反映了他内心深处的、带有儒学色彩的秩序观念。

如竹盛天雄指出的,"《妄想》中鸥外未涉及的另一半生,隐藏着一个在儒学共同体的秩序感觉中成长起来的鸥外[15]",在鸥外与西洋思想接触之前,这种秩序感觉早早地深入参与了他的性格形成。儒家强调用"礼"来维持社会秩序,它给个体规定了各自在社会关系总体格局中的角色位置,各个角色都需要遵循一定的道德规范和伦理限制,大家各安其位,各尽其道,才能保持社会整体的谐调。鸥外作为武士家庭的长子,自小接受传统的儒学教育,很容易在儒家这种以礼规制的社会等级秩序格局中找到自己的"士"或"臣"的位置,并产生出相应的使命感和自我规制的意识。而对于相对应的"为政者"或"君",儒家"君君臣臣"的礼治思维中,在赋予了他们极大特权的同时,也给他们提出了诸如要有仁心、要仁民而爱物、要对臣下使之以礼等道德期待和伦理要求。也就是说,每种社会身份都有他的行为规范,即便是为政者也不例外,如果他的行为不符合为政之道,就会破坏秩序。

森鸥外作为明治新时代的年轻精英而成长,毕业之后即出仕陆军,纵然不是一帆风顺、但也顺理成章地在体制内寻求

他的荣达之梦和推进国家近代化的理想，这决定了他是体制的建设者而不是破坏者，是秩序的维护者而不是反对者。在与大逆事件直接相关的两部小说《沉默之塔》和《食堂》中，前者辛辣地讽刺了政府对艺术与思想自由的严酷压制，后者却又表达了对无政府主义者不承认权威的担忧和否定。这正如他一方面在《阿部一族》和《佐桥甚五郎》等作品中批判为政者权力的滥用，一方面又在《大盐平八郎》中将平八郎起义评价为盲目的暴力一样。他不赞同以激烈的革命方式来改变社会体制，但也主张为政者应当约束自己的行为，使民众的权利得到一定程度的伸张，在不破坏秩序的前提下推进日本的近代化，这都反映了他对待权力的调和而理智的态度。

综上所述，对权力及权力者为政之道的关注，是鸥外文学的一个核心问题，这是由他身份的不纯粹性和精神结构中包含的对抗元素决定的。一方面，他批判权力的滥用，认为失格的权力者是民众悲剧产生的根源。另一方面，他提出了"宽"的为政之道，认为这才是带来繁荣的"正道"。

本文认为，森鸥外权力观的核心在于"秩序维持"，来自于儒学共同体的秩序感觉，是鸥外一生中执着的秩序主张的根源。他认为应当对为政者的权力有所制约，使民众权利能有所伸张，在维持秩序的框架内给予自由一定的空间，使二者得以调和，从而推进日本的近代化。这是森鸥外的权力观的主要内容，也是他对终生所思考的一大问题——"秩序与自由"问题的探寻结果之一。

注

[1] 山崎国纪（1992）《鸥外森林太郎》，东京：和泉书院，第210页。
[2] 森鸥外（2010）《阿部一族》，周祥仑译，见高慧勤编选《森鸥外精选集》，北京：北京燕山出版社，第418页。本文中出现的《阿部一

族》的中文译文，均引自周祥仑先生译文。
[3] 森鸥外（2010）《阿部一族》，周祥仑译，见高慧勤编选《森鸥外精选集》，北京：北京燕山出版社，第423页。
[4] 森鸥外（1972）《栗山大膳》，岩波书店版《鸥外全集》第11卷，东京：岩波书店，第326页。中文为笔者所译。
[5] 尾形仂（1979）《森鸥外的历史小说——史料与方法》，东京：筑摩书房，第132页。
[6] 山崎国纪（1989）《森鸥外——基层的论究》，东京：八木书店，第265页。
[7] 森鸥外（2010）《山椒大夫》，艾莲译，见高慧勤编选《森鸥外精选集》，北京：北京燕山出版社，第475页。本文中出现的《山椒大夫》的中文译文，均引自艾莲老师译文。
[8] 尾形仂《森鸥外的历史小说——史料与方法》，东京：筑摩书房，1979年，第24-25页。
[9][10][11][12] 中野重治（1975）《鸥外的侧面》，东京：筑摩书房，第123页、第139页、第125页、第126页。
[13] 大冈升平（1990）《历史小说论》，东京：岩波书店，第221页。
[14] 小泉浩一郎（1981）《森鸥外论 实证与批评》，东京：明治书院，第231页。
[15] 竹盛天雄等（1977）《研讨会日本文学13 森鸥外》，东京：学生社，第177页。

参考文献

大岡昇平（1990）『歴史小説論』、東京：岩波書店。
森鸥外（2010）《森鸥外精选集》，高慧勤译。北京：北京燕山出版社。
森鷗外（1972）『鷗外全集』第11卷。東京：岩波書店。
山崎国纪（1989）『森鷗外——基層の論究』、東京：八木書店。
山崎国纪（1992）『鷗外森林太郎』、東京：和泉書院。

尾形仂（1979）『森鷗外の歴史小説——資料と方法』、東京：筑摩書房。
小泉浩一郎（1981）『森鷗外論——実証と批評』、東京：明治書院。
中野重治（1975）『鷗外の側面』、東京：筑摩書房。
竹盛天雄（1977）『研討会日本文学13　森鷗外』、東京：学生社。

夏目漱石汉诗的艺术特色与独创性

——以《菜花黄》为中心

周晨亮（北京理工大学）

一

　　夏目漱石（1867—1916，以下简称"漱石"）是日本近代文学的代表作家之一，虽然以小说成名，作为专职小说家伏案创作却不过十年，而汉诗的吟诵则贯穿其生涯，直至卧床不起去世之前。漱石能诗善画，生平共留下了208首汉诗[1]，在明治大正期的日本诗坛亦有着重要的地位。

　　战后有关漱石汉诗的研究从松冈让的《漱石的汉诗》（1947）起步，吉川幸次郎的《漱石诗注》（1967）、和田利男的《漱石的诗与俳句》（1974）、佐古纯一郎的《漱石诗集全译》（1983）、齐藤顺二的《夏目漱石汉诗考》（1984）以及加藤二郎的《漱石与汉诗 近代的视线》（2004）等著作对漱石汉诗的创作背景、与周边诗人的交往等方面进行了广泛而细致的研究，取得了丰硕的成果。但是一直以来少有从格律音韵角度出发，分析其选词炼句并对其汉诗的艺术特色进行勾勒的研究，不仅日本学者如此，即如徐前（2005）等中国研究者也不例外。

　　不少日本研究者曾对笔者提出过疑问：是否一直以来日本文学界对漱石诗作的评价仅为溢美之词？确实，虽然漱石的

汉诗在日本时常被提起，一直受尊崇，甚至被奉为"日本人用汉语所作诗中罕见的杰作"[2]（着重号原文，以下日文文本引用无特别说明则均为笔者所译），但是并没有太多对漱石汉诗的汉诗创作特点和其创作对日本汉诗文贡献的研究，其作品在读者心目中的形象并不十分清晰。针对这个问题，笔者想在本文谈谈自己的管见。

二

> 余少时好学汉籍，虽所学时日甚短，然冥冥中漠然以为文学之定义不出左国史汉，窃以为英文学亦不过如是，果如斯，则终我一生学以致之亦无悔矣。余单身出入门前冷落之英文学科就读，全为此种单纯理由所支配使然。[3]

这段被多次引用的回想，因展示了漱石的原初文学观，历来为中日研究者所重视。江藤淳曾指出，"对于漱石而言，汉文学是他的低音部，即属于dream的世界的部分，而英国文学则是他所追寻的life的世界的一部分"[4]。汉文学（东方传统文学）与英国文学（西方近代文学）的对决伴随漱石的创作生涯，互相影响。小说中固然不乏例证，汉诗中也可以找到两者对撞的痕迹。

现存漱石最早的汉诗，是题为《鸿台》的七言绝句[5]，准确的创作年代不明，一般推定为20岁前的作品，虽然还比较稚嫩，但已颇具清新之感。漱石22岁时将房总半岛的旅行见闻写成汉诗文集《木屑录》[6]，内收录汉诗14首。正冈子规寄言曰："然而先接吾兄时，使余一惊。而今复读此诗文，使余再

惊。未可知兄其后欲挥何等奇才，而使余几惊耶。"[7]

知交的不吝赞美推动漱石在汉诗的道路上继续前行，其后漱石着意磨炼技巧，将创作范围从近体诗扩大到古体诗，作品的表情也愈加丰富。明治三十三年（1900）漱石旅英后，直到明治四十三年（1910）所谓的修善寺大患时期，整整十年没有留下任何诗作。休笔的原因至今众说纷纭未有定论，恐怕除了漱石埋头于英国文学的研究之外，与诗友正冈子规的去世也有不小的关系。修善寺疗养后所作随笔中收录了十余首新作，多少带有些许虚无感，阴云逐渐散去后，升华成禅诗的寂寥和山水诗的风雅，这也正符合日本江户时期以来的汉诗传统。

晚年漱石的汉诗延续了这种倾向，小宫丰隆曾指出漱石达到了所谓"则天去私"的境界。这种说法虽然有刻意拔高之嫌，漱石去世前的绝笔"空中独唱白云吟"确也当得其一生之绝响。然而必须指出的是，这类诗作虽然境界颇高，追根溯源的话当算是中国禅诗、闲适诗漂洋过海来到日本落地生根的产物，并非漱石的独创。漱石在这些诗作中继承了中日两国汉诗的优良传统，但也正因如此，这些作品体现的所谓"则天去私"的思想境界并没有超出中国和日本传统汉诗的审美空间。

漱石汉诗的九成以上是律诗和绝句（近体诗），共计192首，但其艺术上的独创性更多地体现在余下的十余首古体诗上。毕竟古体诗相对自由，平仄音韵不像近体诗那样要求严格，例如杜甫的《兵车行》中多次换韵，平韵、仄韵交替使用，字数长短变化，且少用对仗，能给作者提供更大的发挥空间。漱石的古诗颇有特殊之处，如《春兴》中有这样两句诗："听黄鸟宛转，睹落英纷霏。"[8]这是上一下四的结构，在填词时用的倒多，但诗中罕用。这种作法特殊归特殊，是否合适则有待商榷，真正称得上独放异彩的，还当首推《菜花黄》一作。

三

菜花黄

菜花黄朝暾，菜花黄夕阳。
菜花黄里人，晨昏喜欲狂。
旷怀随云雀，冲融入彼苍。
缥缈近天都，迢递凌城乡。
斯心不可道，厥乐自潢洋。
恨未化为鸟，啼尽菜花黄。

　　漱石于明治三十一年（1898）三月所作的这首五言古诗《菜花黄》，堪称其208首汉诗中艺术上最有独创性的一首。首先从格律的角度来看，开首的三个"菜花黄"连续出现非常大胆，十五字中有九个字在同一位置回还重复，音韵学、视觉上自我主张非常强烈。一般来说律诗前有浮声后忌回响，不鼓励用词反复（叠字除外）。作为五言古诗要求倒是没有那么严格，然而如果要从古诗的角度来看这首诗，后半部分又过于对仗，与其说五言古诗，倒更像五言排律，但作为五言排律又不太合律。漱石虽然在格律上的造诣不如森槐南、国分青厓等大家，但毕竟非率性操刀者，本诗选词的特殊处理，也许正是他汉诗中创新之处。

　　汉诗传到日本后，在本土化的过程中格律一直是一个绕不开的问题。作诗为何要按照格律来推敲平仄？在诗歌漫长的发展过程中，积累了汉语发音上音韵、节奏美的一些规律，到唐代逐渐体系化，便形成了格律。也就是说，格律不是为了束缚诗人的手脚而产生的，而是为了帮助诗人去更好、更容易地按照音韵学规律选词炼字才出现的。闻一多在《诗的格律》中曾说过："越有魄力的作家，越是要戴着脚镣跳舞才跳得痛

快，跳得好。只有不会跳舞的才怪脚镣碍事，只有不会作诗的才感觉得格律的缚束。对于不会作诗的，格律是表现的障碍物，对于一个作家，格律便成了表现的利器。"[9]

除了荻生徂徕等少数认为汉诗应当用"唐音"诵读，自主学习"唐话"发音者外，日本汉诗人在创作汉诗时虽然严格依照格律手执韵书以平水韵来调整平仄，但实际上对汉字的汉语发音并没有一个明确的认识，吟咏时也是通过日本独特的方式来诵读的。那么从本质上来说，日本汉诗人是无法从感性上体会所谓"戴着脚镣起舞"的快感的。即便如此，一直到近代为止日本的汉诗人们，都没有想过要挣脱格律的限制。

加藤周一在《日本文学史序说》中曾在论述日本文学的特点时指出："一个时代形成的有力的文学形式，在下一个时代会被继承，而不会被新的形式所取代。（文学形式）没有发生新旧交替，而是在旧的形式上增添新的东西。"[10]汉诗在传入日本时，近体诗的格律规范已经相当完备，由于平安时期以后日本民间与中国直接的交流往来不多，所以缺少刺激的汉诗也就没有"增添新的东西"，而是一直固守其格律直至近代。到了江户末期和明治、大正时期，刺激终于来了。一方面，西方的先进事物出现在了眼前；另一方面，中国的国力相对西方逐渐凋落。新事物的出现，逼得诗人必须考虑如何让这些新言辞入诗；而汉诗本家中国的衰落，也使得格律的约束力不再像之前那样因为有汉土文明作为后盾，而显得坚不可摧。

西红海舟中

烟销亚罗比亚海，云迷亚弗利加洲。
客身遥在青天外，九万鹏程一叶舟。

中井樱洲（1839—1894）的这首七言绝句的前两句格律相当混乱，在江户末期以前是不可能出现的。亚罗比亚海（阿拉

伯海）和亚弗利加洲（非洲）这两个五个字的专有名词本身也是这个时代特有的产物。如此肥大的专有名词，在汉诗这种短小精炼的文学形式里会把动词、形容词的空间彻底挤掉，更谈不上有余地调整格律。字数多的专有名词并非是近代才有，但是传统上会有对应的短缩词汇来取代，比如湖南、广东和江西可以分别缩写为湘、粤、赣，平仄也会有更多的选择。然而幕末、明治时期的诗人接受消化外来新事物的节奏明显跟不上舶来品涌入的速度，所以类似这样破坏性的词语入诗也就不可避免了。

口子一开，便越来越大。明治以前的诗人还是会尽可能地采用一些技巧来回避露骨的不合律词汇，到此时也出现了例外。

湘阴县

苦竹苍蒹水半塘，人家多少带林冈。
黄陵庙古空芳草，白马寺寒剩夕阳。
旅雁三更迷岭峤，扁舟一夜泊潇湘。
伊谁为唱楚哀些，桂醑临风吊国伤。

本田种竹（1862—1907）是明治时期诗坛最活跃、最有人气的汉诗人之一，甚至能跻身诗坛的双峰森槐南和国分青厓其间，三分诗坛天下。然而本作第四句中白马寺三个字"犯孤平"，为律诗中的大忌。就笔者所知，在江户、明治时期的所谓"专职汉诗人"当中，只有种竹出现过这么严重的格律错误。"白马寺"虽然也是专有名词，相比起樱洲的"亚罗比亚海""亚弗利加洲"更容易也更应该能找到替换词，种竹对此没有进行处理，在以前看来是不可思议的。很明显格律对于日本汉诗人的束缚力已经减弱，以至于专职的汉诗人都敢于优先从字义来选词，而不是先拿音韵的尺度来筛选。种竹的诗作中不合律的比例相当高，在明治时期汉诗人中非常突出，却并

未受到多少非难，反而成为诗坛的宠儿。而与漱石关系最密切，给漱石修改诗作最多的汉诗人，恰恰正是种竹，漱石的作品受其影响在格律上有所破格也就是理所当然了。

话说回来，哪怕不惜破格，也要采用的这种三字反复到底有何效果呢？

其实类似的律诗在中国倒不是没有，严羽在《沧浪诗话》中推为"唐人七言律诗第一"的崔颢的《黄鹤楼》就是一个典型的好例子。

黄鹤楼

昔人已乘黄鹤去，此地空余黄鹤楼。
黄鹤一去不复返，白云千载空悠悠。
晴川历历汉阳树，芳草萋萋鹦鹉洲。
日暮乡关何处是，烟波江上使人愁。

与《菜花黄》一样，本诗也是"黄鹤"两字在起首三句反复出现，且第三句几乎全是仄声字，第四句又以下三平结句，完全无视近体诗的格律要求，与其说是七律，不如说更像七古。《红楼梦》第四十八回林黛玉在教作诗时有言"若是果有了奇句，连平仄虚实不对都使得的"，恐怕正是此类变体诗的注脚。漱石所推崇的沈德潜评价此诗"意得象先，神行语外、纵笔写去、遂擅千古之奇"。狄宝心曾言"诗的前四句大气包举，托想空灵，寄情高远，往复回还，一气浑成……以古诗笔调所写的这种非古非律、亦古亦律的格调，表现出一种清奇飘逸的风神气韵"。[11]这种起首言辞反复带来的气冲云霄的格调，也许正是漱石所追求的效果。在菜花黄的反复回响中云雀一飞冲入蓝天，破空而起，令人耳目一新。

三字反复比二字反复有着更加强烈的艺术效果，但是因其常常无法切合诗作的整体音韵格律，在汉诗创作中历来是雷

区，如果没有足够的技巧一般来说诗人都会尽力避免这类反复。虽然偶有罗隐的"今朝有酒今朝醉，明日愁来明日愁"这样的名句，但是日本汉诗中却绝少有人敢尝试。漱石对此种用法情有独钟，后年又在诗作中"故技重施"。

无题[12]（大正五年九月十三日）
挂剑微思不自知，误为季子愧无期。
秋风破尽芭蕉梦，寒雨打成流落诗。
天下何狂投笔起，人间有道挺身之。
吾当死处吾当死，一日元来十二时。

词句回还反复带来的苍劲有力的不折风骨，是漱石在艺术上最大的特色之一。从来日本汉诗人纤细、柔弱有余而豪迈、气势不足，漱石的这种诗歌颇开生面，为明治汉诗坛添上了亮点。《文心雕龙·风骨》有云"是以怊怅述情，必始乎风；沉吟铺辞，莫先于骨"，并指出诗歌即使辞藻再华美，"风骨不飞，则振采失鲜，负声无力"。从来日本汉诗多"风流"而少"风骨"，漱石的这类慷慨之辞虽然历来不被日本研究者重视，却恰恰是其诗歌中最有创意的篇章。而谈到风骨，我国近代以来，当属聂绀弩（1903—1986）为诗坛翘楚。漱石的"吾当死处吾当死"和聂绀弩的"我将狂笑我将哭，哭始欣然笑惨然。""你是谁人谁是我，南山有鸟正啁啾。"等等对比起来，居然有些相似之处，而不类日人清谈闲词。虽然漱石在创作整体上不及高青丘与聂绀弩"骨气端翔，音情顿挫"，如此偶然一现的遒劲笔力也颇显其高迈奋进，不类凡俗。

一首杰出的汉诗，不论是古体还是近体，不一定要求句句都好，而只要是有一些警句、神来之句、令人叫绝的句子、感人肺腑的句子、清新飘逸的句子就可以了，另外还要求整首的气概与构思好，其他的句子可以作为绿叶，衬托红

花,不会作求全的要求。从这个角度来看,《菜花黄》当可算得上漱石汉诗的杰作无疑。

四

《菜花黄》艺术上的独创性不仅仅在用字的破格与昂扬的气势,更在于这首诗不是以人而是以云雀的视点来描写的。汉诗在其漫长的生成、发展的历史中,一直都是以人的视点来进行创作描写的。即有比兴或寄物托情等拟人描写,"物"也始终是"人"寄情言志的载体,而非思考的主体。这种人本位的创作理念存在于诸如汉诗、汉文、小说、杂曲等各种中国古典文学形式中,描写人外或动物的作品基本只会被视为无价值的戏言。

美国汉学者华滋生(Burton Watson)[13]曾在其著作《司马迁》一书中对中国古典文学做过如下评论:[14]

> 与希腊等西方诸国相比较,中国不可思议地在古代神话方面相对贫瘠……庄子为了传播自己的思想,不仅仅使用"历史上的"人物,还创造出各种寓言式的鸟兽。可是这种解决方式(我无法想象这对于中国文学是多大的损失),没有被中国思想的主流所接受。司马迁在评价庄子的著作时写道:"他的言辞大体都是寓言……是空虚的话语,没有事实根据"[15]……在中国人看来,"空虚的话语",也就是空想的产物断不能与记述人类生活和历史事实的文献有同等的价值。这也就是写虚文学为何在中国发展如此缓慢,在中国文学漫长的历史中的地位如此低下的理由之一。

这段话虽然提及的是庄子的散文，但是汉诗也一直对"寓言式的鸟兽"敬而远之。汉诗虽然某种程度上拥有汉文所不具有的"空想的山水"，但是鸟兽虫鱼都只是点缀山水的远景，空想世界的主人仍然须得是人类。从这个角度来说，以云雀的视点铺展开来的《菜花黄》确有新意。这种充满幻想色彩的展开，给相对脚踏实地的汉文学插上了翅膀。

《菜花黄》创作于漱石执教熊本五高的时期（1896—1900），1897年底到1898年正月，漱石携友人赴熊本的温泉，收集了大量素材，这次温泉之旅在八年后结晶为小说《草枕》。也就是说，《菜花黄》与《草枕》的创作舞台和反映的年代是几乎一致的。而在《草枕》的第一章开头，漱石引用了雪莱[16]的《致云雀》（To a Skylark）的一部分[17]：

> We look before and after
> And pine for what is not;
> Our sincerest laughter
> With some pain is fraught;
> Our sweetest songs are those that tell of saddest thought.
> 瞻前而顾后，
> 至诚之笑声，
> 中有苦痛络，
> 至甘之歌词，
> 是部愁思史。[18]

是啊，诗人不管如何幸福，他总不能像那云雀一样忘却周围的现状，执着地、专心地去歌唱自我的喜悦。西方的诗自不待言，就连中国的诗也时常有"万斛愁"

之类的字眼……中略……山路暂时平坦些。右面是杂木丛生的山峦，左面仍然是一望无际的菜花。脚下时时踩着蒲公英，锯齿状的叶片毫无顾忌地向四方伸展开去，簇拥着中央一颗金黄的圆球儿。我被菜花吸引了，诗人也许常有忧愁缠绕心头，然而听到云雀的叫声，则不会感到有丝毫的痛苦。即使看着菜花，胸中也只是高兴地扑扑跳动……不管对云雀和菜花如何中意，但我也不能野居山间，干出那种不合人情的事来。

松冈让在《漱石的汉诗》里曾在论述《菜花黄》时指出其与小说《草枕》中这段雪莱诗作的关系，并认为《菜花黄》中对云雀的描写是"非常大胆的"，"最为异色的吟咏"。以云雀入诗，华兹华斯[19]、雪莱各有传世名作，对曾在伦敦宿舍独自苦读的漱石产生过不小的影响，在其早期小说（如《薤露行》《幻影之盾》）创作中也留下了些许痕迹。漱石投身英国文学研究时，也曾认为英国文学与汉文学当有相通之处，那么将英诗的手法应用到《菜花黄》的创作中也就是顺理成章的事了。《草枕》本身是一篇构思于汉诗和俳句的小说，从第一章的这段描述也可以看出，漱石是把《菜花黄》的诗境经过再构成融入了小说中。《草枕》不仅从第一章的开头可以看到《菜花黄》的痕迹，全篇在构思上也深受传统山水诗的影响[20]，堪称漱石汉诗世界的一种延伸。

《菜花黄》的云雀视点的设置，已经可以看到西方文学的爪印，而汉文学和英国文学的碰撞，又导出了《草枕》这篇实验性很强的日本近代小说。可以看出，汉诗在漱石的休笔期间也并未从其脑海中完全消失，而是换了一种存在的形式。这既是漱石与明治时期"专职的汉诗人"之间最大的区别，也是他对汉文学继承与发展的最有特色的贡献。

五

　　明治时期是汉诗文从日本的主流文坛退场的时期，然而蜡烛在熄灭前会放出最夺目的光芒，从作者和作品的数量来看，明治时期也是日本汉诗的全盛时期。在西方文学坐到日本文坛的驾座之前，作为知识分子所必备教养的一环，汉诗有着非常重要的地位。明治前期大沼枕山与森春涛、小野湖山三足鼎立，后期则是国分青厓与森槐南双峰对峙。这几位诗人都有着很高的造诣，对汉诗的理解非常精到，丝毫不逊于同时代的中国诗人。

　　枕山与春涛、湖山三人基本上恪守传统汉诗的规范，作诗中规中矩。青厓与槐南则留下了不少时事诗，并试图将汉诗从传统的山水诗概念中解放出来，赋予其更有时代感的新价值，漱石的创作一定程度上也是沿着这个方向前进的。一直以来漱石的汉诗在日本学界更多的是被强调其风流出尘，忠实于日本汉诗传统美学的一面，而归到枕山、春涛一脉。然而正如陶渊明也存在金刚怒目式"刑天舞干戚，猛志固常在"的那一面一样，漱石的《菜花黄》中所体现的清越高扬的气势和特殊的视点，也展现了他立意求新，富于幻想而紧贴时代脉搏的一面。我辈后学，若能体会其构思炼字用意之一二，则漱石亦当感慨百年后知音仍在而含笑泉下。

注

[1] 以岩波版《漱石全集 第八卷·汉诗文》（2003）收录的定稿为准。
[2] 吉川幸次郎（1967）《漱石诗注》，岩波书店，第10页。
[3] 夏目漱石（2003）《漱石全集·文学論》，岩波书店，第7页。
[4] 江藤淳（1976）《夏目漱石 増補版》，劲草书房，第40页。

[5] 包括本作在内的八首汉诗发表在明治三十九年（1906）六月十五日的《时运》杂志上，落款为"枕云眠霞山房主人诗草 文学士夏目漱石"。
[6] 《木屑录》，漱石于明治二十二年（1889）九月脱稿后，寄送亲友正冈子规请求斧正。昭和七年（1932）由岩波书店连带子规所加朱批正式出版。
[7] 夏目漱石（1932）《木屑录》，岩波书店，第17页。
[8] 夏目漱石（2003）《漱石全集·汉诗文》，岩波书店，第192页。
[9] 闻一多（1926）《诗的格律》，《北平晨报·副刊》，5月13日。
[10] 加藤周一（2007）《日本文学史序说》，筑摩书房，第14页。
[11] 《唐诗鉴赏辞典》（1996），北京燕山出版社，第319-320页。
[12] 夏目漱石（2003）《漱石全集·汉诗文》，岩波书店，第393-394页。
[13] 华滋生（本名巴顿·沃森，1925—2017），美国哥伦比亚大学教授，汉学家、翻译家。曾留学京都大学师从吉川幸次郎学习中国文学，1969年首次将《史记》译成英文介绍到美国。
[14] 华滋生（1965）《司马迁》，今鹰真译，筑摩书房，第190-191页。
[15] 《史记·老子韩非列传》原文如下："故其著书十馀万言，大抵率寓言也。作渔父、盗跖、胠箧，以诋訾孔子之徒，以明老子之术。畏累虚、亢桑子之属，皆空语无事实。"
[16] 雪莱（Percy Bysshe Shelley，1792—1822），英国抒情诗人。
[17] 夏目漱石（2003）《漱石全集 第二卷 草枕·二百十日·野分》，岩波书店，第7页。
[18] 本处中文译文引自陈德文译（2014）《草枕》，上海译文出版社，第5-9页。
[19] 威廉·华兹华斯（William Wordsworth，1770—1850），英国浪漫主义诗人。
[20] 具体请参照笔者于《日本学研究》（2006）第十六期发表论文《夏目漱石の『草枕』における漢詩の受容—その小説方法への投影をめぐって》，学苑出版社，第409-424页。

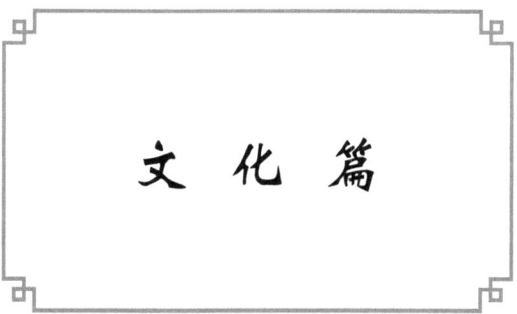

文 化 篇

『鉄腕アトム』と中国-アトムの受容と その影響

古市雅子（北京大学）

はじめに

　1980年、中国初のTVアニメとして中央電視台で放映された『鉄腕アトム』は、中国全土で「アトム旋風」を巻き起こした。まだ都市部にテレビが普及し始めたばかりの時代、毎週日曜夜7時半になると、テレビがある家には子どもたちが押し寄せた。そしてマンガが出版されると人気に拍車をかけた。筆者は、中国における日本アニメの受容に対する研究の一環として、『鉄腕アトム』のCCTVでの放送に至るまでの背景と経緯、そしてその影響を調査しており、ひとまず現時点で成果を報告する。

1. 80年代の中国

　1976年、10年続いた文化大革命が毛沢東の死によりようやく終わりを迎え、中国は鄧小平の号令のもと、経済発展を最重要課題とする改革開放の時代に突入した。「窓を開けた

ら、ハエや蚊が入ってくるかもしれない。でもその後には新鮮な空気が入ってくる」。それまで他国との交流をほぼ断っていた中国はその門戸を開放し、階級闘争によって断絶された10年を取り戻そうと「裕福になれる人から先に豊かになろう」と号令がかけられた。

鄧小平は指導者として復帰した翌年、1978年には中国の国家指導者として初めて日本を訪問し、記者会見の席上でこういった。「科学技術や企業経営の面においては、我々は先進国、特に日本に学ばなくてはならない」。経済発展のモデルとして日本に学ぼうという、「日本ブーム」の始まりである。

鄧小平が「日本に学ぼう」といった理由は3つある。市場経済体制でありながら経済計画を策定、実施していたこと、戦前の対外的に封鎖された経済体制から戦後、対外開放型経済へと移行していること、経済が立ち遅れた状態から短期間で先進国に追いついた東洋の国家であること。[1]その全てが、中国の状況と重なっていたため、いわば政府の主導による「日本ブーム」が起こったのである。

鄧小平は記者団を引き連れて訪日し、新日鉄や日産、パナソニックなどの施設を訪れ、その様子を国内に報道させた。鄧小平の姿越しに写る日本を目にした人々は、その豊かな様子に驚き目を見張った。鄧小平が訪日した翌月、早速日本を視察に訪れた中央弁公庁副主任で、政府系シンクタンク中国社会科学院の副院長という要職にあった鄧力群率いる視察団が、『訪日帰来的思索』という報告書を出版している。「一般的な労働者の家庭でも、40―50平米の家に住んでいる。全国平均で2世帯に一台自家用車を持ち、95%以上の世帯にテレビ、冷蔵庫、洗濯機、レコード、掃除機、炊飯器などの耐用性消耗品がある」、「農民も含めて、みなウ

ールの服を着ている。ファッションは様々で、月曜日に街に出てみると、町中で見かけた女性の中で同じ服を着ている人はいない。案内してくれる女性スタッフも毎日違う服を着ている」、「東京の百貨店はおよそ50数万種の商品を扱っている。我々の王府井百貨公司は2万2千種である」。全国民がみな同じグレーか紺の人民服を着て、仕事も学校も放り出し階級闘争に明け暮れていた中国の人々にとって、色とりどりの服を着て、白物家電に囲まれ、自家用車に乗る豊かな生活はよほどのショックだったに違いない。

　鄧小平訪日のニュースで、特に強烈な印象を与えたのは新幹線である。東海道新幹線に乗った鄧小平が、「とても早い。追いかけられて走っているようだ。今の我々にふさわしい」と言ったのは有名な話だが、車窓から伝わる速度、清潔な車内、そしてこの名言と共に、新幹線は日本、そして科学技術の象徴の一つとなった。その後、高層ビルの名前や、学習雑誌の名前など、いたるところに「新幹線」という言葉が使われ、日本を表す象徴として、富士山、桜、芸者とともに新幹線が使用された。

　こうしたいわば「日本ショック」ともいうべき衝撃を与えた鄧小平訪日だが、中国ではまだ一般家庭にテレビがない時代である。市井の人々にまで熱狂を巻き起こし、「日本ブーム」を決定づけたのが、79年に輸入、公開された高倉健主演の映画、『君よ憤怒の河を渉れ』である。

　日本国内ではそこまで目立つことのなかった作品だが、それまで限られた社会主義国の映画しか公開されてこなかった中国で、この映画は公開とともに一大ブームを巻き起こした。殺人、強姦犯に仕立て上げられた検察官の高倉健が、迫る警察から逃れつつ寡黙に自ら行動して真犯人を見つけ出すサスペンスである。中国の人々はまずスクリーンに写る東京

の高層ビル、最先端のファッション、電子音楽のBGM、高倉健を救うため新宿の大通りを馬で駆け抜ける中野良子の派手なアクションに熱狂した。高倉健が着用したトレンチコートとサングラスが大流行し、女性は中野良子のような帽子を手に入れるために必死になった。「ラヤラ」のスキャットで歌われる主題歌が大ヒットし、みな高倉健になりきって、真犯人を追い詰める主人公の台詞を模倣し、映画を題材にした漫才まで人気を博した。

　中国の人々の心を掴んだのは表面的な豊かさだけではない。無実の罪を着せられ、迫りくる追手や待ち受ける罠に寡黙に耐えながら、最後には自らの手で真犯人を追い詰め、自由を手に入れる高倉健の姿は人々に衝撃を与え、それまで抑圧されていた10億人の鬱憤や憤懣、豊かさへの渇望が、この作品によって映像の衝撃とともに開放されたのである。かくして、高倉健は「男子漢」（男）の象徴となり、時代のイコンとなった。「高倉健は私のアイドルだ。当時、日本映画『君よ憤怒の河を渉れ』が中国で公開されると、街の隅々に至るまで「高倉健を求めよ、本当の男を求めよ」というブームが巻き起こった。この映画を見なければ、他人と話ができないようなものだった。彼は私に映画の役と同じように、全く新しいイメージをもたらした。それまで流行っていた「やさ男」や「なよなよした二枚目」とは対象的に、冷厳、隠忍、責任感などのキーワードで人々の心を揺さぶった」[2]

　このような時代に、『鉄腕アトム』は中国初のTVアニメとして放映された。

　中国の国営放送、中央電視台（CCTV）にて、『鉄腕アトム』第一作である1961年のモノクロ作品が放送されると、全国の子どもたちの間で一大ブームとなったのである。

2.『鉄腕アトム』放送に至る経緯

　中国ではそれまで、海外企業の広告を一度も放送したことがなかった。そこで東芝（または日立）が初の広告を出すため交渉を始めたが、CCTVはとにかく初めてのことでどうすればいいかわからず、最終的に、東芝が『鉄腕アトム』の放映権を買い、それをCCTVに贈与する代わりに番組中に広告を出すという形で話がまとまった、というのがそれまで一般的に言われていた経緯である。しかし2013年、キーパーソンである在日華僑、韓慶愈氏の自伝が出版され、中国のライター阿福が当事者への詳細なインタビューを行い書いた文章により、詳細な経緯が明らかになっている。1979年、訪日団に混ざって日本を視察に訪れた当時のCCTV副局長で、後に『紅楼夢』、『水滸伝』を制作しテレビドラマの母と言われた阮若琳が日本で改革開放を機に対中国専門の広告会社を設立した華僑、韓慶愈に提案され、番組に広告を付けたパッケージでの輸入を考えた。そうすれば、CCTVは無料で最新の日本の子供番組を放映できるだけではなく、広告収入も得られる。そこで韓の会社である向陽社が、日本で視聴率が高かった作品の中から『鉄腕アトム』を選び、放映権を取得し、日本企業に協賛を求め、セイコー、三菱自動車、日立製作所、組合貿易の4社がスポンサーとなって、1話放送のたびに前後に2分間の広告を放送するという形で放映が始まった。『鉄腕アトム』の中国語名『鉄臂阿童木』はマレーシア出身の華僑で向陽社の社員、黄龍飛が名付けた。[3]1980年12月7日から毎週日曜夜7時半に26話が放送された。CCTVでは子供番組担当の李真恵が担当となり、吹き替えをした声優は北京広播学院アナウンサー系77級の学生である。彼らは卒業実習として声優を努め、クラス担任である班主任もお茶の水

博士の役で参加した。主人公のアトムは相応しい声が見つからず、最後の手段として児童芸術劇院出身の李真恵自身が試したところ最も相応しいということになり、李が演じた。当初はモノクロ版『鉄腕アトム』全193話のうち26話の放送しか予定していなかったが、反響があまりに大きかったため、約半年後の1981年6月7日から、続く26話を放送した。[4]
こうして、『鉄腕アトム』のCCTV放映が実現した。この経緯は後に日本の関係者から「日本のアニメが安価で海外放映権を販売する前例となり、その後長く相応しい価格で販売することができなかった」と揶揄されたが、当時の中国には日本のテレビ番組放映権を取得するほどの力などなく、門戸を開いた中国で初のTVアニメシリーズとして日本のアニメが放映されたことが当時の中国人民、そして日中関係に与えた影響は計り知れない。

3.「アトム旋風」がもたらしたもの

『鉄腕アトム』の放映が始まると、中国の子どもたちに「アトム旋風」が巻き起こった。まだテレビがそれほど普及していない時代である。日曜夜7時半になるとテレビのある家庭に近所の子供たちが集合した。ロボットを主人公に描く近未来の世界はすべてが見たこともないものばかりで、「十万馬力」という言葉すら新鮮で珍しく、81年の放送を期に主題歌に中国語の歌詞がついてからはこぞって歌い、以降、6月1日のこどもの日を始めとする様々なイベントでは『鉄腕アトム』の主題歌が必ず歌われるようになった。オークションサイトなどを見ると、アトムらしき少年が印刷されたお菓子の包み紙や、封筒、おもちゃやシール、ハンカチ、

ポスターなどが全国各地で製造されていたことがよくわかる。

　大人たちは当然、アトムに夢中になる子どもに戸惑いを感じていたが、当時の新聞や雑誌の論評を見ると、科学技術に興味をもたせる良い教材であるという趣旨の意見も多く、概ね肯定的だったようである。96年には、「アトムやトランスフォーマー、連環画の金剛葫芦娃のような正義のキャラクターが行う暴力行為は子どもに勇気や強さ、暴力に屈せず立ち向かう勇気、諦めない心を見せてくれる」という論評が人民日報に掲載されている。[5]しかし当然、この時期海外に触れたどの分野の関係者も感じたことだが、「国産アニメを育てなくてはならない」、「国産の子供番組を作るべきだ」という焦燥感を感じていたのも確かである。また、90年代に入ると「アトムや一休さんを知っていても革命指導者を知らない」[6]子どもたちへの教育のあり方を問う論説が出現した。

　象徴的な逸話がある。中国の国家主席を務めた華国鋒が、子供と一緒に毎週欠かさず『鉄腕アトム』を見ていたという。中国歴代指導者の通訳を務めた外交官、周斌は、中央電視台に「全国数億人の子どもたちのために」と頼み込まれ、仕方なくTVアニメ『鉄腕アトム』を翻訳した。[7]その後、科普出版社から出たマンガ『鉄腕アトム』も翻訳したのだが、いざTVシリーズが始まると反響が凄まじく、親戚や知り合いから「マンガをくれ」という手紙や電話が引きも切らず、ついには華国鋒の秘書から連絡がきた。華は退職後、毎週孫と一緒に見ているのだという。

　それほどの旋風を巻き起こしたアトムだが、その影響を大きく受けたのは連環画である。連環画は1920年代に海外の漫画の影響を受けて急速に発展した手のひらサイズの絵本のような形式の本で、1ページ1コマ、コマの下には説明文がつく。戦後、50年代後半から60年代にかけて成熟期を迎え、

『三国演義』、『水滸伝』など古典作品のほか、ロシア文学を題材にしたものや、『鉄道遊撃隊』など抗日戦争がテーマの作品など様々なジャンルの作品が生まれた。次に訪れた黄金期は1980年代である。1980年、龍勁東の描いた『人到中年』出版を機に再び連環画が脚光を浴び、1981年、雑誌『連環画報』は120万冊を発行、その年のベストセラーとなった。翌1982年には全国で2000余種の連環画、およそ8.6億冊が出版され、全国の図書総出版数の三分の一にもなった。[8]

そこに現れたのが『鉄腕アトム』である。連環画の主な読書層である子どもたちは、『鉄腕アトム』の放送が始まると、昔ながらの連環画ではなくテレビで活躍するアトムに釘付けになった。そしてアニメとほぼ同時期の1981年5月に科学普及出版社から手塚治虫の漫画、『鉄腕アトム』が連環画サイズで出版されたのである。手塚の『鉄腕アトム』は全21巻、別巻を含めると23巻あるが、科学普及出版社からは15巻を3年かけて出版した。15巻といっても、日本の漫画単行本の半分にも満たないサイズであるため、実際に出版したのはほんの一部である。しかも連環画は1ページの大きさが単行本の約半分であるため、単行本1ページのおよそ半分で無理やりコマを切っている。翻訳はTV版の翻訳も担当した外交部通訳の周斌と、姚佩君である。80年代、中国科学院外事局アジア・アフリカ処の日本担当に姚佩君という人物がいたことを確認したが、おそらく同一人物であろう。裏表紙には日立の広告が入っている。

当時はテレビがようやく一般家庭に入ってきた時代、自宅にテレビがない子どもも多く、『鉄腕アトム』の連環画が飛ぶように売れたことは想像に難くない。黄金期を迎え、戦後最高の売上を博していた連環画は、連環画サイズの『鉄腕アトム』出版を期に衰退していく。1986年、連環画はおよそ

3000種、計8.1億冊も出版されてはいたものの、その大部分が在庫として倉庫を圧迫していたという。[9]

　『鉄腕アトム』の人気を見て、科学普及出版社以外からもアトムを題材にした連環画が出版された。アトムを主人公としたオリジナルストーリーが乱立し、連環画だけではなく、A5サイズの薄いもの、日本の単行本と同じサイズ、またはもっと大きなものまで、様々な様式、様々なタッチのアトムが出現した。連環画だけでも年に3000種も出版されており、すでに散失しているものも多く、すべてを確認するのは大きな困難を伴うが、現時点で、単行本サイズのものも含めると『鉄腕アトム』または『アトム』と題したもの10種、書名に「アトム」の名前が入ったオリジナルストーリー9種の存在を確認している。こうして日本のアニメを題材にした連環画がその後続々と現れ、連環画は「低俗な」内容ばかりであると批判され、コレクターズアイテムとして人気が復活するまで低迷期を過ごすこととなる。

　アトムを題材にしたオリジナルストーリーは、中国を代表するキャラクター孫悟空と共に主人公を務めるものがほとんどで、二人は出会ってすぐ友人となったり、反発しあったりするが、最終的には必ず親友となっている。そのストーリーは、あたかも中国が門戸を開放し、海外の国々と共に発展していく未来の姿そのものである。

4. 日中友好の象徴となった孫悟空とアトム

　『鉄腕アトム』はその後もモノクロ版、カラー版、ソニー・ピクチャーズ版、映画版などほぼすべての作品が中国でも公開され、今もその名を知らない人はいない。オリジナル

ストーリーの連環画作品にあるように、中国の孫悟空、日本のアトムは親友として、または仲間として描かれることが多く、孫悟空とアトムは自然と日中友好のシンボルとして描かれるようになった。アトムの作者である手塚治虫は中国のアニメーション映画『鉄扇公主』の影響を受けたと公言していたこともあり、『鉄扇公主』の監督の一人である万籟鳴とは友人となって中国に来るたびに会い、孫悟空とアトムが握手をしている絵を描く機会も幾度となくあった。

『鉄腕アトム』は文革後の中国に始めて輸入された海外のテレビアニメだが、放送を通して中国国内に大きな影響をもたらした。1963年に放送され、高度経済成長期の日本の子どもに未来の夢や希望を与えた『鉄腕アトム』が、改革開放が始まったばかりの中国で放映されたのは、幸運な出来事だったといえる。『鉄腕アトム』のヒットをきっかけに、『ジャングル大帝』、『一休さん』、『花の子ルンルン』、『ニルスのふしぎな旅』など日本アニメが続々と放送され、こうしたアニメを見て育った世代が、のちの「日本動漫」ブームを作る原動力となっていく。

中国における日本アニメの受容は、こうして始まった。

注

[1] 冯昭奎（2008）。
[2] 张欣（2014）《别了，杜丘》，载《广州日报》，2014年11月19日。
[3] 大類善啓（2014）、第212页。
[4] 阿福（2013）。
[5] 卜卫（1996）《影视该给孩子什么样世界》，载《人民日报》1996年1月10号。
[6] 康晓东（1991）《优化育人环境的壮举》，载《人民日报》1991年4月4号。

[7] 阿福によると最初の数話を翻訳したが、それ以外はすべて外文局の日本専門家が訳したという。訳文はすべて李真恵が原文の意味を変えずに子供向けの言葉へ修正を加えた。
[8] 王玥（2017）。
[9] 王玥（2017）。

参考文献

著作

大類善啓（2014）『ある華僑の戦後日中関係史』、東京：明石書房。

邓力群、马洪、孙尚清、吴家骏（1979）《访日归来的思索》，北京：中国社会科学出版社。

韩庆愈（2013）《留日70年》，北京：学苑出版社。

劉文兵（2006）『中国人の日本映画熱愛史』、東京：集英社新書。

論文

阿福（2013）《日系动画片出入中国考》，载《中国电视（动画）》2013年第5期。

冯昭奎（2008）《中国的改革开放与日本因素》，载《世界经济与政治》2008年第10期。

古市雅子（2018）「中国で『動漫』になった日本アニメ」、『外交』Vol.51。

王玥（2017）《中国连环画的昨天、今天和明天》，载《中国艺术》2017年第7期。

尹芷汐（2015）「松本清張と「連環画」との遭遇」、『大衆文化』第12号。

论久米村人与琉球救国运动*

——以林世功奉诏清廷之举为视角

李凤娟 （天津理工大学）

明洪武五年（1372），明朝与琉球建立正式的藩属关系，一直到清光绪五年（1879）琉球被日本占据为止，中琉两国共保持了五百余年的友好交流关系。在两国经济、文化、政治等的频繁交流中，"闽人三十六姓"占据了重要地位和作用。闽人三十六姓是洪武年间明朝廷派遣到琉球的职能集团，目的是为了协助琉球顺利进行朝贡贸易。他们东渡琉球后聚居于"久米村"，因而闽人三十六姓及其后裔又被称作"久米村人"。

19世纪70年代，觊觎琉球已久的日本政府开始了侵占琉球的行动，最终于1879年武力攻占琉球，将其纳入日本近代国家的体制，成为日本冲绳县。在日本吞并琉球的过程中，琉球人民并非坐以待毙，他们通过各种形式奋力反抗日本的侵略。久米村人亦加入其中，不少久米村士族还充当"救亡图存"的领头人，他们秘密前往清国，向清廷请求救援，为琉球救国运动贡献了重要力量。虽然琉球救国运动以失败告终，但这是琉球人民反侵略、反压迫的斗争过程，是琉球民族独立意识的体现。近年来，不少学者围绕"琉球处分"及琉球归属问题展开了深入细致的研究，但有关这一时期久米村人与琉球救

---

* 本文系国家社会科学基金青年项目"冲绳闽人三十六姓后裔的历史记忆与文化认同研究"（16CMZ013）的阶段性成果。

国运动的研究则较为薄弱。本文试以林世功奉诏清国请愿救国之举为中心，探讨久米村人在19世纪后期琉球救国运动中所担任的主导角色和所起的重要作用。

1.琉球救国运动的起因

进入19世纪后期，东亚国际秩序开始出现新的局面，不论是清政府还是日本，在欧美列强的压迫之下，经历激烈的内乱和政治斗争之后重新构建了中央政权，为了推动国内的近代化和文明化，以及在"万国对峙"的国际社会中确保国家的独立，都开始探索新型的对外关系。[1]

1868年日本明治维新以后，明治政府制定了一系列旨在对外扩张的基本方针，随后开始了试图占有琉球的准备和行动。1871年，萨摩藩根据新政权的指令，向政府递交了所谓日琉关系的调查报告，宣称琉球"自上古以来，称作冲绳岛，在南海十二岛之内，为皇国属岛之事，古史亦有载之。……"[2] 这份牵强附会、捏造事实的调查报告成为日后明治政府强行吞占琉球的依据。1872年，日本通过琉球庆贺使节向琉球国王尚泰下达诏书，剥夺其国王称号，降格为藩王，并派遣官员前往琉球，停止琉球藩的外交权，迈出了吞并琉球的第一步。1874年，日本以1871年琉球船民因遭飓风漂流至台湾而遭当地人杀害为借口，强行出兵台湾，与清政府签署了《北京专约》，条约中称日本出兵侵台是"保民义举"，日本据此认为清政府默认琉球人是日本人，为尔后侵占琉球埋下了伏笔。1875年，日本政府派遣松田道之向琉球发布一些命令，内容包括强迫琉球改奉日本明治年号、废除琉球向中国朝贡和清帝继位时派遣庆贺使节的惯例、禁止琉球接收中国的册封，以及撤销作为朝贡贸易据点的福州琉球馆等。与此同时，对琉球的统辖权也由外

务省交给内务省。1879年3月27日,明治政府任命的处分执行官松田道之在首里城强行下达"废藩置县令",命令琉球王府交出有关土地、人民等一切文书,命琉球王尚泰退出首里,移居东京。为了防止琉球方面的抵抗,松田道之下令封锁首里城门,无证件者不得通行,以防止琉球人民逃往清国。[3] 4月4日,日本政府在全国范围内宣布将琉球改为冲绳县,标志着日本正式吞并琉球。

明治政府采取的一连串的政治举措,将琉球完全纳入日本统治之下的过程被称为"琉球处分"。当时日本国内有一些有识之士对"琉球处分"提出了异议,认为强行对琉球进行处分的行为与西方蛮横的殖民政策无异。[4]然而,这些有志之士的义举并不能改变琉球被日本吞并的事实,琉球王国自此名亡于历史舞台,成为日本管辖的冲绳县。

日本占领琉球后,采取了一系列的措施以使琉球尽快被同化为日本的"国内殖民地"。但是,对于日本的强行侵占和同化,琉球方面并非无抵抗地接受,琉球人民上下团结,民族意识高涨,积极地展开了各种形式的救国运动。

2.琉球救国运动的展开

琉球人民的救国运动形式多样,内容包括向日本政府请愿、向驻日各国使节求助、密航至清国求援、对县政的不服从运动、罢工罢市、各地掀起"血判书"联署行动等。琉球人民的这些反侵略运动被称为"琉球救国运动""琉球复旧运动""琉球处分反对运动""中日两属请愿运动"等。

2.1 东京请愿——清廷出面

1875年松田道之向琉球下达禁止向清国朝贡等一系列命令后，琉球王府官员与之进行了反复交涉，拒绝接受日本政府的强行旨意，不断要求直接向东京申诉。同年9月，琉球三司官以陈情特使的身份随同松田道之前往东京，向日本政府的重要官员提交请愿书，要求保持中琉关系，不变琉球国体和政体。此后，琉球陈情特使以东京为据点，开展了救国请愿运动。据统计，1875年10月至1876年10月仅一年的时间内，琉球特使就向明治政府提交了15份请愿书，主要陈述了日本单方面下达的"断绝与清国关系"的命令有违信义，希望日本政府能撤销该命令，并请求日本政府能和清政府进行谈判，来处理琉球事宜。

琉球人在东京的救国请愿运动，亦传到了清政府。1876年8月18日的《申报》对其进行了报道："昨闻琉球使臣日本之书牍，据称前明洪武五年，已臣属中国，后嗣百余年方聘问就使于东国。中东（清国·日本）皆是我主，难弃旧从新……"[5]由此可见，清廷对当时的琉球形势及琉球人的救国运动都有一定的了解和关注。

1877年，驻日公使何如璋到任后，琉球特使多次请求会见，提交请愿书，呼吁清政府挽救琉球于危难之中。在何如璋的指引下，琉球使臣向美国、荷兰、法国的驻日公使提交了请愿书，主旨为"小国危急，切请有约之大国，俯赐怜鉴"，批判日本阻止琉球进贡之事，希望各国公使劝谕日本，"使琉球一切照旧"。[6]琉球陈情特使在东京的请愿救国运动，引起了各国公使的关注。美国公使表示，要将此事报告本国政府，请求指示。这也为后来美国前总统格兰特介入调停琉球问题埋下了伏笔。明治政府担心琉球问题国际化，一方面命令琉球使臣迅速回藩（琉球藩），另一方面派遣松田道之再赴琉球，加快

吞并琉球的进程。

2.2 官民抗争——保护主权

1879年3月27日，松田道之在首里城向琉球王代理今归仁王子宣布"废藩置县"的决定，强制琉球王府交出行政文书。面对明治政府的强制措施，琉球王府主要官员及各地士族代表，在各学校集合，缔结团体，拒绝日本的命令，等待清国的援兵。首里、久米村等共计53名士族还联名上书松田道之，提交了一份可以说是代表了琉球全体士族意志的请愿书，书中请求明治政府撤销琉球处分的命令，表现出了强烈的"琉球意识"。[7]同时，各地的琉球官员要求继续保留琉球王位，保护琉球的主权，他们以各种形式反对日本的废藩之举。

在日本强行吞并琉球的过程中，琉球民众为保卫主权，自发组织起来奋力抵抗，但同时也遭到日本的残酷镇压，许多有志之士惨遭杀害，其中"宫古岛惨案"就是一个典型的例子。日本下达"废藩置县"令后，琉球王府向各地发出不服从指令。处于琉球西南离岛地区宫古岛官民响应王府的号召，以当地官员奥平昌纲为首，部分士族和民众联名签署了反对日本县政的"血判书"。他们宣誓："凡因抵制日本而遭杀害者，其妻儿由同村联署者共同抚养，违约者斩首，其亲族全部处以流刑。"岛民的激烈反抗，致使日本政府派兵对其进行了残酷镇压。其中，被斩首的一名志士悲壮地喊道："我的头无论你们怎样斩，也绝不会落在你们的面前，你们且看清了琉球人的血魂！"[8]宫古岛民的这种至死不屈的壮烈精神和行为，是琉球人民反抗日本侵略、捍卫琉球主权的典型代表。

在日本政府的残酷镇压下，琉球官民的救国运动并未取得成效，清政府的援兵成为他们救国的唯一希望。

2.3 清政府求援——复国主权

琉球从日本强制断绝其与清的关系到被强行吞并的过程中，多次秘密派人向清求援。据统计，在1876年至1885年间，琉球人向清政府要员及驻日清国公使递呈的请愿书共达31份，其中有28份是1879年废藩置县以后由密渡清朝的琉球人在福州、天津、北京等地呈交给清廷重要大臣的。[9]

这说明在琉球处分以后，琉球士族的救国请愿运动的舞台转移到了清政府，清政府的救援也成为他们复国的最后希望。琉球使臣向清政府提交的请愿书，情词恳切，痛诉了日本政府的野蛮侵略行径，阐述了"复国""复君"之大义，表达了恳请清廷保护属国的强烈愿望。如琉球陈情使向德宏在1879年7月向李鸿章提交的请愿书中写道："具禀琉球国陈情孤臣紫巾官、国戚向德宏，为泣血呼天，立救国难……日人悍然不顾，竟敢大肆凶威责灭数百年藩臣之祀。……中堂威惠播于天下，海岛小邦久已奉若神明，必能体天子抚绥之德，救敝国倾覆之危。……"[10]琉球使臣向清政府要员提交的类似于此的请愿书不胜枚举。这些因反抗日本侵略而流亡清朝从事救国运动的琉球人，被当时的日本取缔当局称为"脱清人"。废藩置县后，琉球"脱清人"以福州、北京、天津为据点，展开了长期的救国请愿活动，成为琉球救国运动的主力军。

3. 久米村人林世功奉诏清朝请愿

久米村人作为琉球的士族阶层，为琉球的救国运动贡献了重要力量。以林世功、蔡大鼎为代表的久米村士族在清国积极开展救国请愿运动，试图寻求宗主国清朝的支持来维持琉球王国的独立。根据当时的冲绳县令西村舍三向明治政府提交的"脱

清人明细表"可知，截至1884年脱清人人数达124名，其中士族102名占全体的82.3%，平民22名占17.7%。士族中久米村出身的有34人，也就是说三人之中就有一人是久米村士族。[11]在前述的1879年以后脱清人向清政府提交的28封请愿书之中，有22封带有久米村人的署名。[12]这些数据足以说明，久米村士族在琉球救国运动中具有主导地位和作用，他们希望清政府能以武力介入使得琉球得以复兴，进而使久米村继续繁荣下去。

3.1 林世功奉诏密赴清

林世功（1841—1880），为久米村林氏后裔，是清末著名的琉球诗人。1876年12月，林世功、蔡大鼎、向德宏等人受琉球国王尚泰之命密赴清请求救援。他们于翌年到达福州，向闽浙总督何璟、福州巡抚丁日昌呈递琉球王的咨文，向清政府陈述日本"阻贡"之事，恳请清政府出面，向日本交涉，代纾国难。于是，琉球问题发展成为中日两国政府的外交问题。6月，闽浙总督、福州巡抚将此事上报清廷，请示处理琉球来使事宜，并建议让即将出任驻日公使的何如璋直接与日本政府进行交涉。针对日本阻止琉球朝贡之事，何如璋向李鸿章提出对日采取"不得不争"的意见，建议对待琉球问题应该采取"必争""必救"和"与之评理，要于必从而止"的办法，[13]希望清政府在琉球问题上能以强硬的姿态抑制日本的侵略野心。之后，何如璋与日本政府进行了多次交涉，但明治政府始终把琉球问题看作内政问题，无视清国的抗议及琉球的请愿。

1879年6月6日，福建商人带来琉球王世子尚典的密函，指示林世功等人北上，向清政府申诉请愿。林世功、向德宏等人深感亡国之痛，把希望寄托在宗主国的援救上。他们即刻剃发改装北上，兵分两路赶赴天津和北京。林世功等人抵达天津后，即刻开始了救国请愿活动。1879年10月22日，林世功、

蔡大鼎、毛精长三人联名向总理衙门提交了第一封请愿书："……敝国惨遭日本侵灭，竟将国主、世子执赴该国，屡次哀请回国，不肯允许……长跪哀号，泣血恳请，伏乞总理诸位大人，俯怜二百年来效顺属藩被倭凌虐待拯孔亟，恩准据情奏请皇上，宣扬天威，迅赐救存，以复贡典……"[14]

请愿书中痛诉了日本的野蛮侵略行径，表达了林世功、毛精长等人恳请清政府即刻救援属国琉球、以恢复朝贡制度的强烈诉求。据载，林世功与蔡大鼎还曾在东华门外跪乞清廷出兵拯救琉球，长达七日之久。1879年10月到1880年11月的一年时间内，林世功共向清政府要员提交了10份请愿书。然而，林世功等人的请愿活动并无太大效果。当时的清政府处于内忧外患的境地，面对日本有预谋、有步骤地实施吞并琉球的计划，清政府在外交方面显现出软弱之态。但鉴于琉球一再派人求援，以及基于历史上长期存在的保护义务，同时也为了牵制日本觊觎朝鲜，清政府对于日本单方面进行的琉球处分一直不予认同，并同日本进行了长期交涉。1880年，在美国前总统格兰特的斡旋下，清政府与日本签订《球案条约》，达成"分岛改约"案。

3.2 林世功以死请愿

清朝欲以与日本达成分割琉球列岛的协议来解决琉球问题，琉球使臣认为这无异于琉球灭亡，坚决反对"分岛案"。1880年11月18日，林世功等人再次联名请愿，希望清政府能与日本公使进行谈判。两日后，受中国儒家思想影响至深的林世功，笃于"主忧臣辱，主辱臣死"之义，单独上书清政府，决定以死乞师，恳请清廷出兵援助复国。最后，希望落空、救国无门的林世功愤而自刎，以身殉国，享年四十岁。

他在临死前向总理衙门提交的请愿书情词恳切，字字泣

血,痛诉琉球官民之惨状,而自己又无能为力之悔恨,只有以死来全臣节。书中对清政府无一句抗议或不满之词,大概是考虑到了其他"脱清人"的立场,生怕自己的死会为同伴招致横祸。林世功在提交正式的请愿书时,也给同伴留下了遗书,申明自己的死出于自愿,与他人无关。对于林世功的自刎,清国官吏深感叹息,赞其是忠臣,对他深表同情,给予二百两白银作为葬礼之用,将其安葬在北京东南部的张家湾。

蔡大鼎在《北上杂记》"林子叙在京辞世记"一段中亦记载了林世功殉国之事:"林子叙,讳世功,在京辞世,享年四十岁。记有之,死有重于泰山,然林君专顾国家之存亡,乃于庚辰十月十有八日,即将其手书禀词呈递列宪,以死叩恳具奏兴灭,列宪叹曰,此诚忠臣也,实属可悯。乃赐白银二百两,以为棺衾之资也。及二十日,輀其灵柩,送葬于张家湾,呜呼悼哉……"[15]寥寥数语,记述了林世功以死乞师一事,但不甚详细,或许当时有所顾忌。翌年林世功周年忌日之际,蔡大鼎又写了一篇"先子叙一周祀日记",追述其事,云:"光绪七年岁在辛巳十月十有八日,乃子叙一周祀日也。其逝犹昨,哀痛迫切。兹将子叙呈递总署手书禀词,以及赠同僚兄弟各启诗,玩索数次,不胜惭感之至。往古来今,有几人在焉,何人读之不泣。其忠全大,而兼孝悌,则不可得而名矣。今无广知人士,故特载。"[16]文中对林世功的忠义、孝悌深表感叹,希望其壮举能广为流传。

林世功在殉国之前曾留下了两首"辞世诗",体现了其忧国忧民的壮烈情怀,以及忠孝难两全、对家人的愧疚之情。

古来忠孝几人全,忧国思家已五年。
一死犹期存社稷,高堂专赖弟兄贤。(其一)

廿年定省半违亲,自认乾坤一罪人。

老泪儿忆双白发，又闻噩耗更伤神。[17]（其二）

3.3 林世功请愿评说

林世功为国牺牲的壮举和精神，令人钦佩；诗文之间流露出的忠孝难两全的悲伤和为社稷牺牲家庭、舍弃一己性命的决心，令人动容。林世功心系国家兴亡、矢志为国献身的高尚人格，可与日月争辉。在琉球王国末期，为求国家存续和复辟而采取行动的人物不在少数，林世功则以最为激烈的形式，赌上性命以图琉球王国存续，这一举动，震撼了琉球人民，他也因此成为琉球民族独立精神的象征和久米村历史上的不朽英雄。

然而，对于林世功为国牺牲的行动与精神，从当时起就有各种不同的观点，对其评价褒贬不一。如历史学家仲原善忠认为林世功是一个顽固的守旧主义者，是一个未能认清时局的无知反对运动者，他指出："在琉球王国进行解体的过程中，其士族及与其同阶级的、大部分的久米村人却热衷于反对运动……当年四十岁的林世功所表现的纯情，或许有其可爱之处，然而其对时局的无知，实在令人不得不为之感到诧异"。[18]有"冲绳学之父"称号的伊波普犹则认为林世功是琉球主体性的主张者，他说："姑且不论事情的成败与否，林氏的自杀，确实给当时的人们带来了极大的冲击，连儿童走卒对官生新垣（林世功的琉球名）之名都能朗朗上口。但是随着日本思想的浸润浸染，曾几何时也被众人逐渐淡忘了。"[19]西里喜行、上里贤一等学者都给予了林世功颇为正面的评价，认为林世功为了实践当时知识分子视为基本道德的忠孝观念而赌上一己性命的纯粹性和一贯性，值得肯定和赞赏，还指出他是自由民权的斗士，是琉球历史上的英雄。此外，林世功为国殉身的事迹在重新探讨冲绳复归运动意义的学者及主张冲绳独

立、从事琉球独立运动的人士中被广为提及,林世功被赋予琉球民族独立精神的象征。

立场的不同,时代的变迁,使得人们对于林世功事件的评价不尽相同,但不可否认的是,林世功是琉球救国运动的主导者之一,他为琉球王国的存续倾尽所有,对于琉球人民和久米村人来说,他的光辉事迹将永为流传。

久米村人林世功的殉节事件,给清国、琉球乃至日本带来了不小的冲击,琉球分割条约的签署也因此被搁置下来,但是这对琉球问题的解决却没有起到实质性的作用。在林世功之后,仍有许多不愿做亡国奴的琉球人来到中国,继续从事救国运动,其间运动的主要人物向德宏、蔡大鼎等客死清国。然而,令人意想不到的是,1895年清政府在甲午战争中战败,这令希望借助清朝之力复国的琉球人大为震惊。甲午战争的败北,意味着中国在东亚社会建立的册封进贡体制彻底瓦解,同时也给琉球救国运动以致命性打击,脱清人不得不放弃复国念头纷纷回国,琉球救国运动以失败告终。

4. 结　语

19世纪后期掀起的琉球救国运动是琉球人民反抗日本的侵略和压迫,为争取民族独立所进行的不屈不挠的斗争,是琉球历史上精彩的一笔。以林世功为代表的久米村人与琉球人民一起奋起反抗日本的侵略,积极开展琉球救国运动。林世功以身殉国的行为,可歌可泣,震撼了清廷及琉球人民,成为清政府推迟签署琉球分割条约的原因之一,但最终未能保住琉球的主权。琉球作为中国五百余年的藩属国,虽被日本强行吞并,但中国从未认同琉球是日本的领土,直至今日,琉球的归属问题仍然是中日外交上的重要课题。

注

[1] 西里喜行著，胡连成译（2010）《清末中琉日关系史研究》（上册），社会科学文献出版社，第265页。

[2] 下村富士男（1972）『明治文化資料叢書』第4巻外交篇，風間書房，第7页。

[3] 『明治文化資料叢書』第4巻外交篇，第222页。

[4] 植木枝盛（1990年）「アジアと近代日本：反侵略の思想と運動」，『琉球の独立せしむ可きを論ず』，社会評論社，第16-19页。

[5] 西里喜行著，胡连成译（2010）《清末中琉日关系史研究》（下册），社会科学文献出版社，第598页。

[6] 西里喜行（1987）「琉球救国運動と日本・清国」，『沖縄文化研究』13，政法大学沖縄文化研究所，第41页。

[7] 西里喜行「琉球救国運動と日本・清国」，『沖縄文化研究』13，第47-48页。

[8] 蔡璋（1951）《琉球亡国史谭》，正中书局，第11页。

[9] 西里喜行（1987）「琉球救国請願書集成（一）―原文・訓下し・注釈・解説―」，『琉球大学教育学部紀要』第30集，第71-73页。

[10] 「琉球救国請願書集成（一）―原文・訓下し・注釈・解説―」，『琉球大学教育学部紀要』第30集，第73-76页。

[11] 赤嶺守（1993）「琉球処分と久米村」，池宮正治等著，『久米村―歴史と人物―』，ひるぎ社，第180页。

[12] 「琉球救国請願書集成（一）―原文・訓下し・注釈・解説―」，『琉球大学教育学部紀要』第30集，第84页。

[13] 米庆余（1998）《琉球历史研究》，天津人民出版社，第175、178、179页。

[14] 「琉球救国請願書集成（一）―原文・訓下し・注釈・解説―」，『琉球大学教育学部紀要』第30集，第73-76页。

[15] 杨仲揆（1990）《琉球古今谈》，台湾商务印书馆，第81-82、85页。

[16]《琉球古今谈》,第83–84页。
[17] 上里贤一（2001）《从诗文看林世功的行动与精神》,《琉球认同与归属论争》,"中央研究院"东亚区域研究,第152页。
[18] 仲原善忠（1977）『仲原善忠全集』（第一卷）,沖縄タイムス社,第547页。
[19] 伊波普犹（1998）『沖縄歴史物語』,平凡社,第172页。

参考文献

蔡璋（1951）《琉球亡国史谭》,台北：正中书局。
赤嶺守（1993）「琉球処分と久米村」、『久米村―歴史と人物―』、那霸：ひるぎ社。
米庆余（1998）《琉球历史研究》,天津：天津人民出版社。
上里贤一（2001）《从诗文看林世功的行动与精神》,《琉球认同与归属论争》,台北："中央研究院"东亚区域研究。
西里喜行（1987）「琉球救国請願書集成（一）―原文・訓下し・注釈・解説―」、『琉球大学教育学部紀要』第30集。
西里喜行（1987）「琉球救国運動と日本・清国」、『沖縄文化研究』13。
西里喜行著,胡连成译（2010）《清末中琉日关系史研究》,北京：社会科学文献出版社。
下村富士男（1972）『明治文化資料叢書』第4卷外交篇、東京：風間書房。
杨仲揆（1990）《琉球古今谈》,台北：台湾商务印书馆。
伊波普犹（1998）『沖縄歴史物語』、東京：平凡社。
植木枝盛（1990）「琉球の独立せしむ可きを論ず」、『アジアと近代日本：反侵略の思想と運動』、東京：社会評論社。
仲原善忠（1977）『仲原善忠全集』第一卷、那霸：沖縄タイムス社。

《国阿上人绘传》与吉田兼俱的"根叶花实说"

李 健（清华大学）

1. 问题的提出

"根叶花实说"是以神道、儒教、佛教为本体，以一棵树的根、叶、花实分别与此对应作为喻体——即"神道为根本，儒教为枝叶，佛教为花实"——来形象地阐述神、儒、佛三教关系的一个学说。这一学说肇始于两部神道著作——《鼻归书》，后为天台僧人慈遍所继承，至室町时期，经吉田兼俱之润饰而走向成熟。这一学说在兼俱的神道著作中出现多次，因此是研究和探讨兼俱思想的一个有效突破口。

除兼俱之著作外，"根叶花实说"在《鼻归书》（1324）、慈遍《旧事本纪玄义》（1332）和相阿《国阿上人绘传》（以下简称《绘传》）中均有出现。前两者与兼俱"根叶花实说"的关系已得证实。而《绘传》与兼俱"根叶花实说"的关系，在中日学界存在两种不同观点：一种观点认为，《绘传》成书在前，是兼俱"根叶花实说"的直接来源[1]；另一种观点认为，《绘传》在后，是在兼俱"根叶花实说"直接影响下形成的[2]。二者的关系，牵涉到"根叶花实说"的源流问题，甚至关系到兼俱思想的源流问题，因此，非常有必要首先予以明确。以下，本文拟分三个部分做具体探讨。

2.《绘传》的成书时间

《绘传》是相阿（生卒年不详）为其师国阿所撰写的带有绘图的传记。全书共五卷，分为四十二段，现藏于京都金莲寺。其中的绘图已佚失，现仅存文字部分。鹫尾顺敬编写的《国文学东方佛教丛书》和东大史料所编写的《大日本史料》对文字部分均有收录。《绘传》详细记录了国阿一生游历民间，念佛教化的各种事迹。

据《绘传》记载，国阿，原名为龟王丸，播磨人，系石塔赖茂之子。生于正和三年（1314），卒于应永十二年（1405）。少时曾求学于书写山，后因厌恶俗世而剃度受戒，皈依佛门，法号为"随心"。贞和三年（1347）偶逢时宗第七代祖师他阿诧何民间传法布道而投入门下，自此入时宗，法号改为"国阿"。跟随他阿诧何学习佛法三年，后周游诸地，四处劝佛化道而终其一生。国阿在弘扬佛法，传播时宗教理教义方面做出了重要贡献，因而被后人尊崇为时宗国阿派始祖。

关于《绘传》撰写之始末，卷尾有云：

> 弟子相阿，奉遇国阿大师之化度。会下经星霜久，而至颓龄八十余。其间之法谈，悉出离生死之要道，往生极乐之直路也。今记其三五，备后代之结缘。为见者之易晓，显绘图；为蒙愚之易知，以俗语。唯不好词华而思事实已。[3]

文中讲，相阿是在国阿讲经布法之时与其相识而入时宗。《绘传》为相阿八十余岁时所撰，目的是记录先师国阿之事迹，以备后人之知晓。然而由于相阿之生卒年代不详，因此该书的成书时间实难推知。

《绘传》第五卷讲述国阿85岁之后的经历。其中第四十一段中间部分记述了相阿伴师左右，侍讲佛法的经历[4]。这是书中唯一出现"相阿弥陀佛"字眼的文段。由此可知，在国阿85岁（1399）时，相阿已入门下。又，相阿出身于京都，原为金莲寺僧人，而据文中记载，国阿康历二年（1380）春始入京都，所以，相阿必然是在国阿入京都之后，才与其有了师徒之名分。因此相阿入时宗的时间应在1380（国阿入京）—1399（《绘传》出现相阿）年之间。为直观起见，我们用一个时间轴来表示，如图1.1所示：

图1.1

虽然具体年代无从考知，但是如果我们把文中所说的"（相阿）颓龄八十余"设定为最大限89岁，继而将相阿入时宗的时间范围考虑在内的话，那么据此不难推算，《绘传》的成立时间应在（1380+89=）1469年之前。只需要确定《绘传》成立时间的下限，我们就很容易继而确定《绘传》与兼俱"根叶花实说"的先后关系了。因为兼俱"根叶花实说"的最早表述出现的《日本书纪神代卷抄》中，而该书的成书时间为文明年间，即1469年之后。也就是说，《绘传》在前，而兼俱"根叶花实说"在后。因为二者表述相近且一先一后，据此我们有理由推测，《绘传》很可能是兼俱之说的来源。为进一步确立二者之关系，以下本文拟从其表述及思想倾向方面再做比较。

3.《绘传》的"根叶花实说"表述

《绘传》作为一部传记性文学作品，自然是以时间为序记述国阿一生行历。全书在"夫以远劫以来，为济度众生，诸佛出世"的叙述中拉开帷幕。"根叶花实说"出现在全文第二段：

> 日域第三十代钦明天皇御宇，佛像、经典自新罗国传入。又三十一代敏达天皇二年，用明天皇之御子——圣德太子诞生。太子弘扬佛法，兼传神道。上奏推古天皇曰：日本生种子，震旦现枝叶，天竺开花实，故神道者佛道之根源也，儒道者佛法之枝叶也，天竺现佛法之花实。又如花落归根，佛法东渐。今去佛千五百岁，后汉明帝之时，佛法传入汉土。而后又经四百数十岁，钦明天皇十三年，佛法始来朝。皈依佛法者，贵贱上下消灾受福。故宝祚之长久，万民之安乐，祈佛果菩提之福也。[5]

该段应注意以下三点：第一，对佛教传入时间的阐述采纳了《日本书纪》之说，而路径却并未沿袭《日本书纪》——"百济明王……献释迦佛金铜像一躯，经论若干卷"[6]——的说法，而是"佛像、经典自新罗国传入"。第二，以圣德太子奏言的形式引出"根叶花实说"。这一叙述虽与《旧事本纪玄义》——"谓日本则如种子牙，……唐掌枝叶，梵得果实，花落归根，莫谓受流"[7]——之说确有相似之处，但区别在，《绘传》将"根叶花实说"冠之以圣德太子之名，即以太子的口吻阐述出来。第三，引文的"根叶花实说"虽与慈遍和兼俱之说类似，均以一棵植物——即"树"为喻体，将神、儒、佛

三教分别比作树的根、枝、花实，但区别在于，《绘传》的比喻是以佛教之"树"为本体的——佛教之树的根源是神道，佛教之树的枝叶是儒教，佛教之树在印度开花结果。喻体围绕佛教而展开，根、叶、花实均是佛教的根、佛教的叶和佛教的花实。从这一角度讲，《绘传》与《鼻归书》最为接近：二者"本体"均是佛教。不同的是，《鼻归书》仅仅是把佛教传入的路径（天竺—震旦—本朝）通过"根叶花实说"做了反方向的阐释，并未涉及儒教，而《绘传》则将儒教囊括其中，且将三国（日本、震旦、天竺）与三教（神、儒、佛）一一对应起来。第四，从思想倾向看，引文把神道看作是佛教之根源，显然是把神道摆在了根本位置上，根生枝叶，枝叶生花，因此，无论是儒教还是佛教都是由神道这一"根"分化而来的，所以其中似乎隐含着神道为本、儒佛为迹（分化）的观点。如是，我们不禁要问：作为一部佛教传记，《绘传》果真是要表达"神本佛迹"的观点吗？单就这一段来看，似乎的确如此。但从《绘传》整体思想看，似乎又不然。如第二卷有云："永和元年春，欲参拜镇护我宗门之御神——熊野本宫。"[8]即将熊野本宫看作是时宗的守护神。这种"护法善神"的思想显然源自教祖一遍。而后同卷又有云：

<u>抑本社者，证诚殿。本地者，阿弥陀如来也。奉祭伊奘诺尊之皇子早玉男御神。</u>此乃我宗门镇护之神。于御宝前，七日七夜六时不断行法，报恩谢德。[9]

伊奘诺尊之子早玉男御神也被看作是时宗的守（镇）护神。文中的本社，指熊野本宫，而其本地是阿弥陀如来，即将熊野本宫看作是阿弥陀如来的垂迹。神宫是弥陀的垂迹，显然是"佛本神迹"。而后同卷又云：

《国阿上人绘传》与吉田兼俱的"根叶花实说"　321

> 自新宫行四里二十八町，经一平道，至那智山参拜权限。<u>盖熊野三所权现者，各垂迹于三处。</u>[10]

权现，是指佛或菩萨假借神的样子而显现（的形态）。这里的"三所"，指的是熊野三殿——西宫、中宫和丞相殿，其所祭之神分别是伊邪那美尊，熊野牟须美大神，事解之男神、伊邪那岐大神，速玉之男神、国常立命，家津美御子大神，对应的本地佛分别为千手观音、药师如来和阿弥陀如来。《绘传》把三所权现看作是佛陀的三处垂迹，承认熊野本宫是如来即佛的垂迹。因此，这里是站在佛为本地、神为垂迹的"佛本神迹"立场上的。不仅如此，《绘传》所收录的熊野神宫"本宫御社之图"，将熊野神宫各殿所配置的本地佛（菩萨）一一呈现出来，其对应关系如图2.1所示。这种神、佛的本、迹的对应关系，显然是按照"佛本神迹"的逻辑而排列的。

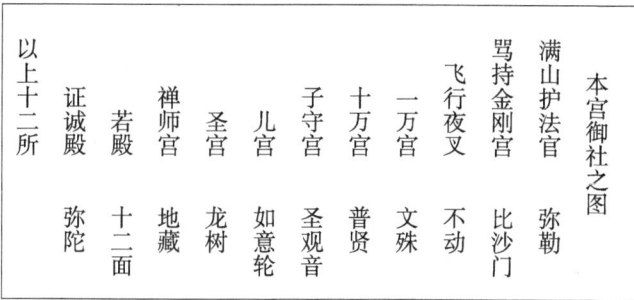

图2.1

此外，在第五卷中，笥饭大神宫亦被看作是大日如来之垂迹：

> 自此而行，<u>参拜笥饭大神宫</u>。人皇十四代仲哀天皇之宗庙，本地（指笥饭大神宫——引者注）乃大日如来

<u>之垂迹也。</u>于此御宝殿，行三日三夜六时之修法。[11]

这一段讲述的是国阿参拜笥饭神宫且在神宫宝殿行施佛法之事。其中亦可见得，神宫被看作是大日如来垂迹的表述。

以上充分表明，《绘传》所认同的"本地垂迹说"应是以佛为本地、以神为垂迹的"佛本神迹说"。这是《绘传》本迹思想的基调（倾向）。需要指出的是，虽然主张佛本神迹，但《绘传》并未明确指出神佛孰高孰低、孰胜孰劣。换言之，《绘传》对神、佛之高低或优劣并未做出明确界定。如此，若把《绘传》开篇所阐述的"根叶花实说"看作是以神为本地、以佛为垂迹的"神本佛迹说"就不妥了。因为这与全书的思想基调是相背离的。其次，作为佛教传记，文中引用圣德太子的话将神道看作是佛教之根源，把佛教之传入看作是花落归根，显然不符合其自身立场。用佛教之祖——圣德太子的话来否定佛教以抬高神道，甚至将佛教看作是神道之"迹"（分化），在逻辑上更是讲不通的。再者，从文中圣德太子"弘扬佛法，兼传神道"一句也可看出，太子显然将弘扬佛法放在第一位。实际上，"神本佛迹"与时宗的基本思想也是相背离的。[12]

《绘传》的"根叶花实说"既然不是站在"神本佛迹"立场上，那么，这一段究竟要表达什么，它存在的意义是什么呢？从文章逻辑看，前已提及，《绘传》是一种传记性文体，因此它必然是按照时间的先后顺序讲述传记主人公一生经历。开头第一段"夫以自远劫以来，为济度众生，诸佛出世……"，第三段则叙述国阿出生之经过。很显然，按照时间顺序，第二段应该阐述佛教传入日本之缘起，进而引出国阿上人登场。而要叙述佛教传入，带有圣德太子口吻的"根叶花实说"正是解释佛教传入日本的最好的理由。圣德太子之所以要提出这种说法，其目的并不是为了突出神佛之间孰为本地孰为

垂迹，而是试图通过这样一个浅显易懂的比喻，为佛教的传入树立一个依据，以期使天皇及朝廷权贵接受佛教，不再排斥佛教，为弘扬佛法提供方便——佛教的传入就像是花落归根一样，是一个自然而然、理所当然的过程。如此一来，佛教进入日本就带有了一种必然性。因此，这里的"根叶花实说"不过是一个被用来劝说朝廷接受佛教的解释手段而已。其次，倘若《绘传》果真认同神道为根、佛教为花实，先有神道而后有佛教的话，那么按照自传文体的叙述顺序，开卷一段理应从神话传说中的"天神七代地神五代"展开叙述。"远劫以来……诸佛出世"一句自然也就讲不通了。所以，这里的"根叶花实说"是为了阐述佛教传入日本之缘起，而并非强调"神本佛迹"。因此，它与全书思想基调并不背离。

4.《绘传》与吉田兼俱的"根叶花实说"

《绘传》的"根叶花实说"和兼俱的"根叶花实说"之间有什么关系或联系呢？为方便比较，我们先将《绘传》"根叶花实说"之原文摘录如下：

> 日域三十代欽明天皇御宇に、佛像經典新羅國よりわたる。又三十一代敏達天皇二年に、用明天皇の御子聖徳太子誕生ありて、佛法をひろめ給ふ。兼て神道をつたへて、推古天皇へ奏していはく、①日本生種子，震旦現枝葉，天竺開花實。②故に神道は佛道の根源なり。儒道は佛法の枝葉なり。天竺にて佛法の花實をあらはす。③又花落て根に歸するごとく佛法東漸す。佛を去こと千五百歳にして、後漢明帝の時、佛もろこしへわたる。是より四百數十歳を經て、欽明天皇十三年

に始て佛法来朝す。佛法に歸する者は、貴賎上下災を消し福を受く。されば、寶祚の長久、萬民の快楽、佛果菩提を祈もの也。[13]

全文用"和汉混交文体"写成，其目的是"为蒙愚之易知，以俗语"。然而划线部分①句——"日本生种子，震旦现枝叶，天竺开花实"却采用了汉文体，显得非常特别。之所以如此，本文认为无外乎三种可能：第一，该句系引自某一文献——因是引用，故而原文照搬；第二，为强调其重要性，所以使用了汉文体；第三，该句是圣德太子奏言，因推古朝时尚未有假名，为增强该句系太子奏言的真实性，有意模拟了古文体。翻阅载有"根叶花实说"的文献资料可以发现，无论是《鼻归书》，还是《旧事本纪玄义》，在文字表述上与《绘传》均不相同，而唯有吉田兼俱《唯一神道名法要集》（以下简称《要集》）有一段极其类似的表述：

第卅十四代推古天皇御宇，上宫太子密奏言：④吾日本生种子，震旦现枝叶，天竺开花实。⑤故佛教者为万法之花实，儒教者为万法之枝叶，神道者为万法之根本。彼二教者，皆是神道之末叶也。以枝叶花实，显其根源。⑥花落归根，故今佛法东渐。吾国为明三国之根本也。[14]

因此，我们有理由推测，二者之间必然存在某种联系。究竟是前者引用后者，还是后者引用前者呢？首先，从成书时间上看，前已论及，《绘传》早于《要集》。其次，从内容上看，二者都是借用根、叶、花实比喻神、儒、佛三教，用花落归根阐释佛教东渐。对比可见：首先，引文标记的第①句与第④句完全相同。其次，第②句与第⑤句极其类似，但⑤将

《绘传》中"根叶花实"的本体"佛教"置换为"万法",于是这一比喻变成围绕"万法"而展开。如此一来,佛教之树变成万法之树,佛教这一中心就被淡化了。再者,第③句与第⑥句又极其类似,均把"佛法东渐"看作是"花落归根"的必然过程。与《绘传》相比,兼俱之说在表述上更加成熟更加完善:"彼二教者,皆是神道之末叶(分化)也。以枝叶花实,显其根源"一句彰显出兼俱试图抬高神道地位,将儒、佛视为神道之附属即"末叶"的企图。这与中世末期,神道界试图摆脱佛教理论的束缚,谋求自身独立的意识恰相吻合。因此,可以断定:在文字表述上,《绘传》应是兼俱的"根叶花实说"的直接来源。

回到《绘传》汉文体的问题——三种可能的原因中,第一种已被排除。又因《绘传》的基本立场是"佛本神迹",全文并没有明确表示"神高佛低"或"神主佛从"的观点,因此,第二种可能原因亦可排除。那么,第三种可能是否成立呢?或许,我们会有这样的疑问,既然是太子奏言,为何只有"日本生種子,震旦現枝葉,天竺開花實"这一句用了汉文体,而其后的"故に神道は佛道の根源なり。儒道は佛法の枝葉なり。天竺にて佛法の花實をあらはす。又花落て根に歸するごとく佛法東漸す"一句却没有用汉文体?试着还原一下当时的历史情境,大致可以这样理解:这一汉文体句子是太子奏书中的内容,而其后的和汉混交文则是太子对奏书内容的解释。奏书中使用汉文体,在推古朝是惯例。而和汉混交正是当时日常交流的口语。因此,《绘传》中之所以用汉文体陈述"根叶花实说",是为增强该句系圣德太子所言的真实性而有意模仿推古朝文体写成的。

再者,从思想倾向上看,《绘传》的"根叶花实说"——神道者佛道之根源,儒道者佛法之枝叶,天竺现佛法之花实——是围绕着佛法(道)展开的。比喻的本体是佛法(道)。

很显然，作者把佛教摆在了非常重要的位置。佛教是这一比喻的核心。即便神道是佛教之树的根，儒教是佛教之树的枝叶，仍然不失佛教作为"本体"存在的核心性。其中可见鲜明的佛教徒立场。而兼俱的《要集》则设问自答，为说明"于神国崇佛法之由来"[15]而直接引用《绘传》之说，其中稍作改动：首先，将其中的本体"佛道"置换为万法，将围绕佛教展开的叙述变成围绕"万法"，从而淡化佛教之主体性。与《绘传》相比，兼俱之说又增加了重要辅论——"彼二教者，皆是神道之末叶（分化）也"。该句一语点破神道之根源性，明确指出儒教、佛教皆源于神道，神道是儒、佛之根。如此一来，不仅神道之地位明显增强，而且神、儒、佛三者之关系进一步明确：神道为"本"，儒佛为"迹"。这明显是站在"神本佛迹"立场的。其次，"根叶花实说"之于兼俱，其根本目的在于借此以提升神道地位，确立日本之本土宗教的至上性，继而以此凸显日本之至上性，最终重新规制三国秩序，"盖本朝者，乃三界之根源；神明者，宇宙之宗庙也。……吾国，于三国之中殊为优胜"[16]。

最后，从历史渊源上看，《绘传》的突破性大概有三：第一，先于兼俱首次将"根叶花实说"冠之以圣德太子之名。虽然《绘传》并没有意识到由此而带来的消极影响，但无法否认这种阐述方式的确为吉田兼俱"根叶花实说"提供了启示和借鉴。第二，与慈遍和兼俱之说相比，《绘传》的"根叶花实说"其比喻的"本体"为佛教，是站在佛教立场上阐述的，它并没有凸显出"神本佛迹"的本迹观，而仅仅是借此阐述佛教东渐之历史渊数。第三，虽然与《要集》特别类似，但是《绘传》的"根叶花实说"并非鼓吹日本是三国根源，也并没有极力标榜神道、日本的优越性。因此，可以说，它是"根叶花实说"逐步走向成熟过程中较为特殊的一例。

5. 结　语

　　根据本文推算，《绘传》成书时间应在1469年以前。《绘传》开头第二段以转述圣德太子奏言的形式所阐述的"根叶花实说"，是站在佛教立场上，以佛教为中心而展开的。其目的并非是为了凸显"神本佛迹"的本迹观，而是借"花落归根"之意形象地阐述佛教东渐之必然性。至吉田兼俱时，这一表述被有意地改写——比喻的本体"佛道"被置换为"万法"，佛教被淡化而神道被抬高，"根叶花实说"最终蜕变成兼俱构筑其以神道为本、佛教为迹的神本佛迹说和以日本为中心的三国世界秩序的思想工具。从遣词用语上看，《绘传》的"根叶花实说"是吉田兼俱"根叶花实说"的直接来源。但不可忽视的是，二者思想倾向并不一致，二者在行文中的功用也并不相同：前者仅仅是为了阐释佛教东渐之缘起，而后者则明显带有强调神道根源、日本根本、神主佛从思想的倾向。因此，从思想史发展看，《绘传》的"根叶花实说"不能看作是兼俱之说的理论来源。吉田兼俱只是有所企图地吸收了《绘传》的文段表述，为建构自己的神道理论体系做了别有用心的利用。

注

[1] 参见：①西田長男（1978）『日本神道史研究』（第四卷・中世編上）、東京：講談社。②菅原信海（1992）『山王神道の研究』（第六章）、東京：春秋社。③森瑞枝（2011）「吉田神道における根本枝葉果実説再考」、『中世神話と神祇・神道の世界』、東京：竹林社。

[2] 参见：①小倉豊文（1936）「反本地垂迹説の発展－聖徳太子の信仰（下）」、『以可留我』（第一年第六冊）特輯号。②范景武（2001）

《神道文化与思想研究》（第六章第四节），呼和浩特：内蒙古人民出版社。
[3] 鷲尾順敬編（1928）『国文東方佛教叢書』（第二輯・第五卷）、東京：東方書院、第382頁。引文笔者译，以下同。
[4] 第四十一段：奥堂の天井に佛の御座あるべし、相阿彌陀佛と一阿彌陀佛とむかへ給へと仰ける。
[5] 同[3]，第333頁。
[6] 坂本太郎ら校注（1993）『日本書紀』（下）、東京：岩波書店、第101頁。
[7] 神道大系編纂会編集（1990）『天台神道』（上）、第69頁。
[8] 同[3]，第345頁。
[9] 同[3]，第347-348頁。
[10] 同[3]，第351頁。
[11] 同[3]，第372頁。
[12] 时宗的开祖一遍周游诸国游行、赋算之时，就宣称他之所以要劝化念佛，是因为接受了熊野权现的"神谕"。其后诸弟子亦相仿效。《绘传》云："往生極楽ならしめむとの熊野権現の神勅を受けつぎ、国々をめぐるよし法談をのべられければ。"第342頁。
[13] 同[3]，第333頁。
[14] 神道大系編纂会編集（1985）『卜部神道』（上）、第74頁。
[15] 同[14]，第112頁。
[16] 同[14]，第302-303頁。

参考文献

出村勝明（1995）「唯一神道名法要集」、『神道思想研究編』、東京：神社新報社。
菅原信海（1992）『山王神道の研究』、東京：春秋社。
鏡島寛之（1936）「根葉花実論と聖德太子信仰－中世神佛関係の一素

描ー」、『文科』（第一巻第七号）。

鏡島寛之（1936）「中世に於ける神佛関係の動向―反本地垂迹説を中心として―」、『駒沢大学仏教会年報』（第7巻第1号）。

森瑞枝（2011）「吉田神道における根本枝葉果実説再考」、『中世神話と神祇・神道の世界』、東京：竹林社。

山本信哉（1925）「吉田兼倶に神本仏迹説について」.『東亜之光』（第九号、第十一号、第十二号）。

西田長男（1978）.日本神道史研究、東京：講談社。

近代净土真宗与杨文会的佛学之辩*

刘丽娇（湖南大学）

　　杨文会与真宗僧侣交往的渊源始于1876年与大谷派南条文雄在伦敦的结识，之后二人一直保持通信往来，南条文雄向杨文会赠送许多佛教经典助其刻经事业，杨文会也赠送了南条文雄一些日本没有的经典，并为日本编撰《卍字续藏经》提供帮助。不过二人从未曾就佛教思想进行过讨论，结果在十多年后，杨文会受大谷派在南京所建本愿寺的住持北方心泉的委托，要求刻印真宗七祖的著述，如龙树的《十住毗婆沙论》以至法然的《选择本愿念佛集》等。杨文会在查阅这些著作时对《选择本愿念佛集》产生了诸多批评意见，并取小栗栖香顶的《真宗教旨》详加阅读，于是写下《阐教刍言》一文，并将前二书上所书批评意见委托北方交给南条，试图与对方就其中的思想进行探讨。然而南条并未就此进行直接答复，而是交由小栗栖香顶等人与杨文会之间进行了书信往来，由此引起了难得一见的中日两方围绕佛学思想发生的论争。先是小栗栖香顶通过南条转达《念佛圆通》与《阳驳阴资辩》两篇反驳文章，接着杨文会又去信批判这两篇文章，然后是一柳、后藤保真、龙舟等僧人代替病重的小栗栖香顶撰写《阳驳阴资辩续貂》与《念佛圆通续貂》等文再做反驳，而杨文会觉得再争论下去也毫无意义，于是结束了这场争论。关于双方书信资料的整理研究具体可以参考陈继东（2003）第四章。

＊ 本文受"中央高校基本科研业务费"资助。

关于中日佛教交流史上这场难得一见的争论，首先中国方面依据杨文会方面的书信资料进行了研究，其中主要的论文有杨增文（1997）[1]、邓子美（1998）[2]等。接着陈继东、中村熏等根据杨文会与真宗双方的资料进行了全面研究，主要成果有陈继东（2003）、中村熏（2009）[3]。近来中国方面关于这场论争的研究论文还有杨克贤（2014）[4]、沈文星、姚彬彬（2015）[5]等。总的来说，关于这场论争的研究已经非常充分，笔者无意在此基础上再做赘述，因此本论文主要根据杨文会与小栗栖香顶等双方资料就此论争稍作内容上的介绍，再从亲鸾净土思想的角度来看待论争中出现的思想分歧。

1.杨文会与真宗僧侣的书信内容

1.1 杨文会评《真宗教旨》及《选择本愿念佛集》等

首先来看杨文会是如何发起这场论争，对《真宗教旨》和《选择集》的批判有哪些要点。

第一，关于圣道净土二门的对立问题。杨文会主张《真宗教旨》与《选择集》只取净土门而舍弃圣道门的做法是错误的。首先杨文会解释了"圣道"的意义，"住空无相无愿之法，无作无起，观法如化，此即圣道之极则也"[6]。圣道的根本意义就是住空法，观一切现象如幻如化。因此，从这种意义上说，一切法门都归于圣道，"盖净土亦是圣道无量门中之一门"[7]。接着从论据上说，杨文会称经中说弥陀本愿是经勤修圣道获得圆满，且行者亦以净土门为入圣道之门而圆修圆证，因此弃圣立净是违背经意的；其次龙树说难易二行非为一立一弃，而是于圣道中开净土门以接引后学，且利根钝根皆从净土入圣道，因此弃圣立净是违背论意的。

第二，关于称名行与余行的关系问题。杨文会对这点的批判尤其体现在对《选择集》的评论中。首先，杨文会认为舍弃菩提心的行为是荒谬的。杨文会称，般若既是因又是果，"般若现时，命根意根俱不相应，即证无生忍"，"诸佛极果，名阿耨多罗三藐三菩提"，故"菩提心为因果交彻之心"，是以杨文会发出诘问："此集并菩提心而舍之，不知以何为佛也"[8]。其次，戒律也是不可废弃的。杨文会称，"出家五众，自有清规"，否则"住世僧宝断矣"[9]。再次，杨文会根据第十八愿以及《观经》内容，认为称名行并非被选择的最殊胜的修行法门，"乃至十念"是最少最促之行；而且，念佛之意并非专指持名，《观经》所述之观想等十六法门无一不是念佛，甚而一法摄一切法方见纯杂无碍妙用，才得名为"一向专念"，而法然的"选择"取舍之意全是"凡夫意想，与佛教界悬远矣"[10]。

第三，关于自力与他力的问题。《真宗教旨》中称一切行都是自力行，因此要摒弃一切修行，称名也被定位为报恩行，只有信仰他力之信心才是往生正因。对此，杨文会主张，所谓他力信心，"信心者，自心所起也；他力者，自心所见之他力也，除却现前一念，复何有哉"，所以他力信心仍是从自心生，归根结底是自力。更进一步说，所谓自力他力都不过是一念而已，"自他皆是假名"，废"自"立"他"如同"以龟毛易兔角"，因此不应该执着地将"他力"当成实法[11]。此处还牵系到亲鸾提出的三愿转入的问题，因为三愿转入是依据从第十九到第二十再到第十八的顺序依次强调从自力行到半自力半他力行再到他力行的过程，还对应从《观经》到《阿弥陀经》的隐显义到《无量寿经》的纯显义的发展。在此杨文会也提出了疑问，即如此一扬一抑有何依据？

第四，关于《真宗教旨》中提倡真俗二谛各司其职的主张，杨文会表示俗谛五伦之世间善尽是杂行杂修，不明白为

何前文力扫诸出世行、此处反而不扫世间行了？对于世间善行，杨文会的态度是"发菩提心者，一切世善皆成无漏，不发菩提心，虽修五度，总属有漏"[12]。因此，杨文会的评价标准是以菩提心为根本准则的。

1.2 小栗栖香顶与杨文会的辩论

那么，小栗栖香顶在《念佛圆通》和《阳驳阴资辩》两篇文章中又是如何对杨文会的意见进行辩驳的呢？怠于论争的杨文会又是如何回应的呢？

第一，关于圣道门与净土门的问题。杨文会先反驳说废除圣道门是违背经意论意的。对此，小栗栖香顶直接表明，废除圣道另立净土是为了让己宗教义不被埋没，为之树立鲜明的旗帜。此外，小栗栖香顶称，从平等门上说净土门亦摄一切法门，但从差别门上说圣道净土井然有别，圣道门是指秽土成佛，净土门是指净土成佛，而末法时代众生障重，故净土宗舍难就易。对于小栗栖香顶的说法，杨文会再次强调将二门迥然分别是不懂得佛法开合之妙的行为，舍圣立净更是改变经意以合自宗的错误做法。也就是说，小栗栖香顶同意杨文会的同中有别、别中有同的说法，即法门有别是同中别，然二门所证无非真如，是别中同。只不过，杨文会强调的是别中同的部分，即净土所证是真如，而证真如之道皆为圣道，故净土门亦是圣道门，万不可称废弃圣道。相对地，小栗栖香顶则强调同中别的部分，即从法门上分别净土与圣道，为突出己宗教义故而宣称舍圣立净。

第二，关于称名行与余行的关系问题。杨文会认为按照《观经》之意，九品往生诸行不可废，而且净土门内观念佛之行更甚于口称佛名行，更不可废。对此，小栗栖香顶主张，弥陀以称名行为凡夫入报土之大道，善导亦扫前人以十八愿中

"十念"为观念的思想、历陈"十念"是指称名，称"定散九品不顺佛愿，十声称名顺佛愿也"[13]。对此，杨文会再次辩驳称，综合善导之意，善导所说念佛是包括称名在内的，将念佛的意义局限于称名有违经意。具体来说，例如杨文会提出十八愿中的"十念"是念佛，念佛有念佛名号、念佛相好、念佛功德、念佛实相等诸多内容，不应局限于称名。于是，小栗栖香顶反驳说按善导意是指称名，而且《观经》最后以称名付嘱流通，可知称名是往生正因。对此杨文会再次辩驳，《无量寿经》《观经》等经文中都明确说诸行往生，而且既如此为何十八愿中不以"十称"代替十念，实则去念存口是往生之障碍。

第三，关于以第十八愿为本愿的问题。首先杨文会认为，《无量寿经》中说上辈往生者是修十九愿中所说诸圣道行之人，下辈往生者才是修十八愿中所说"乃至十念"之人，如何能以十八愿为本愿；而且善导若以十八愿为本愿，那么善导直接解释十八愿即可，为何还要写《观经》的长篇注疏《观经疏》。对此，小栗栖香顶首先在《念佛圆通》中说以十八为本愿是依据善导所论，不以余行为本愿、而单以称名为往生之因，对此杨文会认为这是真宗对善导断文取义的理解。此外，小栗栖香顶还在《阳驳阴资辩》中进行了两方面论述，他先从他力信心的方面进行解释，十八愿之十念与下辈往生之十念不同，前者是以他力菩提心为根本之称名，后者是以圣道自力菩提心为根本之称名，以三心即他力菩提心为根本的十八愿是真实愿，不承认自力之行，因此讲说诸行的第十九愿是方便愿。对于这一观点，杨文会表示十八愿之行易，十九愿之行难，向来从易到难，若从方便十九到真实十八，则是从难到易，于理不合；而且不顾经文，称十九愿所许诸行非弥陀本意等，等同于魔说。接着由于杨文会认为以十八愿为正定聚、十九愿为邪定聚是大违经意的做法，小栗栖香顶说这是各宗判教以己为真实、以余为方便的通用做法，真宗以十八为本

愿，是以顺本愿者为正，不顺本愿者为邪，十九说诸行不说他力称名，故判为邪。

第四，关于去菩提心的问题。这是伴随着《选择集》独选称名而产生的问题，因为其要求废除包括发菩提心在内的一切余行。对于杨文会来说，这是非常荒谬的，菩提心是佛教之根本，废除菩提心另立净土门可说是丢失了佛教的根本。对此，小栗栖香顶的回答是，菩提心有自力菩提心和他力菩提心之分，自力菩提心有多种，如天台藏通别圆四教菩提心、真言胜义行愿三摩地三种菩提心等，此类菩提心非凡夫可发，故《选择集》废之。然而，真宗又立十八愿中所说三心为横超他力菩提心，且据昙鸾往生论注说此他力菩提心内容是度众生心、愿作佛心、摄取众生生有佛国土心。对此，杨文会表示认可昙鸾之解，但无法依此内容判定自力菩提心与他力菩提心以进一步取舍，且凡夫本心与诸佛本心无二，由此可以得知杨文会认为自力菩提心与他力菩提心之区分是不必要的。

以上四点是杨文会与小栗栖香顶之间往来书信进行争论的主要问题。当然，还有关于前文提到的《真宗教旨》中的真俗二谛的问题，杨文会认为世俗之善若有菩提心在也可作为往生资粮，故而可算入真宗所谓的杂修杂行中，基于这点杨文会指出俗谛之杂修杂行尚被认可，为何反而要舍弃称名之外诸行？对此小栗栖香顶称真俗二谛并然分明，五伦世善只限于俗谛，与往生净土毫无关系，所以不算杂修杂行，从而也就没有舍不舍弃的问题。

杨文会与小栗栖香顶的此次辩论已经显示出二者立场和出发点的不同，因而辩论内容都是各执一词互不相让。没有共同基础的辩论往往表现为单纯地各自重复强调己方观点而已，这场辩论亦是如此。原本杨文会是本着帮助真宗回到正确的佛教教理并希图对方在佛教传播方面有更大建树的愿望而执笔的，然而小栗栖香顶则认为是杨文会不懂得己派独特的教

义,双方最终都觉得没有辩论的必要,措辞上可说是闹得不欢而散。下面笔者就从亲鸾思想的角度出发,来重新审视这场辩论的要点。

2.从亲鸾思想的角度来看双方辩论

综合以上双方的辩论要点,我们可以知道杨文会与小栗栖香顶等人在净土思想方面有哪些分歧,这也反映了中国净土思想与日本净土思想之间的差异。

第一,关于圣道门与净土门的问题。其实这涉及的是判教的问题。实际上早在中国南北朝时期昙鸾就提出了这一划分,并明确表示末法时代众生根机浅陋,难以依靠圣道门、只能依靠净土门来获得解脱。而法然和亲鸾所做的改变非常彻底,他们表示不只要推行净土门,而且要废除圣道门,甚至提出圣道门修行会妨碍往生净土。因此在这一点上,小栗栖香顶基本上是忠实于亲鸾的净土思想的。

那么如果从亲鸾的思想角度来看待这个问题,笔者认为主要可以分为下面两点来探讨。其一,二人对"圣道门"与"净土门"的定义不同。杨文会认为所有证求真如之道都叫圣道,而净土门则是通过往生以后在净土证求真如,因此圣道门包括净土门,自然净土宗不能说去除圣道门。但是亲鸾的"圣道门"含义更狭窄,从其判教内容可知,圣道门是指除了净土门之外的所有大小乘权实教法,且更具体地指称禅宗、天台、真言、华严、法相等宗,因此从判教和立宗的意义上,独尊己派法门的做法似乎也是可以理解的。其二,如果将圣道门理解为除了净土门之外的追求圣道的法门的话,那么这两门是否是不能并存的,如法然说的圣道门妨碍净土门。杨文会根据《观经》反复强调三辈九品文中包括各种修行,其余圣道门

诸行通过回向都可以作为净土门的资粮，帮助往生净土。而且，杨文会还主张包括净土门在内的圣道诸法门都是互摄的关系，一即一切，一切即一，净土门也可摄一切圣道诸门。这很明显地体现了中国佛教圆融的特点，尤其是明清以后禅净一致乃至儒释道三教合一的发展趋势，都很难让中国佛教界接受佛教法门互相排斥的做法。然而，对于亲鸾来说，排斥圣道门的做法有两点意义，一是从三愿转入的求佛过程来说，圣道门的自力之心会逐渐成为障碍，要达到绝对意义上的他力代表的境界，最终要排除相对意义上的自力他力之心。二是从亲鸾继承法然并要扩大净土宗影响的历史环境来看，与其他宗派产生矛盾以至对立的情形是不可避免的。因此，关于圣道门的废除问题，双方所处的立场以及思想上的出发点完全不同，故而只能各自保留自己的意见。不过从这似乎不能调和的矛盾中，我们也可以看到日本净土宗的独立发展走出了多远。

第二，关于专修称名的问题。这个问题其实与上一个问题联系颇多。杨文会主要有两个观点，一是称名行是下辈往生行，并不值得被提到至尊无二的净土门修行地位上；二是真宗依据的第十八愿愿文以及善导引文并不能说明念佛指的就是称佛名对此，小栗栖香顶根据《无量寿经》和善导《观经疏》强调称名行才是往生正因。然而从亲鸾净土思想的方面来说，一方面肯定往生行是口称佛名行，实际上善导《观经疏》中就已经明确地主张称名行中正行中之正定之业；另一方面，亲鸾的往生行有两部分，一是以他力信心为往生正因，一是以称名行为往生正业，综合起来说就是往生行并不是杨文会所理解的单纯的不走心的口称佛名行而已，而是具备他力三心之称名行。实际上，对于杨文会反对的不随心的称名行，亲鸾同样也是反对的，而包含至心信乐欲生三心在内的口称"南无阿弥陀佛"行显然不是简单地口称佛名而已。尽管如此，在净土门往生行上，杨文会主张的主要的净土行是《观经》中的观念念佛

行，而亲鸾主张的是包括他力信心的称名行，二人在往生行上仍然是不一致的。

第三，关于去菩提心的问题。首先这是法然在《选择集》中提出的，这一主张在法然死后立刻遭到了明惠等人的抨击。可以说，杨文会对此做出的批评基本上与明惠一致。简单地说，亲鸾把法然去掉的菩提心又取了回来，例如其称"真实信心即是金刚心，金刚心即是愿作佛心，愿作佛心即是度众生心，度众生心即是摄取众生安乐净土心，是心即是大菩提心，是心即是大慈悲心"。只不过，亲鸾更进一步地对菩提心也做了"竖出、竖超、横出、横超"的科判，并主张横超菩提心是阿弥陀佛回向给众生他力菩提心，这才是与他力信心一致的净土门真正的菩提心，坚固如金刚，而前三种菩提心是以自力为依靠的菩提心。无论如何，杨文会认为菩提心作为佛教的根本万不能弃，与四弘誓愿内容一致，由此可知其内容包括愿作佛心与度众生心。从这个层面上说，亲鸾取回了菩提心，基本上与杨文会一致。

第四，关于自力与他力的问题。在这部分辩论中，二人皆以他力为弥陀愿力，是与自力相对的他力，显然杨文会认为弥陀愿力以至净土都是方便，并非实法；而小栗栖香顶的回答则相对模糊，但更接近于认为弥陀他力是实法。就这个意义上的他力而言，也就是说，就弥陀愿力以至西方净土是否为实法的问题而言，亲鸾的净土思想显然与杨文会更加一致。亲鸾主张的证果并不是生于西方净土世界，亲鸾所说的往生报土等于证悟涅槃，"无上涅槃即是无为法身，无为法身即是实相，实相即是法性，法性即是真如，真如即是一如"，因此实法唯有真如，弥陀愿力以至佛土不过方便而已。因此，这种自他相对意义上的他力并不是亲鸾所主张的，那么亲鸾反复强调的他力又是指什么？这从《显净土真实教行证文类》的《证卷》及《自然法尔事》等著作中可以得知。简单而言，弥陀作为方便

法身一方面象征着了悟真如实法的觉悟者，一方面象征着法性真如，觉者使用各种法门令众生觉悟成佛，真如本身则无时无处不在发生作用，因此笔者理解的亲鸾所谓的弥陀他力是超越自他意义的绝对他力，从根本上说是真如的力量。

第五，关于以第十八愿为本愿的问题。实际上，将称名易行与本愿结合起来进而提出十八为本愿，这种做法是法然明确提出来的。法然强调易行是为了将佛教普及到普通民众中，其净土思想有很多权宜的因素存在，而亲鸾则在此基础上做了思想上的深刻化，将本愿与他力信心的内容结合起来。本来净土教是自力与他力相结合的法门，例如他力设置净土，自力到达净土，这如同杨文会所说方便、自力他力不过假名而已；然而亲鸾的他力并非法门意义上自力他力，而是根本意义上的真如之用，至心信乐欲生三心是弥陀回向所成，弥陀是觉悟者，在根本上是真如实法的象征，在这种意义上，他力信心其实是一种高阶的存在，只要获得他力信心就入了正定聚必定成佛。因此亲鸾以十八愿为本愿的重点不在于称名行，而在于他力信心。由此可知，杨文会对十八愿的理解与亲鸾对十八愿的理解之间是存在偏差的。

3.小　结

如果将杨文会作为中方，将亲鸾及小栗栖香顶作为日方来进行比较总结的话，杨文会代表的是明清以后禅净一致发展下来的中国佛教的立场，其特点是圆融并蓄，只要保证最终目的是证真如道，那么作为方式的法门都可兼容互摄，所谓一即一切，一切即一。然而，日本佛教则是朝着专精化的方向发展的，各宗各派日益强化自己与众不同的特点，亲鸾作为日本净土宗派的开创人物，小栗栖香顶作为经过江户时代宗派壁垒坚

固化的真宗教团的代表人物，他们主张的净土教义都显然带有强烈的排他性。因此，当这样的双方发生碰撞的时候，就不可避免地带来尖锐的矛盾和摩擦。杨文会难以理解日本净土宗为树立鲜明特色而做出的大幅改变，例如废圣道门、专修称名、以十八为本愿、以《观经》为方便等，在杨文会看来这些都是违背经论的。当然，从另一方面来看，这也说明了日本净土宗甚至日本佛教在独立发展的日本化方向走出了很远。

注

[1] 杨增文（1997）《杨文会的日本真宗观——纪念金陵刻经处成立130周年》，载于《世界宗教研究》第4期。

[2] 邓子美（1998）《杨文会与中日净土信仰比较》，载于《浙江学刊》（双月刊）第4期。

[3] 中村薰著（2009年）《日中净土教论争——小栗栖香顶〈念佛圆通〉与杨仁山》（『日中浄土教論争―小栗栖香頂「念仏圓通」と楊仁山―』），法藏馆。

[4] 杨克贤（2014）《杨仁山与日僧小栗栖香顶、释龙舟的净土观辩释——以往返书信为内容》，载于《五台山研究》，总第118期。

[5] 沈文星、姚彬彬（2015）《杨仁山居士在甲午战后对日本净土真宗的批判》，载于《宁夏社会科学》，总第189期。

[6] （清）杨文会撰（2000）《评真宗教旨》，收于周继旨校点《杨仁山全集》，黄山书社，第523页。

[7] （清）杨文会撰《评真宗教旨》，收于周继旨校点《杨仁山全集》，第525页。

[8] （清）杨文会撰《评选择本愿念佛集》，收于周继旨校点《杨仁山全集》，第532页。

[9] （清）杨文会撰《评真宗教旨》，收于周继旨校点《杨仁山全集》，第524页。

[10] （清）杨文会撰《评选择本愿念佛集》，收于周继旨校点《杨仁山全集》，第533、534-535页。
[11] （清）杨文会撰《评真宗教旨》，收于周继旨校点《杨仁山全集》，第525页。
[12] （清）杨文会撰《评真宗教旨》，收于周继旨校点《杨仁山全集》，第528页。
[13] 小栗栖香顶著《念佛圆通》，收于陈继东：『（清）末仏教の研究—楊文会を中心として』"资料篇"，第601页。

参考文献

陈继东（2003）『（清）末仏教の研究—楊文会を中心として』、東京：山喜房佛書林。

邓子美（1998）《杨文会与中日净土信仰比较》，载《浙江学刊》1998年第4期。

沈文星、姚彬彬（2015）《杨仁山居士在甲午战后对日本净土真宗的批判》，载《宁夏社会科学》第189期。

杨克贤（2014）《杨仁山与日僧小栗栖香顶、释龙舟的净土观辩释——以往返书信为内容》，载《五台山研究》第118期。

杨增文（1997）《杨文会的日本真宗观——纪念金陵刻经处成立130周年》，载《世界宗教研究》1997年第4期。

真宗聖教全書編纂所（1977）『真宗聖教全書二　宗祖部』、京都：大八木興文堂。

中村薫（2009）『日中浄土教論争—小栗栖香頂「念仏圓通」と楊仁山—』、京都：法藏館。

周继旨（2000）《杨仁山全集》，合肥：黄山书社。

「県外移設」論争における二項対立の呼び方について

薛　倩（传世活字（北京）文化有限公司）

　戦後における沖縄をめぐる問題が議論される場合、「日本人」対「沖縄人」という二項対立の呼び方が頻繁に使われている。この対立構造は、沖縄人と本土の日本人との間の複雑な関係また緊張感を反映している。本稿は「県外移設」論争における二項対立の呼び方と、この対立構造の背後に潜む意識の衝突の問題を考察する。

1. 二項対立におけるアイデンティティとポジショナリティ

　沖縄問題を巡る論争において、①「日本人」対「沖縄人」とか、②「ヤマトンチュ」対「ウチナンチュ」とか、あるいは③「（日本）本土」対「沖縄」という二項対立の言葉はよく見られる。筆者からすれば、③は普通の地理的な呼び方であり、②は沖縄民族の色が濃い。そして一番違和感を感じるのは①の「日本人」対「沖縄人」という呼び方である。筆者のような分断問題に敏感な中国人にすれば、①はまさに分断意識の現れであり、危険な呼び方だと思う。台湾や香港などの地域問題を語る場合、中国大陸の人はかならず「大陸」と「台湾」、あるいは「内地」と「香港」、とい

う呼び方を使っていて、決して「中国」対「台湾」、あるいは「中国」対「香港」と言わない。後者の呼び方は、分断を支持する立場と見なされ、政治立場の問題とされている。このゆえ、日本において「日本人」対「沖縄人」という呼び方が公然に使われることを見て、最初は違和感を覚えた。

　「日本人」と「沖縄人」という二項対立の呼称に関心しては、アイデンティティとポジショナリティという二つの理解がある。政治的文脈において、アイデンティティは共同体（地域・組織・集団など）への帰属意識を強調している。これに対して、ポジショナリティは、「ある人の置かれた政治的権力的位置」[1]、あるいは「所属する社会的集団や社会的属性がもたらす利益関係にかかわる政治的位置性」[2]と定義される。両者はお互いに区別されていることもあれば、重なる部分もある。例えば、「所属する社会的集団や社会的属性」というものはアイデンティティと理解されることもあれば、ポジショナリティは「アイデンティティがもたらす利益関係にかかわる政治的位置性」と再定義されることもできる。また、両者の関連性について、アイデンティティは「私が何者であるのかという感覚」であるのに対して、ポジショナリティは「他者との関係で自分がどのような者として立ち現れてくるのか、その位置性」[3]である、というような解釈に従えば、ポジショナリティもまた一種類のアイデンティティであるとも言える。両者をはっきり分けることは難しいが、一般に言えば、アイデンティティは主観的な意識の選択が可能であるのに対して、ポジショナリティは選択不可能であり、結果責任が問われている。言い換えれば、個人的意志にかかわらず、不正を行う政治的集団に属する人間（ポジショナリティ）である以上、また不正な政治的結果が是正されない限り、いかに主観的に善意を持っている（アイデン

ティティ）にしても、加害者としての政治的責任は解消できない、ということである。

　ただ、今の沖縄論争において、アイデンティティとポジショナリティの区別が強調されるのは、政治責任の帰属を明確にするためだけではなく、「日本人」対「沖縄人」という二項対立の呼び方に持たされる分断意識の強化を避ける配慮もあると思われる。

2.「県外移設」論争における二項対立の呼び方

　これからは2015年8月から2016年6月までの「琉球新報」と「沖縄タイムス」などに掲載された「県外移設」をめぐる論争において、各論者の二項対立の呼び方を考察する。「日本人」対「沖縄人」という呼び方は、アイデンティティの立場を採用するグループと、ポジショナリティの立場を採用するグループとに分けられる。ポジショナリティの立場を採用する論者はまた、直接的にポジショナリティの立場を採用する人と、ポジショナリティの立場を意識しながら、採用しているかどうか判明できない人、と分けられる。先に説明する必要があるのは、この論争は去年に出版された高橋哲哉の『沖縄の米軍基地「県外移設」を考える』をきっかけにして行われており、著書の中でポジショナリティの立場が明白に採用されているゆえに、多くの各論者はこれを意識しつつ議論を展開していると推定できる。ただ、意識しても、意見保留、あるいは採用しない場合もある。

　まず、アイデンティティの立場だけを採用している論者について論じる。このグループは分断意識が強いと推定できる。分断意識は必ずしも独立論を支持するとはいえない

が、沖縄人と本土の日本人との間に意識的に一線を画す意図が読まれうる。こういう論者は、沖縄出身で、大阪に移住した金城馨と沖縄出身の伊佐真一の二人である。二人とも県外移設を支持しているが、沖縄の自立を主張している。金城によれば、沖縄人と（本土の）日本人が分断されるのは、「国家による沖縄への基地集中政策」によってである。今までの「連帯」はこの「構造的差別」を隠蔽し、沖縄に対する日本の暴力を見えなくさせる、ということを告発した。[4]。伊佐も、沖縄における日本本土の同化政策と差別意識を批判し、「ヤマトからの自立」を求めている。彼はまた、ヤマト対沖縄という呼び方を使っている[5]。同じ呼び方を使う論者たち（高良沙哉、知念ウシ、米倉外昭の三人）もまた、似たような立場を持っている。つまり沖縄のアイデンティティに拘り、県外移設を支持している。

　直接的にポジショナリティの立場を採用する論者においては、前でも論じたように、ポジショナリティの立場はただ政治責任の帰属を明白にするためだけではなく、分断意識の強化を避ける配慮もあると推測される。あるいは、基地の平等負担を国民としての連帯意識に訴えているとも言える。明白にポジショナリティの立場を採用していると判断できるのは、本土の高橋哲哉と松本亜紀の二人である。二人とも、県外移設を支持しており、引き取り運動に積極的に参加している。一方ではアイデンティティに拘り、分断意識を持っていて、地域の自立性に訴えている人間、他方では国民の連帯意識に訴えている人間。この二つのグループが、いずれも県外移設を支持していることは興味深い。立場は異なるが、両者の認識には暗黙な接点がある。つまり、分断意識による自己責任論にせよ、国民意識による連帯にせよ、「平等負担」の論理は成り立ちうる。前者の「基地を引き取れ」という要

求に対して、後者は真っ正面に受け止め、イエスと応答した。この呼びかけと応答の関係の成立によって、両方とも変化が起きる。特に、後者の応答を受け、前者の分断的な立場が弱まる可能性は注目すべきである。一つの例として、知念の二つの文章が挙げられる。知念の第一回の文章[6]は「ヤマトゥ」、また「日本」対「沖縄」という呼び方を採用している。例えば、沖縄で女性や子供が犠牲になったことに「日本人の責任」を問う場合、「日本の女性」が加担する植民地責任も問うべき、というように沖日の間に一線を画す書き方をした。ところが、第二回の文章[7]にはほとんどヤマト対沖縄という呼び方が見られない。また、「国民国家の中で平等を求めることと国家を批判し乗り越えようとすることは同時にやっていいはずだ」という言葉に示されるように、彼女は国民としての負担平等という立場に反対していないとも見られる。

　次は県外移設に反対する論者たちの二項対立論法について考察する。明確に県外移設に反対するのは呉世宗（日本本土出身、沖縄移住）と仲里効（沖縄出身）の二人である。意見保留のは西脇尚人（日本本土出身、沖縄移住）の一人である。本土出身の二人の中に、西脇尚人は沖縄当地での反基地運動の参加者であり、呉世宗の反基地運動への関わりは不明である。一方、映像評論家の仲里効は、沖縄の歴史記憶に拘り、植民地批判と沖縄の自立性を求めている言論を発信し続けている。呼び方から見れば、三人ともポジショナリティの立場を意識しながら、直接的に採用していない、あるいは意見保留の形で採用している。

　呉世宗はポジショナリティの立場での「日本人」対「沖縄人」という呼び方について、明確に反対意見を述べている。まずは「「県外移設」を要求する「沖縄人」と、安保を

支持し基地を押し付けているがゆえに「応答」すべき「日本人」という高橋が設定する二項対立」に疑問を出した。呉によれば、ここでの「沖縄人」は移設ではなく、撤去を求める沖縄の人々を捨象するものであり、「日本人」もまた安保不支持の在日外国人などの他者を捨象するものである。この二項対立の呼び方は、国民主義的になされて民族的、ジェンダー的、階級的な問題を隠蔽してしまう。そのうえで、連帯は「取材」を必要とする、と主張している[8]。これに対して、高橋は、「沖縄には複数の意見があることを踏まえた上で、歴史的・構造的な沖縄差別をやめるために、いま日本人は沖縄からの県外移設要求に「イエス」と応答でべきである」、また日本にいる他者を排除するのではなく、政治的決定権を握っている「日本人有権者」の責任が問われるべきだと返答している。

　筆者の理解からすれば、呉はおそらくポジショナリティにおける政治的意味を誤解し、地理的な要素と、主観性を含むアイデンティティとを混同している。つまり、沖縄という基地が集中されたところに住んでいる人々が、移設や撤去を支持するかどうかに関わらず、政治的な被害者である「沖縄人」としてのポジショナリティは変わらない。同時に、ポジショナリティ的な「日本人」は、本土に住んでいる政治決定権がある日本人マジョリティーであり、本土にいる政治権力のない「他者」ではない。有権者としての日本国民（本土）である以上を、加害者としての「日本人」のポジショナリティはやめられない。従って、現状を匡正する責任がある。呉が言う二項対立の批判は当たっていない。

　これに対して、西脇はまず「日本人」というポジショナリティを認め、「（高橋の）論理展開のほとんどに同意する」が、「基地を引き取れ」という要求だけは「沖縄からの

問いかけ」ということを否定し、従って、イエスかノーが唯一の「応答」ではないとする。彼は沖縄の運動で国家権力かによる暴力と衝突した経験により、ウチナンチュでもヤマトンチュでもなく、単独者としての声を受け止める。また、「応分の負担」を求めることを拒み、日本全体で安保の是非について議論するべきという[9]意見である。これに対して、高橋は、西脇がいう単独者が特定の誰でもない無名の声であり、「沖縄からの問いかけ」と見なされていることに異議を呈し、また、「応分の負担」の拒否は「反戦平和」の刷新であり、「議論が安保解消で決着するまでは、沖縄の人々を「殺し、殺される」に晒しつづけることになる」と指摘した[10]。西脇からの応答によれば、単独者は経験の共有者であって、「沖縄からの問いかけ」とは矛盾しない。また、彼は、善い意志あるいは主観的な原理による反戦平和運動と、感性を通じて暴力を受け止め、理性の渋滞の状態で義務に従う行動の区別を説いた[11]。

　西脇における「日本人」はポジショナリティの日本人であり、しかも本土対沖縄の図式における「本土の人間」と重なる、と筆者は理解している。一回目の文章に、ウチナンチュでもヤマトンチュでもない「単独者」という言葉には、アイデンティティの帰属意識を超える意図が潜んでいると考えられる。そねにもかかわらず、二回目の文章で、県外移設における手段と目的の問題に対する批判は、沖縄対本土という二項対立の呼び方に戻ってしまう。また、彼は本土の人間として、「日本人」として、「沖縄の問いかけ」に応答していることは否定できない。このように西脇における単独者の概念やポジショナリティとしての日本人の考え方を踏まえた上で、筆者が気になるのは、彼は国民として責任による連帯を避ける一方、倫理の互酬性などに訴えているが、その互酬

の主体は一体何なのかという問題である。つまり、「単独者」としての個人であるか、それとも「日本人」対「沖縄人」というような集団であるか。これを解明しない限り、いかに連帯、あるいは互酬できるかという疑問がある。

　沖縄出身の仲里効は沖縄における歴史記憶の継承と脱植民地主義の作業の必要性を強調している。彼はまず、＜包摂的排除（排除的包摂）＞という視座から沖縄の戦後史を回顧し、「日本復帰」における日本国家の同化策略の狡知を告発し、県外移設運動と「復帰運動」との共通性を警告している。また、戦争体験の風化を懸念し、徹底的な戦争反対の立場から、「ダッチロールをまねかねない」『負担平等』の回路に反対し、暴力装置としての基地を本土に移設することによる「平等」は、その主観的な意図を疎外して、国家と資本のヘゲモニーの内へ連れ込む可能性があると説いている[12]。

　仲里によれば、アイデンティティとポジションナリテとの区分は自明ではない。ポジションナリテにおいてすでに「日本人」対「沖縄人」が前提されているわけで、沖縄の近現代史において「日本人」と「沖縄人」の境界はすでに侵犯されており、しかも「日本人」へ一方向に純粋化され、「沖縄（人）の中に日本（人）が折り重なり、日本人の中に沖縄（人）が流れ込んでいる」という現象である。例えば歴史認識における「日本人」の戦争責任を問う場合に、「日本人」としての「沖縄人」への加害責任を問わなければならない。そのゆえに、「「沖縄人」とは当たり前の前提として即時的に「ある」のではなく、不断の脱植民地化によって「なる」という動詞的存在なのであ」り、いわゆる二重の植民地主義から脱さなければならない。ただ、＜国民＞と＜民族＞のキアスム（交差配置）という視点から、沖縄の「自—他」認識は、「国民」としては日本との同一性に包摂

されているが、＜民族＞としては必ずしも同一性に収まるわけではないと彼は補足している。

　仲里が指摘したアイデンティティとポジショナリティとの区分の曖昧さは否定できなく、アイデンティティに関わる戦争記憶への拘りも理解できる。そねにもかかわらず、彼の言説の中には、ある種の連帯意識が見える。筆者の理解からすれば、仲里は同化をもたらす国民意識を批判し、日本国民としての連帯を否定しているが、戦争の「絶対否定」という理念から見られる人間としての連帯を否定していない。この論理に従えば、「沖縄の人々を「殺し、殺される」に晒しつづける」状況に対して、沖縄の犠牲と本土の犠牲とは同じ人間の犠牲と見られ、前者は後者より重いとは言えなし、逆もしかりであるという応答が理論的な面で成立できる。ある意味で、ここには国民原理とは異なる、「沖縄人」対「日本人」という対立構造を超える可能性が潜んでいる。

3. 考察と結論

　二項対立の呼び方に表される帰属意識（アイデンティティあるいはポジショナリティ）の相違からは、県外移設への支持態度との微妙な関連性が読み取れる。一方、はっきりした帰属意識を持つ論者たちは、立場に若干の異なりがあるが、県外移設に積極的に支持している。つまり、分断意識による自立性にせよ、国民意識による連帯にせよ、「平等負担」という要求が正当であることは否定できない。他方、帰属意識が曖昧な論者たち、つまり二項対立の分け方に疑義を持つ論者たちは、県外移設論には意見保留、あるいは否定している。彼らはいずれも、境界線に立つ人間とも言える。ま

た、国民原理とは異なる原理での連帯が示される。現実に変化をもたらす目的に対して、今の県外移設論はもっとも有効な手段とも言える。ただ、仲里のような否定論者の倫理観にも一理があり、これに従って行動する自由もある。とは言え、否定論者が一番懸念している問題は、やはり県外移設が安保支持論に利用されることである。この懸念をいかに解消すべきか、あるいは否定論者たちといかにして連帯を作れるかという問題は考える必要がある。

ただ、現実の面で見れば、県外移設論の最大の障害は、こういう否定論者たちではなく、沖縄問題に無関心の本土の人間たちである。戦後日本の平和教育の盲点は、国家の存在と自己存在との緊張関係についての意識の喪失である。国民意識は、必ずしも政府に従う保守的意識とも言えなく、また抵抗によって政治責任を取る行動も、主権者としての国民意識の表れと思われる。こういう意味で、政治的なポジショナリティへの責任意識に共通しているとも言える。こういう国民意識あるいは責任意識を、本土で、しかも保守的な枠組に回収されない形で、如何にして喚起すべきかという問題は、県外移設論における最大の課題であると思われる。

注

[1] 高橋哲哉（2005）『沖縄の米軍基地』，集英社，第166頁。
[2] 池田緑「ポジショナリティ・ポリティクス序説」『法学研究』89巻2号，第318頁。
[3] 千田有紀（2005）「アイデンティティとポジショナリティ——一九九〇年代の「女」の問題の複合性をめぐって」上野千鶴子編『脱アイデンティティ』勁草書房，第270頁。
[4] 金城馨（2015）「「基地集中」で分断　引き取りで対等な関係に」，

『琉球新報』8月21日。

[5] 伊佐真一（2016）「琉球・沖縄史から見た「県外移設」論」,『琉球新報』04月26日。

[6] 知念ウシ（2015）「ヤマトゥに基地引き取りを」,『沖縄タイムス』10月1日。

[7] 知念ウシ（2016）「「県外移設」の思想とは　仲里効氏への応答」,『琉球新報』05月18日。

[8] 呉世宗（2015）「基地撤去要求を度外視」,『沖縄タイムス』10月5日。

[9] 西脇尚人（2015）「安保の是非　全国で議論を」,『沖縄タイムス』10月2日。

[10] 高橋哲哉（2015）「基地引き取り提起可能」,『沖縄タイムス』11月24日。

[11] 西脇尚人（2016）「高橋哲哉氏への応答―県外移設を考える」,『沖縄タイムス』03月15日。

[12] 仲里効（2016）「沖縄戦争思想史から問う『県外移設』論,『琉球新報』1月20日。

参考文献

ましこ　ひでのり（2015）「「千倍濃縮」の基地集中」」、『琉球新報』8月26日。

池田緑（2016）「ポジションナリティ・ポリティクス序説」、『法学研究』第2輯。

高良沙哉（2015）「自らの責任を直視」、『琉球新報』8月25日。

高橋哲哉（2015）「基地引き取り提起可能」、『沖縄タイムス』11月24日。

高橋哲哉（2015）「今こそ「県外移設」を　新基地阻止への筋道として」、『琉球新報』11月2日。

高橋哲哉（2015）『沖縄の米軍基地』、東京：集英社。
金城馨（2015）「基地集中」で分断　引き取りで対等な関係に」、『琉球新報』8月21日。
米倉外昭（2015）「日本の矛盾を提起」、『琉球新報』9月8日。
千田有紀（2005）「アイデンティティとポジションナリティー——一九九〇年代の「女」の問題の複合性をめぐって」、『脱アイデンティティ』東京：勁草書房。
松本亜紀（2015）「まず沖縄差別解消を」、『琉球新報』8月20。
呉世宗（2015）「基地撤去要求を度外視」、『沖縄タイムス』10月05日。
西脇尚人（2015）「安保の是非　全国で議論を」、『沖縄タイムス』10月2日。
西脇尚人（2016）「高橋哲哉氏への応答—県外移設を考える」、『沖縄タイムス』3月15日。
伊佐真一（2016）「琉球・沖縄史から見た「県外移設」論」、『琉球新報』4月26日。
玉城福子（2015）「沖縄と本土　対等な連帯に」、『沖縄タイムス』10月6日。
知念ウシ（2015）「ヤマトゥに基地引き取りを」、『沖縄タイムス』10月1日。
知念ウシ（2016）「「県外移設」の思想とは　仲里効氏への応答」、『琉球新報』5月18日。
仲里効（2016）「沖縄戦争思想史から問う「県外移設」論」、『琉球新報』1月20日。
仲里効（2016）「再論　沖縄戦争思想史から問う「県外移設」論」、『琉球新報』6月2日。

试论天理教创立的理念与民族宗教因素

小野田亮（法政大学）

日本的幕末明治时期正处于封建时代锁国政策所带来的没落时期，并力图成立近代国家，在这种情况下，日本国民都对自己新身份的形成有所诉求。"天理教"在这期间虽然不断受到社会变动波涛的冲击，然而教派的势力却在不断扩大，直到今天依然存在，并拥有着强大的生命力。换言之，"天理教"在变迁的过程中形成，并保持着强烈的民族色彩。因此，若对民族色彩强烈的"天理教"进行研究，便能更加深入地了解近代日本民众的精神。

本文主要内容分为以下三个部分。一、阐述当时社会状况和教团产生的宗教原因，即检视"时代背景"。二、概览天理教所追求的理想世界之基本教理及其中的神人关系，即审视"思想方面"。三、信徒结构、对支持布教者所宣扬的宗教理念。

1.天理教的起源

1.1 天理教教祖"中山美伎"

近代日本新宗教的特征是"将活着的人神化"（称之为神）。即，神与创教的教祖被视为同一人。而且，教祖在出生时并不是神，他们大部分都是出身于农民家庭，接受普通教育，但到了某个年龄后忽然发觉自己是神的化身，并创立教团。换言之，教祖本来与一般人无异，从宗教家的角度看也只是外行

人，但某一天突如其来地变成了神。因此，笔者认为通过概观天理教教祖的经历，可以探寻这种新宗教产生的原因。

天理教教祖"中山美伎"于1798年4月18日出生于大和国山边郡三昧田村。父亲名叫前川半七正信，祖上代代是村主任，家境富裕。她小的时候跟随父亲学习读书写字，并到附近的寺子屋念书，如此度过了一段充实的童年。她生来体弱多病，再加上母亲的影响笃信净土宗，从幼时起便天天念佛，被周围人称为"喜欢佛的孩子"[1]。不知从何时起她下定决心将来要做一名尼姑，但在她13岁时却来了一门亲事。从美伎家中嫁到4公里外庄屋敷村中山家的婶婶，希望儿子把美伎娶过来。美伎从父母那里听说这个消息后，表示自己想出家为尼，但由于周围人的反对，这愿望没能实现[2]。不得不放弃出家念头的美伎以"可以嫁到对方家，但希望在结束了一天工作后保持念佛的习惯"[3]为条件，嫁到了中山家。

美伎所嫁的中山家族人在庄屋敷村世代担任村主任，与美伎的前川家门当户对。包括田地、山林在内中山家总共拥有大约十町（约合10公顷）的土地，佣人最多时能达到20人。庄屋敷村约有30户农家，中山家的富裕程度位列前三。美伎成了中山家23岁的长子善兵卫的妻子。富裕的中山家作为世袭村长的家族拥有一定的社会地位，并且还经营棉花业，让周围的百姓极为羡慕。但是美伎嫁过去后，生活并不轻松。这是那个时代的儿媳的真实情形，也是江户时代女性的宿命。教祖传中这样记载：

每天早上，她总是很早就起床，率先下厨准备早餐。整天除了忙三餐、洗衣、做针线、织布等家务事外，农忙时期，还要下田插秧、除草、割稻，几乎没有一样不做的。就像教祖晚年时曾回忆说：

> 我虽然从小身体并不好，但农家的工作除了翻土和挖掘沟渠以外，几乎什么都做过，而且是一个人做两人份。

可以说除了这两样需要相当体力、属于男人的工作外，农家的事，她没有不曾做过的[4]。

可见美伎是一名精明能干的主妇。美伎家中的男佣、女佣也称赞她是一位"好妻子"。

生为女儿身，在封建家庭中毫无自由，只能为家务疲于奔命。这种生活让美伎感到痛心。1837年，在一个月后五女小寒即将出生的时候，当时17岁的长子秀司正与美伎一起播种小麦，他突然感到左脚疼痛，无法行走，只能爬着回家。

秀司用农具充当拐杖，好不容易才回到了家。美伎马上带他去看了医生，但没有效果。中山家只能带他去找附近有名的修验者——长泷村的市兵卫进行祈祷。祈祷发挥了效果，疼痛暂时解除了。但是马上又再次发作，反复了好几次。善兵卫与市兵卫商量后得到的结果是：最好的办法是在自家焚烧护摩，进行"寄加持"祈祷。于是他从勾田村雇来一个名叫そよ（soyo）的女人，用两条御币搭成加持台，焚烧护摩，举行了寄加持祈祷。秀司的脚痛暂时消失，但之后还是不断发作，寄加持举行了多达九次[5]。

原本将来要成为中山家中流砥柱的独生子秀司患上脚痛，这无疑给中山家的未来蒙上了一层阴影。美伎在秀司发病后的一个月生下了五女小寒，此时丈夫善兵卫已经年过50岁，但仍旧指望不上。1838年时，能够管理经营中山家田地的除了秀司之外别无他人。如何从这种困境中走出来，今后的生活怎么办，这些问题都让美伎煞费苦心。秀司的脚痛只能通过寄加持来勉强维持，看到无法正常参与农务的长子，美伎大概预感到了中山家的没落。而且1838年10月23日，善兵卫又患了眼疾，美伎也患上了腰痛。第二天——10月24日，为了进行寄加持，中山家又想把そよ（soyo）叫过来。但碰巧そよ（soyo）不在，无奈只能让美伎拿着御币来搭建加持台。正当开始祈

祷、众人步入兴奋状态时,神灵突然降临,对美伎这样说:

> 吾乃宇宙元神、万界真神,此宅院因由原始因缘,今为拯救人类而降临世间。欲将美伎做吾神龛[6]。

这次,美伎超越了通常的寄加持模式,进一步寻求一种更加强烈的宗教升华。寄加持已经举行过九次,现状却没有任何改变,美伎对寄加持的信心已经变得越来越弱。希望之光逐渐破灭,最后终于消失。一般来说,在寻求某种治病手段时,人们都抱有强烈的期待。这种期待意味着"相信"。因此,当得不到预期效果时,人就会失望伤心。随着时间的流逝会慢慢忘却,或是找到新的希望。在这种情况下,治病手段的可信度会略有下降,但人们仍会寻找其他的治病方法,也就是说会坚持通过治病这种"行为"来寻求效果。

但是,美伎却不是这样。寄加持的效果让秀司的脚痛有所缓解,美伎的心情也是时好时坏。她认为寄加持是唯一靠得住的治病手段,把全部希望都寄托在上面。并且在寄加持这种治病行为中,进一步寻求一种更加强烈的升华。换句话说,美伎虽然接受了寄加持无效的事实,却无法放弃,最后陷入一种欲罢不能的精神状态,笔者认为这就是她后来归神的原因。

降临的这位神仙,谁也没听说过他的名字,他提出一个让中山家难以接受的要求——"把美伎变成神"。市兵卫请求这位自称"元神"的神仙"离开"。但神仙不听,眼看美伎的状态越来越恶化,一家人经过一番商议,最终还是决定不能接受神仙的要求。

美伎的态度马上转变,她说:

> 任何人来,神亦不退。今难免有各种愿虑,然二十、三十年后,汝等终有明白之日![7]

她用劝说的口吻试图说服在场的人，众人拒绝后，她又更加激动地威胁众人：

> 要遵从神言，需应许神示，只要听从，世人皆可得救；不听从，则此家将寸土不留[8]。

与神的对话持续了三天。其间，美伎手持御币，保持坐姿，没有吃饭也没有休息，有时只是静静地坐着，有时会用响亮的嗓音传达神的意向，手会剧烈晃动，把御币的垂纸都震碎了。这样下去，美伎的生命会有危险，于是善兵卫在26日早晨8点终于答应"交出美伎"，接受了神的要求。美伎身上的神力也终于解除了。

1838年10月26日，天理教的主神"天理王命"就这样横空出世，美伎成为天理教教祖。这一天被定为天理教诞生的"立教之日"。

2. 天理教基本教理思想

2.1 康乐生活

天理教有几部经典，最早成立的经典是《神乐歌》。在这部经典中，天理王命解释了"自己为什么拥有救济人们的力量"以及救济人们的理由。这部经典成书于江户幕府灭亡、新的明治政府即将成立的1866年。《神乐歌》讲述了天理教的基本信仰生活，以及实现"康乐生活"这种天理教所追求的理想世界——"此世极乐"的方法。

为了实现"康乐生活"，首先如第三段"私欲俗愿皆抛去，专心一意随神来"所讲，信徒必须在自身生活中自发地进行活

动，实现康乐生活。也就是说，必须理解人们生活中的各种事情，以及天理王命对人的想法。接着，第六段又说，如果人不能理解天理王命的基本思想，不按照神的意思生活的话，就会越来越感到绝望。

然后，第十段中也提到，为此必须"清扫内心"，让心灵达到一种清澈的状态。中山美伎把人的罪恶比喻成附在心上的"灰尘"，并举出代表了"吝惜"[9]"贪心"[10]"憎恶"[11]"偏爱"[12]"怨恨"[13]"气愤"[14]"私欲"[15]"骄傲"[16]这八个罪恶的例子。这些灰尘需要通过"清扫内心"来消除。御笔先中也反复使用神"立腹（愤怒）""残念（遗憾）"等表达，告诉信徒们如果不按照神的意思生活就会逐渐陷入绝望。中山美伎对人的看法绝非乐观的性善论。

如此清扫干净内心，心就会达到"康乐"盈溢的境界。经典对此"康乐"世界的描述是：①逆反之根源消除。即实现真正的和平。②病之根源消除。即一切病苦尽皆消失。③实现115岁寿命之约，以后可随心长生。④永远五谷丰登。⑤如需雨水，即使是一村、一屋、一人之范围也可实现降雨，如无需要则代为保管该雨水（降雨机会）。⑥受赐一儿一女。⑦半日工作半日闲的状态。

天理教是一名农家主妇创建的教团，因此如第七段这样，经常可以发现与农业有关的教义。"康乐生活"的世界反映出人们对神统治的理想社会的期待。《神乐歌》把这种理想世界称为"此世极乐"，没有"疾病""困难"和"不自由"，"即使不施肥也能收获大量庄稼"，"年年丰收"。此外，铲除"谋反"根源的和平也是重要的指标。这些具体例子的基调，就是植根于封建社会末期农民生活中的丰穰、共同体的和平、物质精神的富足、健康等愿望，贫困民众追求的是现世的生活救济，这就是天理教最具代表性的教理。

2.2 神人关系

天理教以"带屋（产屋）助"[17]"身上（病气）助"[18]为媒介来呼唤主神"天理王命"对世界的拯救。其主张归根结底是追求对民众的当下现时的救赎，而不像与权力相纠葛的既有宗教那样，把救济一事简单置换限定于观念世界或来世的问题上。天理教不论身份、职业或性别，将所有人视为"神之子"而一视同仁，它打破了家父长制男尊女卑的普遍社会观念，把夫妇为主的家庭观和对女性的尊重教给了人们。

天理教是这样来看待人的存在的。天理王命是在无的世界中创造了人类的创造者。因此，天理教用"贷物""借物"来表示神与人的关系。

懐妊乃因月日祐　出生亦由月日助[19]

也就是说，人怀孕分娩都是天理王命的安排，这里表达的是天理王命认为的人与神的关系。

"人的身体是从神那里借来的"的概念说明：身体只是从神暂借的躯壳，人拥有的只有"心"。因此神人关系如同亲子关系，普天之下皆神子，世人皆是兄弟姐妹。而天理王命便视世人为己出，为给孩子幸福的生活，便降临到中山美伎的身体中，开始救济活动。换句话说，中山美伎的理想便是创造一个兄弟姐妹都能够和谐相处、幸福生活的世界。

而天理教救济的大前提，是每种神都以救济苦难的人作为目标。"人是神的孩子"充分表达神无量的爱。但为了让神实现目标，人必须听神说的话，生活方式必须符合神的旨意。反之便得不到神的爱。从这种意义上来说：人肩负着改变生活方式、接受神救济的使命。这种救济论是天理教特有的重要要素，"人是神的孩子"是天理教最具特色的观念。

而天理教有着非常特殊的"生神"观。意即神的分身存在于每个人（每个"神的孩子"）的心中，只要在生活中将自己的心与神同化，就能无限提高自己。在阶级森严的身份社会中，这种思想恢复了底层阶级人群的尊严，在天理教所致力"康乐生活"的恩惠能普及所有人的前提下，给人们带来了面对各种困难的勇气和希望。

如前文所述，天理教的《御笔先》[20]中有38处"孩子"的表述[21]，从经典来看，可以得知这种思想在天理教中何等重要。因为天理教创始人为一名主妇，因此其行程是清扫内心，过着清贫的生活，感谢天理王命，也就是说天理教以生活方面的说教为中心。

天理教团的目标"康乐生活"是为了改变世界现状，进而建立新世界。这也是该时期日本民众运动的共性。例如，在日本明治维新变革期经常发生的"改革社会（世直し）"斗争中登场的"改革社会的神（世直し神）""改革社会大明神（世直し大明神）"就来源于民众自身，这使其深信自身正当性。1866年，进达起义的领导者菅野八郎被称为"世直し八郎大明神"，就是最好的例证。如果在这种背景下来把握"康乐生活"，建立新世界指标的话，可以说天理教的思想都反映了近代民众更广泛的精神氛围，并将这种精神氛围升华成人们可以共享的新宗教思想，从中可知天理教所发挥作用的共通之处以及历史意义。

3.天理教信徒的构成

3.1 信徒的入教动机

那么，日本近代社会的民众究竟想通过天理教寻求什么？

笔者参照高野友治《御存命之顷》分析初期信徒的入教动机。

比如说在中山美伎死后，执掌天理教的饭降伊藏[22]于1864年加入天理教。他本来是栎本村的木匠，妻子因流产而长时间身体状况不佳。这时，他偶然从同为木匠的喜三郎那里听说中山美伎的事迹，便去了美伎家。从美伎那里得到三服麦粉，妻子的病在第二天就痊愈了。第三天夫妇二人前去感谢并且加入天理教，从此成了虔诚的信徒[23]。

另外，中山正善《关于天理教传道者的调查》中记载，61.26%的入教动机是"家人的死亡或疾病"[24]，从整体的数字上来看可知，因疾病而入教的情况是最多的。

由此可见，几乎大部分加入天理教的人都是因为美伎治好了他们的不治之症。向天理教寻求救济的人大多是尝试过各种治病方法却没有得到效果的重病患者，向神佛祈祷却不灵验，最后被医生和家人抛弃而加入了天理教。并且，这些信徒大部分是处于社会底层的穷人。例如，明治二十年左右的东京真明组，本来每个月的献金是一钱，后来每个月又加了一钱。这个钱是给本部的献金。此后，原来多达800名的信徒马上减少到400名。每个月只征收一钱的其他教会也陆续出现了滞纳者或者脱离者。对他们来说，连一钱的募捐也是困难的。所以，教会通过取消他们的滞纳金，跟信徒维系关系。

3.2 天理教的"神子"理论与救济贫人

本来如果天理教的作用只限于治病的话，那么只要给中山美伎送些礼物表示感谢就可以，之后没有任何关系，也无须再去拜访。但人们还是会经常去拜访，这说明除了治病的能力之外，天理教肯定还具有迎合民众的社会作用。

这种社会作用就是民众的解放和精神的救济，其中最具特色的是"贫人正机"思想。这种思想认为越是生活在社会最

底层的人、受社会压迫最重的人，才越有希望获得幸福。天理王命向这些处于贫穷底层的人伸出了救济之手。这些"谷底"的人是救济的第一对象。

中山美伎留下了"学者、有钱人靠后站"，"按照一农民、二劳动者、三商人的顺序来提供救助"，"身居高位无须帮，下居贫贱众相扶"等名言，用来表达她优先要救济的是处于贫困底层的人们。

但是，天理教的救济并没有向穷人保证说他们不需付出任何辛劳就可以过上幸福生活。如同笔者上述的神人关系，人的生活方式必须遵从神的意思。

中山美伎认为"放弃财富"是得到幸福的出发点。处于贫困底层的人必须通过自己的力量来开辟人生。中山美伎夫妇一起为规划人生而劳动，一家人一起参与劳动，这才是通往幸福的唯一之路。她自己的人生就是这样实践过来的。创造幸福生活的劳动是根本源泉，这种人生态度发展成了天理教的宗教理论即"圣劳（日之寄进）"这一献身性劳动理论。

当时的贫苦劳动人民只是任由统治者剥夺榨取的存在，而天理教通过促进"圣劳"这一自主性劳动，让贫苦人民产生了劳动的意义和生活的积极性。如此，人们尝到了作为一个人的主体性得到恢复和解放的喜悦，他们开始了将"得到救赎的喜悦"分享给他人的行动。

人们试图将这份喜悦与众人共享，这就是天理教教义的存在理由。如同各种宗教中常见的一样，在天理教中必须对自己得到救助的恩典进行报恩。天理教不仅强调这种报恩，还加入了天理教独有的"家族"理论[25]。

如笔者前述神人关系，人是天理王命创造出来的存在，所有人都是天理王命的孩子。把天理王命奉为家长，而所有人都是兄弟姐妹，四海皆同胞。世界是一个大家庭，人类是一个大家族。但是很多人不知道自己的身体是从天理王命那里借来

的，没有觉察到天理王命创造人类的事实。那说明他们没有在遵从神的意思。

因此，他们才陷入贫困，即使站在幸福的出发点上，也得不到天理王命的救济。从天理王命那里得到生活的自信和勇气、展开幸福生活的信徒们必须报答这种恩德。不仅如此，还要认识到自己是天理王命的孩子，积极开展信仰活动，以救助同处于不幸中的同胞、兄弟姐妹，也就是"家族成员"。

如果没有认知到人是天理王命的孩子，就无法得到天理王命的救济。因为如果人不仅没有认识到天理王命是人的"家长"，也没有认识到世界各地的人都是同胞、都是兄弟姐妹的事实，每个人按照自己的方式随心所欲地生活着，就会有兄弟姐妹彼此伤害的事情，世界和平就会被扰乱，自己也会因此受到影响，无法过上幸福的生活。

正因为大家都是兄弟姐妹，所以不得对其他人的不幸置若罔闻，而必须提供救助。天理教把这种宗教使命灌输给信徒们，并将真心的"施与"精神传达给同胞以及尚未得到天理王命救济的人们。

在这种报恩、四海皆同胞的理论指引下，越来越多的人加入了天理教。

综上所述，天理教告诉人们，即使身为贫苦人民（谷底的人们），但通过献身性劳动（圣劳）就有可能得到天理王命的救济，获知在社会中生存的意义并不断提高。不仅如此，天理教还主张，无论是谷底（穷人）还是高山（富人），全世界的人们都是天理王命之下的手足同胞、兄弟姐妹。这种平等思想对丧失生存意义和人的主体性的穷人阶层具有强烈的吸引力，最终为天理教集聚了大批信徒。

4. 结　语

本研究以近代日本社会的社会历史状况为背景，围绕代表日本早期新宗教的日本的天理教开展了全面研究，本文涵盖"历史背景""教理主张""信徒的结构"三个部分。

发端于近代日本的天理教，虽然曾遭到同时代主流宗教的排挤，但是长期以来被处于生活底层的广大民众所接受。它们分别反映了各自的历史阶段、社会状况和民众的宗教意识及其精神诉求。

第一，从时代方面来看，这种宗教具有民族主义性质和地域性质。民族主义性质指的是：西欧列强入侵导致既有体制解体、社会处于剧烈的变化的历史背景，是天理教产生的历史因素。并且，这个教团都没有使用武力对抗外侮，而是试图通过普世的和平思想来拯救世界。即使受到各方面的排挤，甚至残酷镇压，它也始终保持了宗教特有的人文情怀和民族主义气节。这种宗教的出现，应说是反映了该地区底层民众们的社会和宗教诉求。由于这种宗教都是经历长期苦难和不安的宗教探索所创建起来的，因此，它更加关注现实问题，更加关注民众的现实困苦和生存之道。

第二，从思想方面来看，天理教有较清晰的灵性主张和社会变革思想。所谓的灵力指的是：这个教团是作为践行治病奇迹的宗教而产生的。它解救民众的切入点是治病，而通过这样的方式在客观上找回自尊，提高处于底层的人们的社会地位，从困苦的生活中解放民众的精神世界。被压迫的民众不仅追求眼前的利益，还提出了属于自己的生活目标和理想。新宗教通常以简单易行的修行入手，逐渐确立信徒的信仰主体性，以宗教的方式开展变革社会运动，给民众带来生的希望，精神的依托。

第三，从信徒方面来看，民众向天理教寻求的救赎大部分都是疾病的治疗。但如果民众只是为了治疗疾病，那么疾病治愈后就没有必要再去信仰天理教了。实际上，很多人在疾病被治愈以后，依然信仰着天理教，作为天理教的信徒而生活着。这是因为天理教不仅治愈了他们生理上的疾病，更解决了困扰他们内心许久的问题（为他们找到继续生活下去的全新意义）。在封建时代里，等级制度下的民众对"平等"一词不敢有任何的奢望。但是天理教出现了，主张不论身份贵贱，每人都应平等地被救赎。人们理所当然地纷纷入教。由此也可以看出，一个打破封建阶级观念的宗教，正是那个时代的民众所需要的。

注

[1] 天理教教義及史料集成部（1956）《复元》第29号，奈良：天理時報社，第49页。

[2] 天理教教義及史料集成部（1956）《复元》第29号，奈良：天理時報社，第57页。

[3] 天理教海外部翻译课（1981）《稿本天理教教祖传》，奈良：天理教海外部，第13页。

[4] 天理教海外部翻译课（1981）《稿本天理教教祖传》，奈良：天理教海外部，第12页。

[5] 天理大学亲里研究所（1994）《天理教概说》，奈良：天理大学出版部，第13-55页。

[6] 天理教海外部翻译课（1981）《稿本天理教教祖传》，奈良：天理教海外部，第1页。

[7] 天理教海外部翻译课（1981）《稿本天理教教祖传》，奈良：天理教海外部，第5页。

[8] 天理教海外部翻译课（1981）《稿本天理教教祖传》，奈良：天理教

海外部，第6页。

[9] 此种心态是：懒得为人劳心劳力，该缴的税或东西不肯缴，也不肯为社会尽应尽的义务；还有，借了别人的东西舍不得还，不想做的事叫别人做，只顾自己轻松度过。

[10] 此种心态是：不肯尽力，只顾贪图金钱，忘了自己的本分，只想锦衣玉食，凡事虽不短缺，却还要奢求贪多。

[11] 此种心态是：于别人的好意相劝不但不听，反而还误会、厌恶人家，还有，如婆媳不和等于自家人互相憎恨，以及在背后说人家的坏话，嘲笑别人，不去追究错误的原因，反而厌恶对方。

[12] 此种心态是：只顾自己不管别人，只知道溺爱自己的孩子，对于吃穿都任孩子挑选，不好好施以家教，对不良行为也不加以规劝，任凭孩子随心所欲的存心。另外，为了自己而随便批判别人也是"灰尘"。

[13] 此种心态是：譬如自己觉得没有面子，认为别人阻碍了自己的愿望，或者说了什么等等，根本不肯检讨自己不妥之处，反而怀恨别人。

[14] 此种心态是：认为别人说了自己的坏话，或者做的事不合自己的意思而生气，凡事不讲理而固执己见，不肯倾听别人的意见，动不动就生气。

[15] 此种心态是：想要自己拥有的比别人多，贪婪地要将东西占为己有。偷斤减两、骗钱、偷盗、侵占等等，凡是想要抢劫夺取别人的东西占为己有的是贪欲，另外迷于色情是色欲。

[16] 此种心态是：自己没有能力还自高自大，摆架子，靠财富或地位来看不起甚至欺凌他人，或是自以为聪明而轻视他人，专挑别人的缺点，或连不知道的事也装作知道等。

[17] 天理教的顺产祈福。"带屋"是由"产屋"一词讹传而来，意味着产期之后的禁忌时间（21天或者75天）。

[18] 天理教的治病祈福。

[19] 天理教海外部翻译课（2000）《御笔先》，奈良：天理教海外部，第171页。

[20] 由教祖执笔，从1869到1882年，共花费了13年时间，收录了1711首和歌的书籍。以和歌的形式记录天理王命的教谕，原本一直保留到

现在。三原典收录的版本被称作"正册",此外,教祖还会针对各位信者留下一些墨宝,其中有她在山村御殿停留时书写的"御笔先号外",与"正册"相对被称为"外册"。

[21] 天理教教义及史料集成部(1955)《复元》第27号,奈良:天理時报社,第262页。
[22] 饭降伊藏(1833—1907),木匠、宗教家。依照教祖中山美伎的训示,担任本席(教祖代理)一职的人物。
[23] 高野友治(1947)《御存命の頃》中卷,奈良:天理教道友社,第16页。
[24] 中山正善(1930)《天理教伝道者に関する調査》,奈良:天理教道友社,第79页。
[25] 小栗純子(1969)《日本の近代社会と天理教》,东京:评论社,第74–75页。

参考文献

高野友治(1947)『御存命の頃』中卷,奈良:天理教道友社。
天理大学亲里研究所(1994)『天理教概说』,奈良:天理大学出版部。
天理教海外部翻译课(1981)《稿本天理教教祖传》,奈良:天理教海外部。
天理教海外部翻译课(2000)《御笔先》,奈良:天理教海外部。
天理教教義及史料集成部(1955)『復元』第27号,奈良:天理時报社。
天理教教義及史料集成部(1956)『復元』第29号,奈良:天理時报社。
小栗純子(1969)『日本の近代社会と天理教』,东京:评论社。
中山正善(1930)『天理教伝道者に関する調査』,奈良:天理教道友社。